물욕의 세계

물욕의 세계

우리는 왜
소비하고, 잊고,
또 소비할까

누누 칼러 지음 | 마정현 옮김

ⓗ 현암사

아버지를 위하여

차례

나쁜 소비

이로운 삶

나는 왜 물건을 사는가

'도대체 왜 나는 지금 여기에 있고 이것을 사려고 할까?' 플리마켓에 나온 티 테이블 앞에 서서 나는 생각했다. 구입 자체는 내가 세운 원칙에서 전혀 벗어나지 않았고, 양심의 가책을 느낄 필요도 없었다. 또 환경 문제에서도 나쁠 것은 없었다. 낡은 물건인데다 어차피 탁자가 필요한 참이었다. 크기와 디자인도 모두 마음에 들었고 가격까지 좋았다. 하지만 갑자기 내 안에서 무언가가 탁자를 발견한 기쁨을 가로막았다. 솔직히 말하자면 나는 정말로 탁자를 찾는 것이 아니었다.

'왜 난 이것이 필요하다고 생각할까? 가구는 이미 충분한데.' 이런 생각이 들자 말 그대로 생각이 꼬리에 꼬리를 물었다. '잠깐, 왜 하필 지금 이런 생각을 하지? 테이블을 산다면…' 팽이처럼 빙빙 도는 생각은 점점 빨라지더니 제품에 지쳐 고꾸라지기 직전까지 갔다. 무엇을 어떻게 소비하는가의 문제는 오래전부터 나의 중요한 화두였다. 하지만 그때 난 티 테이블 앞에서 처음으로 물었다. '도대체 왜 나는 사려고 할까? 그리고 왜 물건을 사면 기쁠까?'

소비는 내 인생에서 아주 중요한 주제 중 하나다. 내가 쇼핑 중독자라는 말이 아니라 '소비가 환경에 끼치는 영향은 무엇인가?'의 관점에서 그렇다는 의미다. 나는 여러 해 동안 오늘날의 생산은 환경에 어떤 영향을 끼치고, 친환경의 가면을 쓴 상품은 어떻게 팔리며, 무엇보다 패스트 패션fast fashion, 최신 트렌드를 즉각 반영해 빠르게 제작하고 유통시키는 의류은 어떻게 세계의 절반을 파괴하고 있는지 연구해왔다. 또 6년 가까이 그린피스에서 소비자 대변인으로 일하며 국제 의류 캠페인을 진행하기도 했다. 그 시기 동안 나는 우리의 소비가 초래한 수많은 환경 참사를 직접 목격했고, 무엇보다 인간에 대해 많이 배울 수 있었다.

점점 눈에 띄는 것이 있다면, 사람들 대부분이 자신의 소비가 세상에 미치는 영향을 중요하게 생각하면서도, 일종의 인지 부조화로 인해 언제 그랬냐는 듯 아무렇지 않게 살아갈 수 있다는 것이다. 비좁은 축사에 갇힌 돼지를 보고 큰 충격에 몸서리치면서도, 마트에서 파격 할인가로 나온 세 팩에 1.99유로짜리 돼지고기를 산다. 그 순간 축사에 갇힌 돼지는 온데간데없이 사라진다. 자본주의가 환경보호를 이기는 순간이다.

그린피스에서 활동할 때 또 하나 배운 것이 있다면, 문제를 생활 속으로 깊숙이 끌어들여야 한다는 점이다. 그렇게 함으로써 관심이 시작된다. 만약 그것이 건강에 관한 문제라면 환경보호운동은 더 크게 확산된다. "뭐라고? 내가 가보지도 못한 나라의 우림이 불타고 있다고? 세상에. 그건 그렇고 거기 딸기 초콜릿 좀 줄래?" 자신을 둘러싼 환경이 안전해 보이는 한 어떤 말도 가슴에 와 닿지 않는 법이다. 하지만 그린피스가 정제 팜유로 만든 초콜릿 안에 심각한 발암 물질이 들어 있다고 발표한다면, '세상에! 이젠 절대로 사지 말아야지' 하고 생각할 것이다.

옷의 경우도 마찬가지다. '디톡스 마이 패션' 운동을 전개하면서 우리는 옷에서 환경 독성 화학약품이 검출되지 않는지 정기적으로 검사했다. 한번은 내가 참여한 검사의 보고서를 작성할 때 있었던 일이다. 우리는 어린이 옷을 검사했는데, 놀랄 것도 없이 허용치를 훨씬 초과한 위험 물질이 발견되었다. 어린이 장난감과 관련해서는 비교적 엄격한 EU 지침이 있다. 당연한 말이지만 독성 코팅제를 입힌 플라스틱 모형은 아이들 입에 들어가선 안되기 때문이다. 하지만 3세 아동이 입는 스웨터 위에 박힌 디즈니 캐릭터[1] 플라스티솔 프린트는 이 지침에 해당되지 않는다. 어린 아이들은 소매나 옷깃을 입에 넣는 경우가 많고, 잠깐 보지 않는 사이에 그런 플라스틱 인쇄물을 종종 핥아먹는데도 말이다.

그 보고서가 공개되자마자 내 앞으로 전화가 빗발쳤다. 불안에 싸인 수많은 엄마들이 전화를 걸어 혹시 자기 자녀가 지금 중독된 것은 아닌지 문의했다. 심지어 어떤 엄마는 울고 있는 것이 느껴졌고, 심한 정신적 압박에 시달리고 있었다. 나는 옷을 입는 것 자체로는 당장 크게 문제 될 것은 없다며 엄마들을 안심시켰다. 하지만 위험에 노출되지 않으려면 그림이나 글자가 프린트된 옷은 입히지 말 것을 당부했다. 그리고 바로 이어서 그러한 섬유 제품이 중국의 강을 오염시키고 그 나라 어린이들의 건강을 해칠 수 있다는 기사가 나와 한바탕 광풍이 휘몰아쳤고, 그 후 문의하는 엄마는 더 이상 없었다. 그들은 자기 자녀의 안위가 가장 소중했다. 이는 자연스러운 반응이기도 하다. 누구나 사랑하는 사람의 안전이 최우선이니까. 하지만 나는 그 일로 배웠다. 사람들에게 직접적·개인적으로 위험에 처했다는 것을 알릴 때, 자신들의 행동이 환경파괴적이지는 않은지도 함께 성찰

---

1   오 엘사, 나도 너를 위해 결제해야 할 영수증이 있단다.

하도록 하는 것이 내가 할 일임을 말이다.

이렇듯 내가 소비라는 주제를 연구하게 된 것은 내 직업과 큰 관련이 있다. 티 테이블 앞에 서 있을 때(어쨌든 사지 않았지만), 지금까지 내가 모르던 새로운 사실을 알게 되었고, 이것은 본질적인 질문으로 이어졌다.

도대체 소비는 우리에게 어떤 영향을 주는가?

우리는 왜 물건을 사고, 구입한 상품과 자기 자신을 동일시하는가? 이것이 대체 다 뭐란 말인가? 왜 우리는 해롭다는 것을 알면서도 사는가? 그것이 말을 걸기라도 하는 걸까? 마케팅과 무의식은 어떻게 상호작용할까? 그리고 쇼핑 중독과 미니멀리즘 사이에서, 어떻게 환경친화적이고 우리 자신에게도 이로우면서 건강한 소비 행동이 가능할까? 애석하게도 좋든 싫든 우리가 구매하는 것은 우리를 정의한다. 그런데 그때 무엇이 우리를 설득하는 것인가? 쇼핑에 탐닉할 때 우리에게 영향을 끼치는 것은 무엇이고, 어떻게 조종당하며, 우리 마음은 대체 어떤 여정을 따라 어디로 가는가?

나는 환경과 관련해서 어떻게 '올바른' 소비를 해야 하는지에 대해 지금은 비교적 잘 알고 있다고 생각한다. 그럼에도 불구하고 플리마켓의 티 테이블 앞에서 윤리와 소비 문제로 고르디우스의 매듭 같은 난제를 머릿속에 넣고 과도한 요구에 시달리기도 한다. 하지만 마지막에 남는 것은 이 생각뿐이다. '대체 좋은 소비란 뭘까? 정말로 내가 소중히 여겨야 할 것은 뭘까? 환경? 통장 잔고? 아니면 행복?'

　새로운 생각이 나를 덮칠 때마다 늘 같은 일이 일어났다. 이 주제는 나를 사로잡았고, 이번에도 그랬다.

눈부시게 화창한 11월의 어느 날, 텔아비브 거리로 산책을 나섰다. 이스라엘의 이 도시는 늘 가보고 싶었던 곳으로, 오스트리아 니더외스터라이히주나 독일 메클렌부르크-포어포메른주와 면적이 비슷하다.

아직도 여러 이웃에게 미움을 받고 있는 이 땅에서 매혹적인 즐거움을 체험하고 싶었다. 모두들 관광지로는 썩 선호하지 않지만 레바논, 가자지구, 시리아에 이어 텔아비브의 한가운데서 이 도시만의 매력을 느껴보고 싶었던 나는 이곳에서 휴가를 보내기로 결정했다. 도시는 나를 실망시키지 않았다. 바우하우스 양식으로 지어진 멋진 건물들 옆을 지나 한참을 걸어다녔고, 팔라펠 샌드위치를 사 먹었으며(이제 빈에서 두 번 다시 팔라펠을 먹을 수 없게 됐다. 빈 어느 곳도 텔아비브 길모퉁이의 펠라펠보다 맛있지 않다), 바닷가에서 믿을 수 없을 정도로 아름다운 일몰을 맘껏 누렸다. 나에게는 완벽한 휴가였다. 혼자였기 때문에 몇 시간이고 이리저리 돌아다니며 일정을 마음대로 변경할 수 있었다. 다음 휴가도 이렇게 보내고 싶을 정도였다. 타협할 일은 전혀 없었다.

여기저기 산책하다가 야파 구시가지에 있는 플리마켓에서 발길이 멈췄다. 그곳은 오래된 잡동사니를 파는 노점과 현지 디자이너들 가게가 흥미롭게 뒤섞여 있었다. 라텍스 의상 옆에 페르시아 양탄자, 이런 식이었다. 나는 고가구를 들여다보았고, 머스타드색 린넨 팬츠를 한번 사볼까 하며 노점을 따라 어슬렁거리며 걸었다. 그러다 시장에서 가장 시선을 끄는 상점 하나가 눈에 들어왔다. 그곳은 셔터를 올린 낡은 주차장처럼 보였다. 안에는 헤아릴 수 없이 많은 유리병이 목재 선반 위에 깔끔하고 정교하게 진열되어 있었다. 그리고 계산대 뒤에 있는 탁자 위로 대형 드럼통 여러 개와 저울, 커다란 깔때기가 하나씩 놓여 있었다. 그곳은 향수 가게였다. 나는 현장에서 바로 알코올과 에센셜 오일을 정확한 양으로 섞어 병에 담는 모습을 구경할 수 있었다. 한 번은 장미향, 한 번은 자몽향. 온 가게 가득 피어오르던 다채로운 향들의 정경. 정말 환상적이었다! 그렇게 나만의 향수가 만들어지는 과정을 직접 볼 수 있는데, 굳이 면세점에서 세일 상품을 찾을 필요가 있을까?

수많은 쇼핑의 유혹에 마음을 뺏기지 말고, 진열대가 아닌 현지인들을 관찰하면서 삶의 정취를 온몸으로 느끼고, 이 도시의 참모습을 보는 데 집중하자고 결심한 터였다. 하지만 나만의 향수라니? 나는 버티지 못하고 무너졌다. 무조건 이 향수 가게 안으로 들어가야 했다. 그리고 병에 담겨 나온 여러 향이 조합된 향수의 향내를 맡아야만 했다. 방금 가게 앞에서 목격한, 그냥 지나칠 수 없게 만든 자몽, 바질, 라벤더와 바닐라가 뒤섞인 향이 주위에 번졌다. 이미 가게 안에 들어가기 전부터 분명했던 사실은, 내가 향수를 한 병 사서 숙소로 돌아가게 될 것이라는 점이었다.

결론적으로 말하면, 나는 향수 세 병을 들고 숙소로 왔다. 심지어 엄마에게[2] 줄 향수를 하나 더 사기 위해 다음날 다시 그 가게에 갔다. 쇼핑은 그야말로 매우 황홀한 체험이었다. 그때뿐 아니라 몇 개월이 지난 지금도 여전히 진기한 환희를 느끼게 해주고, 뭔가 특별한 것을 발견했다는 기분을 안겨준다. 텔아비브에 대한, 그리고 텔아비브를 떠오르게 하는 나만의 추억이다. 매일 아침 욕실 선반에 놓인 조그마한 갈색 유리병들을 볼 때마다 늘 기분이 좋다.

그런데 이 작은 갈색 병들은 어떻게 나에게 좋은 감정을 불러일으키는 큰 역할을 하는 걸까? 게다가 향수 하나면 충분했을 텐데 왜 세 개나 샀을까? 또 가게에 발을 들여놓기도 전에 나는 어떻게 내가 향수를 살 것이고 또 그 때문에 마음

---

2   그리고 2주 후, 엄마에게 또 다른 향수를 사주려고 마침 그곳에서 휴가를 보내고 있던 지인을 보냈는데, 정작 이렇게 고른 향수는 엄마 마음엔 들지 않았다.

이 크게 설렐 것이라는 걸 미리부터 알았을까? 장미향 하나만으로는 설명할 수 없었다.

도파민의 파도가 몰려온다

눈을 감으면 당시 야파의 플리마켓에서 일어난 상황이 떠오른다. 순간, 간질간질하고 짜릿한 느낌이 내 안을 휘감아 돈다. 그것은 몸으로 지각되고 상상으로도 가능한 일종의 킥(kick), 즉 쾌감이다. 이를테면 즉시 기분 좋게 해주는 상큼한 시트러스향, 작은 향수병으로 가득 찬 진열대, 설레는 마음으로 유일무이한 향들을 시향하는 순간을 떠올리는 것만으로도 그러한 킥이 일어난다. '귀국해서 이 향을 뿌리고 빈 거리를 돌아다니면 얼마나 좋은 향기가 날까?' 내가 정말 자랑스럽게 이야기할 수 있는 부분은, 면세점에서 특별 할인가 팻말에 39유로라고 적혀 있는 향수를 사지 않았다는 점이다. 또 자랑스럽게도, 손안에 있는 이 유리병에 나만의 향수를 채우는 광경을 내 눈으로 직접 보았다. 돈을 계산하고 거리로 나왔을 때, 햇살은 머리 위에서뿐만 아니라 내 마음속에서도 빛났다. 나는 행복했으며, 이 삶이 꽤 멋지다고 느꼈다(당연히 그럴 수밖에. 난 휴가 중이었고, 그 도시에 흠뻑 빠졌으니).

어쨌든 과학은 내 말이 옳다는 것을 인정한다. 나는 이러한 쾌감을 몸으로 느낄 뿐 아니라, 실제로 내 안에서, 정확히 말하면 나의 뇌 안에서 느낀다. 쓰나미처럼 밀려드는 도파민 물결. 이 강한 킥은 바로 내가 물건을 사겠다고 결심한 순간에 왔다.

도파민은 중추신경계에 존재하는 신경전달물질로, 아드레날린 전 단계 물질이고 흥분을 일으킨다. 즉 도파민은 최고의 행복 호르몬으로, 우리가 보상을 기대할 때 분비된다. 이를테면 어떤 일을 감행한 뒤 즐거움을 느끼거나, 등반할 때의 두려움이 순수한 쾌감으로 바뀌는 것은 도파민 때문이다. 그리고 나쁜 예로는 도박이 있다. 그땐 이길 가능성이 있다는 기대만으로도 흥분이 되고, 이 기대 때문에 카드를 계속 뽑아들게 된다. 사람들이 중독되는 것은 돈이 아니라 돈을 딸 수 있다는 기대 때문이다.

우리도 쇼핑하러 갈 때 보상을 기대하거나 스스로에게 보상을 주기도 한다. 그래서 구입 가능한 세일 상품, 즉 보상을 끊임없이 찾아다닌다. 이것은 쇼핑 중독으로 이어질 수 있다. 다시 말해 우리는 킥에 중독될 수 있다. 도파민은 최고의 행복 호르몬으로, 규칙적인 성생활을 하도록 만들기도 한다.[3]

---

3 이것은 특히 싱글이 통계학적으로 쇼핑 중독에 빠질 위험성이 높다는 것을 말해준다. 쇼핑 중독에 대해서는 나중에 자세히 다루겠다. (61쪽을 참고)

도파민 체계는 우리가 돈을 절약하려는 것을 방해한다. 이것이 뇌의 교활한 점이다. 예를 들어 특정 신발을 살까 말까 고민할 때 우리는 지금 구입하는 것이 이성적인 행동인지 처음부터 의식적으로 고민하지 않는다. 반면 무의식은 훨씬 전부터 준비 태세를 갖추고, 그 신발을 신을 때 어떤 기분이 될지를 미리 느낀다. 트래킹화를 신고 돌로미트에 가서 해돋이를 보며 감탄하는 모습이나, 섹시한 하이힐을 신고 캔들라이트 디너에 앉아 있는 모습을(그곳에서는 일어설 일이 없기를 바라면서. 아, 하이힐!) 상상한다. 만약 기분이 좋다면 도파민이 야기한 행복감은 상식과 절제와 통장 잔고를 이기고, 결국 우리는 그 신발을 사게 된다. 우리는 그 순간에 느끼는 기분에 따라 물건을 구입하며, 그럼으로써 그 기분을 조금이라도 드러내려고 한다.

말하자면 이러한 킥은 이미 쇼핑 전부터 자동적으로 시작되고 재현된다. 연구자들은 자기공명영상(MRI)으로 인간의 뇌 안을 들여다볼 수 있는데, 사람들이 쇼핑을 할 때(카운터에서 돈을 지불할 때가 아닌 상점에서 구경할 때부터 이미) 대뇌 변연계의 측좌핵이 매우 활성화된다는 사실을 발견했다. 그곳은 우리의 보상 체계를 담당하는 뇌 영역으로, 중독일 때도 마찬가지로 활성화된다. 연구자들은 이런 사실을 이미 1950년대에 발견했다. 그들은 쥐의 뇌에 전극을 이식한 후 단추를 누를 때 보상 중추가 자극받을 수 있게 했다. 그다음 어떤 일이 벌어졌을까? 쥐들은 단추를 누를 때마다 최상의 기분을 느낀다는 것을 배웠고, 이후 중독되었다.

다시 말하면 우리가 쓸데없는 물건을 사게 되는 원인은 이러한 직접적인 충족감 때문이다. 일례로 펀치벨 에그 크래커삶은 달걀 껍데기를 부수는 작은 도구가 그렇다. 또 닭고기 수프 냄새가 나는 방향제(헛소리가 아니라 진짜 있다!)나 모차렐라치즈 커터기도 있다. 1970년대에 나온 꽤 유용하고 오래된 에그 커터기를 아는가? 어렸을 때 나는 종종 그걸로 인형에게 하프를 만들어주려다 적잖이 실패를 맛보았다. 그때마다 엄마는 쏜살같이 달려와 그것을 빼앗아 가곤 했다. 그런데 여러분은 내가 무엇을 말하려는지 눈치챘는가? 그렇다. 바로 그것이 지금은 모차렐라치즈 커터기로 팔리고 있다. 누구나 엄마에게 물려받은 에그 커터기가 찬장 어딘가에 누워 있다. 단지 우리는 새것이 필요할 뿐이다. 겉모양이 똑같아도 다른 기능으로 팔린다.[4]

쾌감은 할인 행사장에서 물건을 싸게 구입할 때 더욱 강

---

4   이 점에서 치보Tchibo, 독일을 대표하는 커피 브랜드로, 매장에서는 매주 커피 외에도 다양한 생활용품 프로모션을 진행한다는 뛰어난 학습 능력을 보여준다. 2020년 12월 치보는 에그 겸 모차렐라치즈 커터로 사용할 수 있는 제품을 판매했다. 이게 바로 진보다!

력해진다. 가진 돈에 비해 기대 이상으로 더 많은 것을 얻거나, 상품 가격이 생각보다 저렴하기 때문이다. 우리 도파민 체계를 위해서는 천금 같은 일이다.

모든 것은 무척 흥미로울 뿐 아니라 충분히 공감할 수 있다. 2018년 여름, 나는 격무에 시달리고 힘든 일을 겪은 뒤 우울한 시기를 보내고 있었다. 억지로라도 많이 움직이려 했고, 매일 자전거에 올랐다. 몸을 움직이는 것도 행복 호르몬을 분비시키기 때문에 그렇게 해서라도 내 몸을 속이고 싶었다. 자전거를 타고 거친 비바람 속을 달리는 광경은 상상조차 하기 싫었지만, 그렇게 해서 녹초가 되고 나면 늘 행복했다.

다만 그 기대는 절반만 성공했다. 나는 내 마음속을 샅샅이 알고 싶다는 기분이 들었다. 지금 나를 행복하게 하는 것은 뭘까? 놀라운 사실은, 내가 정말 원하는 것은 그저 아무 생각 없이 쇼핑하고, 이곳저곳 돌아다니다가 맘에 들고 몸에 맞는 옷이면 닥치는 대로 사들이고 싶다는 것이었다. 이것이 내가 6년 전에 진행해온 '나는 아무것도 사지 않는다' 실험을 더 이상 하지 않는 이유가 되었다. 나는 내 자신에게 큰 충격을 받았다. '스스로 세운 원칙을 내팽개칠 만큼 내가 바닥까지 왔을까?' 그렇지 않다는 것을 지금은 안다. 내 몸은 이전에 쇼핑할 때도 그랬고, 지금도 여전히 도파민과 킥이 필요해 비명을 지른 것뿐이다.

취미로서의 쇼핑

나는 쾌감을 일으키는 도파민에 대해 친구들과 공유하고 싶었다. 기분이 좋아지기를 간절히 바라면서 쇼핑을 하지 않다니, 정신 나간 소리 아닌가.

"맙소사, 쇼핑이 정말 위험하대!" 나는 친구에게 메시지를 보냈다.

"친구야 안녕? 별일 없는 거지?" 루트에게 답장이 왔다.

"그럼. 난 그저 쇼핑 행위가 우리 몸에 어떤 화학 반응을 일으키는지 계속 생각 중이야. 쇼핑이 좋은 기분을 유지시켜주는 정말 값비싼 취미이긴 하지." 나는 전화를 걸어 이렇게 말한 다음 도파민에 대해 내가 아는 것을 이야기했다. 그러다 우리는 수다에 푹 빠졌다. 친구는 텔아비브에서 있었던 일들을 물었고, 나는 달뜬 마음으로 향수 이야기를 하느라 여념이 없었다. 갑자기 루트가 웃음을 터뜨렸다. "넌 지금 네가 분석한 것을 그대로 얘기하고 있잖아! 왜 향수가 갖고 싶었는지 솔직히 말해. 그게 필요했다는 말은 말고. 네가 향수가 얼마나 많은지 잘 아니까!"

후, 좋은 질문이다. 나도 내게 똑같은 질문을 던진 적이 있다. 쇼핑할 때 나는 내 안의 누군가가 매우 행복해하는 것을 느낀다. 오랫동안 이 주제를 연구해 나의 쇼핑 행동이 매우 의식적임에도 불구하고 나는 내 안의 쇼핑 중독자를 여전히 느끼고 있다.

"그건 일종의 방어기제 아닐까?" 루트가 조심스레 물었다. "넌 지금도 계속 스트레스를 받고 있잖아." 친구 말이 옳았다. 이전의 삶은 지금보다는 여유로웠다. 하지만 나날이 '해야 할 일 목록(To Do List)'이 많아졌고, 가끔씩 신경이 끊어질 것 같았다. 그렇게 휴가를 떠났다. 그곳에서 내 기분은 날아갈 듯했고, 매순간이 너무 행복했다. 당시 내 삶을 기본적으로 지배하던 것은 스트레스였는데, 그것은 나흘간의 휴가에도 완전히 해소할 수 없는 종류의 스트레스다. 대체 어떤 방어기제가 내 안에서 작동하고 있는 걸까?

나는 직접 조제한 수제 향수를 사용하는 여자들과 나를 동일시하려고 했을까? 아니면 나는 원래 그런 여자들과는 다르다고 생각했을까? 그런데 그런 여자들이란 대체 누구인가? 전형적인 텔아비브산 향수 사용자의 모습을 상상하기는 쉽지 않았다. 아니다. 그때 내가 누구와 동일시해야 하는지 몰랐다면 동일시 문제는 아니다. 그렇다면 향수를 사는 것으로 나의 약점을 보완한 걸까? 흠, 그렇다면 훨씬 본질에 가까웠다. 하지만 내가 정확히 무엇을 보완했는지 그 순간은 알 수 없었다. 나는 훌륭한 책 속에서 방어기제들을 더 찾아보았다. 그 가운데 많은 것을 나의 소비 행동에 바로 적용할 수 있었다.

- ▶ 투사: 스스로 충족시킬 수 없는 것을 상품에 투영하는 것
- ▶ 합리화: 아주 객관적인 이유로 지금 당장 그 상품이 필요하다고 확신한 상태
- ▶ 승화: 대리만족(성적인 욕망이 충족되지 않아서)
- ▶ 부정: 그 상품이 전혀 필요하지 않다는 것을 받아들이지 않는 것

솔직히 우리는 이 방어기제들을 모두 잘 알고 있다. 기분이 나아진다는 것을 알기에 그것이 새 시계든 새 주얼리든 기꺼이 새것을 허락한다. 직장에서 힘든 하루를 보낸 후 집으로 돌아와 소파에서 무릎 위에 노트북을 놓고 경이로운 온라인 쇼핑의 세계로 떠난다. 한 손에 와인잔을 들고 (신축성 좋은) 새 바지를 찾아 나선다. 만성 스트레스에 시달리는 내게 작은 기쁨의 섬을 만들어주고, 휴가지에서(이 휴가를 위해 지치도록 일했다) 입을 새 원피스를 산다. 불행한 일을 겪고 엄청난 슬픔과 충격으로 지칠 땐, 가방을 사기보다는 새 가구를 장만한다. 또 귀갓길에 저녁거리를 마련하러 마트에 가서는 거기에서 끝나지 않고 옆 상점에 들러 모차렐라치즈 커터기처럼 평생 처음 보는 물건이 어떤 게 있나 살펴본다.

그밖에도 수많은 것이 무의식적 방어기제가 된다. 그렇다. 이것들은 모두 구매 행동에 영향을 끼친다. 그 가운데 내

경우는 어디에 해당하는지 아직은 잘 모르겠다. 하지만 내가 향수들을 원래의 기능—냄새 나지 않게 해주는—때문에 산 것은 아니라는 점은 기정사실이다. 이 점이 나를 화나게 한다. 모든 것을 의식적으로 소비하고, 때로는 내 자신에게 허락해도 좋다고 인정하면서도, 향수를 세 개씩이나 사지는 말았어야 했다. 그것이 양질의 향수라는 걸 안다. 나는 향수 제조하는 모습을 지켜보았는데, 한눈에 보기에도 동물실험은 찾아볼 수 없었다. 심지어 내게 향수를 판매한 여성은 시내에 두 개의 지점을 갖고 있어서 충분히 먹고살 만하고, 직원 두 명에게 월급을 줄 수 있다고 말했다. 그러니 노동 착취의 흔적도 찾아볼 수 없다. 그럼에도 불구하고 향수를 꼭 세 병이나 사야 했을까?

나는 우리를 쇼핑으로 이끄는 생화학적 과정을 추적하던 중 흥미로운 것을 하나 더 발견했다. 신경과학자 브라이언 넛슨(Brian Knutson)[5]은 한 실험에서 어떻게 구매 결정이 이루어지는지를 연구했다. 참가자들이 제품 사진을 보고, 이어서 가격을 보는 동안 뇌파가 측정되었다. 그런 다음 그 제품을 살 것인지 아닌지를 결정해야 했다. 이 실험에서 제품을 볼 때는 뇌의 보상 센터가, 가격을 볼 땐 뇌의 전혀 다른 영역인

---

5 https://www.ncbi.nlm.nih.gov/pmc/articles/PMC1876732/

뇌섬(insula, 뇌섬엽)이 자극을 받는다는 사실이 밝혀졌다. 뇌섬은 몸에 통증을 느낄 때 활성화되는 곳으로, '아프다'는 신호를 보낸다. 실험 참가자들의 구매 결정은 행복과 고통 사이의 균형 잡기였다. 만약 제품을 볼 때 느끼는 행복이 가격을 보았을 때 느끼는 고통보다 크다면 우리는 그것을 산다.

문제는 섹스다

우리는 쇼핑을 좋아하는가? 이 질문에 대한 답변을 찾던 중 그레고르에게 직접 물어보면 어떨까 하는 생각이 들었다. 그레고르 파우마(Gregor Fauma)[6]는 이 주제로 매우 흥미로운 강연을 하는 행동생물학자로, 나의 학교 선배이기도 하다. 우리는 그의 단골 카페에서 함께 아침을 먹기 위해 만났다.

"행동생물학자 입장에서 쇼핑의 즐거움을 어떻게 설명할 수 있어? 이제 쇼핑은 목적 자체가 되어버렸고, 심지어 리테일 테라피(retail therapy)[7]라고 부르기도 하잖아. 생물학적으로는 어떻게 말할 수 있어?" 나는 물었다.

"소비는 원래 우리 인간에게 진화생물학적으로 결정적인 요소야. 인간은 지난 1,500만 년 동안 자신의 행동 패

---

6   http://www.gregorfauma.com/gregor-fauma/

7   쇼핑을 통한 치료

턴의 결함을 수정해오면서 깨달은 게 있는데, 바로 소비를 많이 할 수 있는 자가 더 오래 살고 더 건강하다는 거야. 그러니까 진화생물학적 관점에서 볼 때 소비 욕망은 아주 당연한 거지. 그게 옛날에는 음식과 안전한 거주지였어. 또 소비는 인간의 성생활에도 영향을 줘. 음식과 성은 서로 연동되어 있다고나 할까. 더 좋은 식량을 더 많이 조달하고 그것을 나눠줄 능력이 있는 사람이 자신이 속한 집단에서 힘을 갖게 되고 이성에게 인기도 많았지. 다시 말해 그들은 더 많이 번식했어. 이런 행동 패턴은 모든 개체군에서 유사하게 나타났지. 이것은 오늘날에도 유효해. 즉 돈을 잘 벌고 양질의 음식을 먹을수록—말하자면 이것이 소비의 기원—더 오래, 더 건강하게 살 수 있어. 그런 다음 우리는 다 죽지.

성 선택(sexual selection)이 짝을 찾는 기준과 깊은 관련이 있다는 것은 오늘날의 관점에서 볼 때 무척 흥미로운 부분이야. 이에 대한 재미있는 연구도 많고. 여성과 남성 모두에서 자신의 배우자가 갖춰야 할 조건을 보면, 처음 5위까지는 남녀 모두 비슷해. 친절이나 유머처럼 우리가 잘 아는 것들이야. 6위가 흥미로운데, 여기서부턴 갈려. 즉 남자들은 매력적인 여자를 원하고—일부러 '예쁜'이란 단어를 쓰지 않았어—여자는 자원 접근성이 좋은 남자, 쉽게 말해서 사회적 지위가 높은 사람을 배우자로 바라지. 지위가 높다면 자원 접근성이 좋은 거야."

"하지만 그건 역사적으로도 설명할 수 있는 말이잖아. 여자는 3~4세대 전까지만 해도 아무것도 소유할 수 없었어!" 나는 반박했다. 내 안의 페미니스트는 어쩔 수 없었다.

"맞아, 하지만 나는 진화생물학자이지 역사학자는 아니야. 오직 생물학적 관점에서만 설명할 수 있어. 그리고 이 분야에는 예나 지금이나 소환할 수 있는 변함없는 패턴이 존재해. 돈 많은 남자가 추레하고 아프고 감염에 취약하긴 어렵다고 보는 게 통념이야. 게다가 정말 부자라면 세상에서 가장 아름답고 건강한 여자를 얻을 수 있다는 얘기지." 이것은 심지어 증명이 된 사실이라고 선배는 주장했다.

"후우, 그건 너무 진부해." 나는 불쑥 끼어들었다. 여자가 자신의 '자원 접근성'을 보장받으려면 단지 예쁘면 될 뿐 똑똑해서는 안 된다는 것처럼 몰아세우고, 여전히 그런 패턴이 존재한다는 듯 말하는 게 생물학이라니, 참 어이없네. 내 안의 페미니스트가 또 거세게 저항했다.

"네 말이 틀린 말은 아니야. 하지만 그것은 여러 연구를 통해 증명된 사실이야. 여자들은 기본적으로 남자의 외모에 관심이 생겨도 그것으로 충분한지를 다시 꼼꼼히 확인하지. 확실한 신분의 상징, 값비싼 기기들, 명품 옷, 철저한 자기관리는 훌륭한 자원 접근성을 보여주는 것들이야. 여자는 돈을 잘 버는 남자에게 시선이 가고, 나는 여기에 소비의 뿌리가 있다고 봐. 짝짓기 시장에서 자신이 돋보이려면 중요한 것은 자원의 다양성이야.

나는 어디서 무엇을 소비할 수 있는가? 특히 남들이 모두 알 수 있도록 내가 가진 거대한 자원 접근성을 잘 전달할 수 있는가? 우리 진화생물학자들은 끊임없이 묻고 있어. 결국 무엇을 얻으려고 매일 뛰어다니는가 하는 문제야! 내 주위에서는 이 문제가 섹스파트너만큼 흥미롭지."

"선배 말은 섹스 때문이라는 거야? 결국엔 모든 것이 섹스로 이어진다는 말이지?"

나는 웃음을 참을 수 없었다. 최근에 구입한, 나를 아주 기쁘게 만들어준 벨벳 소재의 물방울 무늬 파자마가 섹스와 관련 있다는 것을 상상하기 어려웠다. 하지만 기왕 말이 나온 김에 이어서 말했다.

"섹스도 기본 생계, 안전이나 자기실현과 마찬가지로 욕구에 들긴 해. 그런데 우리가 이미 오래전에 이 욕구 피라미드[8]의 꼭대기에 올랐다면, 어째서 계속 쇼핑을 하는 거지? 대체 뭘 더 원하는 걸까? 왜 우리는 여전히 쇼핑을 하냐고?"

8　매슬로(A. Maslow)의 욕구 5단계 이론

"흥미로운 점은, 많이 가진 자가 더 많이, 더 좋은 것을 갖고 싶어 한다는 거야. 자기보다 적게 가진 자들 속에서 돋보이려고. 그래서 '짝퉁' 가방이 등장했지. 루이비통을 살 여유가 없는 사람들이 스마트폰 케이스부터 지갑, 여행 가방까지, 머리에서 발끝까지 루이비통 모조품으로 온통 휘감고 다녀. 이런 일은 능력 있는 사람들에겐 재앙이나 다름없어. 그 때문에 좀 더 고급 제품을 찾는 거고. 이제 루이비통은 더 이상 자기만의 독점물이 아니니까. 그러면 부자들은 더 극단적인 것, 더 고가의 상품이 필요해. 일반인의 손에 도착하기까지 다시 몇 년이 걸릴, 어떤 형태로든 누구나 다 갖게 될 무언가가 말이야.

예전에 소형 세단 'BMW 1er'가 돈 많은 이들을 위한 차였다가 얼마 후 오타크링어 슈트라세오스트리아 빈 서부에 위치한 번화가에서 흔한 차가 된 적이 있어. 그러고 나서 단번에 부자들의 냉대를 받았지. SUV도 마찬가지야. 그것도 언젠가는 화물차로 변해서 시내를 돌아다닐걸. 왜냐하면 늘상 모든 것은 더 커지고, 더 강해지고, 더 높아져야만 하니까. 과시는 끝이 없어. 이것을 생물학 용어로 간단히 정리할 수 있어. 자원 접근성의 전시."

역시 수년 동안 아이폰에서 어그부츠까지, 각 트렌드의 '위'에서 '아래'로의 통과 현상을 관찰했다. 털 달린 장화 어그부츠는 배우 파멜라 앤더슨이 최초로 한여름 해변에서 신었다(오늘날까지 나에게 수수께끼는, 그 물건이 양털로 만들어졌고 무척 따뜻하다는 것이다). 이후 수년간 모든 저가 신발 가게와 할인 매장에서도 몇 주에 한 번씩 등장했는데, 그렇게 판매된 것은 당연히 양털이 아닌 플라스틱 실로 만들어졌다.

도심에서도 눈에 띄는 것이 있는데, 친구와 함께 저녁에 영화를 본 뒤 시내 명품 거리를 지나 지하철역 방향으로 이동할 때였다. 오스트리아 토종업체들인 아들뮐러, 퓌른크란츠, 브라운 & Co. 혹은 코버가 입점해 있던 곳에 지금은 해외 유명 브랜드 지점들이 들어와 있었다.

이전까지 고급 상품을 살 수 있던 빈 거리에서 이젠 루이 비통 빈 지점을 볼 수 있다. 그럼에도 어쨌든 신발은 어느 나라에서 사든 상관없이 루마니아에서 제작된다.[9]

몽클레르, 샤넬, 엠포리오 아르마니, 보테가 베네타, 발렌티노, 지미 추도 이와 다르지 않다. 나는 이들 제품을 세계 어디서나 구입할 수 있고, 또 이들이 빈과는 아무 관련이 없어도 이곳 매장에서 입어볼 수 있다. 예전에는 부자들이 자신의 신분 상징물을 구매하는 품격 있는 상점 거리였다면,

---

9 https://www.sueddeutsche.de/wirtschaft/louis-vuitton-von-wegen-made-in-italy-1.3551431

오늘날에는 해외 브랜드가 점령한 공간이 되어버렸다. 그레고르의 논리에 따르면, 이 브랜드들은 머지않아 진짜 부자들의 관심을 더 이상 받지 못할 것이다. 그렇다면 이런 구별짓기의 다음 단계는 무엇일까? 원칙적으로는 산에서 농사짓는 농부의 아들 한스가 보름달이 뜬 날 쇠가죽을 죽도록 무두질하고 직접 염색한 후, 어머니 마리아가 한땀 한땀 바느질해서 완성한 가죽 제품이 될 수 있다. 비록 이런 수작업이 과도하고 매우 고된 특수 영역의 일이라 할지라도, 환경오염 문제와는 별개로 여전히 '메이드 인 차이나'보다는 낫다.

하지만 그것이 더 나은 소비를 위한 접근이 될 수 있을까? "스타와 인플루언서들이 시종일관 지속 가능한 제품만 산다면 어떻게 될까? 또 그것이 아래로 침투하기까지는 얼마나 걸릴까?"

"그건 주기적인 해결책이 될 수 있어. 만약 이 세상의 진짜 부자와 그 아들딸들이 '브랜드 대신 에코(eco)'와 같은 포기의 신호를 보낸다면 몇 년 뒤엔 아래로도 스며들 거야."

그렇게 되길 기대한다. 하지만 때때로 우리가 쇼핑 중독에서 벗어나지 못하는 것은 무엇 때문일까?

"그건 충족하지 못한다는 데 있어. 식사의 경우를 보면 확실히 알 수 있는데, 네 몸은 어느 순간 호르몬 분비와 신경전달물질을 거치며 이렇게 말하지. '멈춰, 지금 위험해지기 시작한다고.' 그때 넌 기분이 좋지 않고 나른해져. 쇼핑의 경우, 이런 충족감과는 매우 달라서 우리 안의 원초적 욕구가 계속 활발하게 움직여. '더 많이 가져도 나는 그럴 만한 자격이 있어'라고 하면서. 이것이 탐색이고, 이러한 탐색이 중독 행동이 되는 거야. 예를 들어 집에서 물고기를 키우는 사람이라면 희귀종 물고기를 찾아다니겠지. 그래서 여기저기 가게 순례를 떠나고, 희귀한 것이 없는지 수족관을 하나하나 들여다봐. 이런 탐색은 그에게 킥(쾌감)을 주고, 그 때문에 끊임없이 탐색에 나서는 거야. 그러다 희귀종을 발견하면 기뻐하지. 하지만 그 상태는 오래가지 않아. 그래서 탐색의 기쁨은 또 계속되고."

그때 좋았던 옛 도파민이 우리 몸에서 다시 분비된다. 즉 진화생물학적 관점에서 우리에게 중요한 것은, 소유할 대상을 찾고 그것을 보여주는 것이지 쇼핑 자체가 아니라는 말이다. 흥미로운 해석이다.

"얍 팡크제프(Jaap Panksepp)라는 신경학자는, 우리가 대상물을 호기심을 갖고 살필 때 몸에서 보상 물질이 분비된다는 것을 쥐 실험으로 증명했어. 인공적으로 만든 새로운 보금자리에 쥐를 넣어두면 쥐는 새로운 공간을 탐색하기 시작하면서 신경전달물질을 분비하는데, 그것은 쥐의 젖꼭지 부위를 자극했을 때 나오는 물질과도 일치해. 인간도 마찬가지야. 우리가 관광객으로 먼 나라 도시에 가서 기대에 찬 눈으로 '이 골목길을 계속 걷다 왼쪽 모퉁이를 돌아가면 뭐가 나올까?' 하며 이리저리 둘러볼 때처럼 말이야. 호기심에 차서 뭔가를 탐색하면 우리 몸은 내내 보상을 해줘. 무언가를 발견한 다음 충분하다는 느낌은 사실상 존재하지 않아."

그레고르 선배와 나눈 대화에서—그의 마지막 말이나 쥐의 젖꼭지 자극이 과학적 접근 방식이라는 사실에서—무엇이 더 남을 수 있을지 그땐 잘 몰랐다. 그렇지만 나는 여전히 질문을 던졌다. "선배는 좋은 소비가 뭐라고 생각해?"

"내가 말할 수 있는 건, 무엇이 우리 지구를 위해 좋은가 하는 것뿐이야. 하지만 인간은 소비 욕구 자체를 완전히 없앨 수는 없어. 그것은 인간의 조건(Conditio humana)[10] 안에 들어 있는 거니까. 깊이 생각해봐야 할 것은, 우리의 소비 욕구를 다른 방식, 지속 가능하고 지구를 파멸시키지 않는 방식으로 향하게 할 수 있는가 하는 점이야. 소비 욕구가 없다면 우리는 아무것도 먹을 수도 없고 입을 수도 없어. 그러니까 문제는 이거야. '소비를 어느 방향으로 향하게 할 것인가?'

그렇다. 바로 그것이 문제다.

---

10 일반적으로 '인간의 조건'이란 인간 존재의 상황과 인간의 본성을 가리킨다. 인간의 조건은 철학, 특히 철학적 인간학을 비롯해 사회심리학과 같은 사회과학의 대상이 된다.

소비하는 존재, 인간

선배와 나눈 대화는 오랫동안 머리에서 떠나지 않았다. 그것은 내게 수많은 답을 가져다주었을 뿐만 아니라 새로운 질문들도 생겨나게 했다. 만일 우리가 순전히 행동생물학적 기준에 따라 행동한다면 문제는 분명해진다. 많은 쇼핑은 많은 섹스를 의미한다. 하지만 행동생물학적 관점만 존재하는 것은 아니다. 소비에는 역사학적, 인류학적 배경도 있다. 이 점에서 친한 친구 슈테프가 우연히도 인류학자라는 것은 매우 유익했다. 여느 때 같으면 만나서 노닥거렸을 테지만 이번만큼은 친구에게, 자본주의 비판적이고 학술적인 관점에서 바라본 소비라는 주제로 질문을 던졌다.[11]

슈테프는 물건을 사려는 충동의 이유를 자본주의에서 찾았다. "자본주의에서 소비는 그것이 무엇이든 어딘가에 이르기 위한 유일한 방법이야. 나는 이게 완전히 잘못됐다고 생각해. 인간이 소비한다는 것은 단지 놀라운 감정들을 경험하기 위해서만이 아니야. 사람들은 기본적으로 기분 좋은 것을 원하기 때문에 뭔가를 소비해야 하는 거지. 그러지 않으면 완전히 상품화된 세계에서 남는 것이 하나도 없거든.

---

11 게다가 슈테프는 이 행성에서 가장 똑똑한 여성 중 한 명이다. '슈테프 그로만(Steph Grohmann)'의 이름으로 다음을 참조하라: "The Ethics of Space – Homelessness and Squatting in Urban England", HAU 2020

이것은 자본주의에는 유익한데, 사람들이 끊임없이 소비를 늘려야만 하지. 그러지 않으면 자본주의는 멸망하게 돼."

카를 틸레센(Carl Tillessen)도 책『소비(Konsum)』에서 이와 비슷한 설명을 했다. "어떤 사회적 참여도 소비에 대한 참여만큼 우리에게 중요한 것은 없다. 나도 다른 사람과 똑같이 구입할 수 있다는 생각이 왜 우리의 자존감을 높이고 유지하는 데 중요한가는 이해하기 어렵다. 각 개인의 만족감은 자신도 스마트폰과 고급 스니커즈를 살 수 있다는 데 있다. 서구 세계에서 사회적 만족감은 모든 사람이 이것을 똑같이 살 여유가 있다는 데서 기인한다. 왜냐하면 누구나 스마트폰과 고급 스니커즈를 가지고 있는 한, 빈부 격차가 계속해서 벌어지고 있다는 것을 사람들은 전혀 눈치채지 못하기 때문이다."[12]

틸레센이 자존감에 대해 이야기했다면 인류학자 슈테프는 이렇게 설명했다. "그건 별로 중요하지 않아. 소비에서 근본적으로 중요한 것은 마르크스가 말한 것처럼 외부적 강제야. 우리가 먹고 입고 움직이려면 소비는 피할 수 없어. 그때 자존감은 전혀 상관없어."

나는 소비한다, 고로 사회의 일부가 된다. 자본주의 사회

---

[12] 카를 틸레센,『소비(Konsum)』, HarperCollins, 2020

의 일부로 남기 위해서는 소비를 해야만 한다. 그리고 '그 곳에 계속 머물기 위해' 점점 더 빨리 소비해야 한다. 우리 는 가속화되는 트렌드의 고리 안에 살고 있다. 지금 유행하 는 것을 내일 어디서든 보고, 또 새로운 것을 만나기를 원한 다. 게다가 이런 경향은 우리 몸의 생화학적 작용과도 관련 이 있다. 트렌드가 빠르게 확산되고 우리 눈에 빈번히 노출 될수록 제품에 싫증을 느끼는 속도 역시 빨라진다. 그것이 더는 쾌감을 주지 않으며, 도파민도 더 이상 나오지 않는다. '나는 무조건 살 것'이라는 충동은 더 이상 일어나지 않는다. 그러면 뇌는 지루함을 느끼고 새로운 자극을 찾게 된다. 빠 르게 새로운 트렌드, 새로운 쇼핑 충동을 찾는다.[13] 자본주 의도 이렇게 작동한다.

---

13 왜 트렌드가 점점 빠르게 변화하는가에 대해 카를 틸레센의 설명은 매우 적절한데, 내 가 직접 이야기하기보다는 여기에 그의 글을 인용하려 한다. "오늘날도 그렇지만 지난 세기처럼 새로운 미적 자극이 빠르게 확산된 적은 없었다. 트렌드 정보가 비행기와 화 물차로 신속하게 이동하기 때문이다. 예를 들어 전 세계 기자들은 일 년에 두 번 파리 와 밀라노로 날아가 고국 사람들에게 새로운 패션 트렌드를 알려주었다. 이렇게 습득 된 지식은 수많은 화보를 통해 육로를 타고 전파되었다. 이런 방식으로 하나의 새로운 스타일이 온 세계에 자리잡기까지는 여러 해가 걸렸다. 그렇게 정착된 뒤, 그 수명이 다하고 새로운 것을 위한 시간이 찾아오기까지 평균 10년간 지속되었다. 이렇게 20세 기엔 보통 10년 주기로 유효했던 1950년, 60년, 70년, 80년대 스타일이 존재했다. 이 와 반대로 21세기는 전 세계의 디지털 네트워크로 인해 트렌드가 전혀 다른 역동성을 띄게 된다. 해외에 나간 기자들이 전달한 트렌드 기사가 번거롭게 인쇄물을 거쳐 우리 에게 오는 기나긴 과정을 더 이상 인내하며 기다릴 필요가 없어졌다. 지금 우리는 인 터넷을 통해 누구나 언제 어디서든 사진과 정보를 직접 손안에 넣을 수 있으며, 동시 간에 온 세계에서 벌어지는 사건을 알 수 있다."

자본주의를 주제로 다룰 때마다 나는 구동독의 종말이 자연스레 떠오른다. 구동독은 서독의 자본주의에 대항하는 사회주의 프로젝트였다. 그것은 성공하지 못했다. 자기 국민을 가두고 속옷까지 감시해야만 살아남을 수 있었던 한 국가는 자본주의와의 싸움에서 긍정적인 예가 되지 못했다. 단지 비인간적인 실체를 드러냈을 뿐이다. 그럼에도 불구하고 이 실패한 국가의 기본 이념을 논의하는 것은 매우 흥미로운 일이다. 베를린 장벽이 무너지고 사회주의 체제 구동독과 자본주의 체제 서독의 재통일(미안하게도 헬무트 콜 독일 전 총리는 이것을 가리켜 '사회적 시장경제'라고 불렀다)이 중요한 문제가 되었을 때, 이에 대한 거센 반발의 목소리는 다름 아닌 구동독에서 나왔다.

예컨대 작가 크리스타 볼프(Christa Wolf)는 구동독의 검열을 통렬히 비판했지만, 그럼에도 1989년에 개혁적 사회주의가 가능하다고 믿었다. 사람들이 원치 않는 것은 자본주의였다. 하지만 자본주의는 승리했다. 당시 서독의 상점 앞에 기다랗게 줄을 선 동독 시민들 사진이 온 세계에 퍼졌다. 그들은 그곳에서 자신이 받은 환영금을 지출했다. 유명 TV를 구입한 사람들이 기자에게, 서독에는 다양한 상품이 아주 많아서 정말 좋고, 코카콜라나 펩시, 나이키도 살 수 있어서 기쁘다고 이야기했다. 나는 어렸을 때 이 장면을 보고 해피엔딩이라고 느꼈다. '드디어 이 가난하고 자유롭지 못한 사람들도 다양한 물건을 살 수 있네.' 당시에 주로 바비, 마이 리틀 포니와 곰돌이 가족 등 어쨌거나 다양한 인형을 가지고 놀던 여덟 살의 나는 그렇게 생각했다. 지금은 이 장면을 보면 가슴이 죄어든다. 자본주의가 이겼다. 그리고 동시에 전 세계에 수많은 해악의 원인이 되었다. 우리에게 생물학적으로 내재된 소비에 대한 기쁨은 그렇게 의무가 되었다. 또 어찌하다 보니 자기만의 의무도 되어버렸다. 뉴욕의 쌍둥이 빌딩이 무너졌을 때 부시 대통령은 미국 시민들을 향해 어서 나가 쇼핑을 하라고, 경제는 계속 움직여야 한다고 말했다. 국민의 구매력 없이 국가 경제 시스템은 잘 작동할 수 없으므로 이 말은 이해할 수 있다. 하지만 소비자 입장에서 볼 때, 당장 쇼핑에 대한 의미 때문에 단지 시민적 책임감으로 의미 없는 쇼핑을 해야 한다는 주장은 그야말로 실용적이었다.

그렇다면 문제는 더 첨예해진다. 자본주의는 소비가 즐거움을 준다는 사실을 이용하게 되고, 소비는 목적 자체가 되어버린다. 흥미로운 접근은, 인간이란 단지 그가 소유한 것에 불과한 세계에서(이렇게 해서 다시 행동생물학의 악순환에 빠진다), 또 끊임없이 소비할 때에만 작동하는 세계에서 기분이 좋아지는 데 필요한 것은 소비 외엔 아무것도 없다고 보는 것이다.

그런데 잠깐! "자연으로 돌아가자"고 외치던 책과 잡지들이 바로 지난 세기에 헤아릴 수도 없이 많이 쏟아져 나오지 않았던가? 또 명상, 내려놓기, '나를 느끼기'와 같은 열광적인 트렌드도 있지 않은가? 그 속에서 나는, 점점 더 빨리 돌아가는 소비의 바퀴에서 벗어나려는 인간의 몸부림을 본다. 슈테프는 이것을 다르게, 더 정확히 말해서 아주 냉정하게 보았다. "하지만 이러한 도피는 마찬가지로 특권을 가진 망상일 뿐이야. 누군가가 자기는 자본주의 체제를 벗어났다고 주장하면서 다 필요 없고 선(禪)과 명상만 있으면 된다고, 소비는 필요 없다고 말하는 것, 그게 바로 엄청난 특권이야."

나는 한마디 거들었다. "네 말이 맞아. 1년간 쇼핑을 끊었을 때 나도 분명히 알았어. 내가 쇼핑할 돈이 없어서 사지 않은 게 아니라, 바로 살 수 있는 여유가 있기 때문에 아무것도 사지 않았다는 것을."

"바로 그거야. 그리고 그런 특권은 체제의 변화 문제에서 아무런 도움이 안 돼. 그밖에 내가 매우 위험하게 생각하는 것은 '자연 그대로의 순수한 인간'이라는 말을 들을 때야. 왜냐하면 거기서 생태운동은 비밀스러운 종교로 바뀌고, 그러다 강경한 우파 주위를 기웃거리게 되니까."

이렇게 인류학자도 소비는 현실이라고 말한다. 하지만 소비는 모든 면에서 이롭지 않은 체제를 떠받치고 있다. 그렇다면 근본적으로 우리가 소비하는 것은 아무래도 상관없을까? '보다 나은' 방식으로 생산된 상품들은 어떻게 봐야 할까? 이 문제를 나중에 반드시 들여다보아야 한다. 지금 내가 관심을 갖는 것은 무엇보다 바로 이것이다. '어떻게 우리는 생존에 필요한 것보다 더 많이 소비하게 되었을까?'

자유 의지에 관하여

"누누, 할 말이 있어. 정말 황당한 일이야."

뮌헨에 사는 친구 타냐가 보낸 문자였다. 이런 문자를 받고 어떻게 가만히 있겠는가? 나는 타냐와 이야기하는 것을 매우 좋아하는데, 가령 우리는 사람들이 일상에서 타인의 기대에 얼마나 많은 영향을 받는지, 때로는 이러한 기대를 무시하는 게 얼마나 어려운지[14] 토론하곤 했다. 내가 미처 답장을 보내기도 전에 타냐는 음성 메시지를 보냈다. "정말로 희한한 일이 있었어! 내가 지난 몇 주 내내 한 특정 브랜드의 아주 비싸고 작은 시계가 있었으면 좋겠다고 생각했거

---

14 게다가 타냐는 이에 대해 매우 재미있는 책을 썼다(Tanja Mairhofer: Schluss mit Muss!, ZS-Verlag 2017).

든. 그러면서도 이걸 바라는 이유가 뭘까, 이런 생각은 어디서 왔을까 계속 이상하게 여겼지. 난 보통 브랜드 시계에 별 관심이 없고, 그게 값비싼 브랜드라면 더 말할 것도 없잖아! 그러다가 깨달았어. 우리 집에 폐휴지 더미 옆에 잡지 쌓아두는 데가 있거든. 몇 주 내내 거기 맨 위에 잡지 하나가 뒤집힌 채로 있었는데, 거기에 광고 사진이 있는 거야. 매우 아름다운 아시아 여인이 바로 그 작은 명품 시계를 차고 있었어! 정말 황당하지 않아? 내가 완전히 광고 하나에 빠졌다는 게."

웃음이 나왔다. "아니야, 전혀 황당한 일은 아니야." 난 이렇게 답장을 보냈다. 광고가 우리 무의식에 얼마나 많은 영향을 끼치는지 보여주는 아주 좋은 예다.

이 일은 나를 깊은 생각에 잠기게 했다. 대체 자유 의지란 어디까지 미칠 수 있을까? 우리는 얼마나 외부의 통제를 받고 있고, 또 쇼핑은 얼마나 의식적인 결정일까? 사람들은 거의 충동적으로—충동 자체와 사회적 계급 때문에—소비하는 것처럼 보인다. 하지만 그렇다고 그것이 우리가 의지박약한 소비자라는 말일까?

세계적인 마케팅 전문가 마틴 린드스트롬(Martin Lindstrom)은 2010년 소비와 자유 의지를 다룬 아주 흥미진진한 실험 진행을 했다. 그는 화보에 나올 듯한 완벽한 가족을 미국 캘리포니아의 소도시 라구나 비치에 살도록 했다. 일명 모겐슨 가족(The Morgensons)이었다. 엄마, 아빠, 아들, 딸, 멋진 주택가의 그림 같은 집. 그들은 인맥 좋고 멋진 외모에 사회적으로도 성공한 가족, 즉 아메리칸 드림의 전형이었다. 하지만 진짜라고 하기엔 너무나 완벽했다. 말하자면 그들은 캐스팅된 배우였다. 이 모겐슨 가족의 과제는 자신의 '일상' 생활을 연기하는 것과 더불어 이웃들에게 특정 브랜드 상품을 쓰도록 부추기는 일이었다. 그들의 친구와 이웃의 반응을 관찰하기 위해 집 안에는 수십 대의 마이크와 카메라가 설치되었다. 아빠 모겐슨이 숯불에 구운 고기를 먹으며 새로 산 와인에 열광하고, 엄마 모겐슨은 최근 할인가로 구입한 신발을 보여주고, 욕실에선 부부가 특정 물비누에 대해 큰 소리로 떠들어댄다. 이 실험이 보여준 결과는 이렇다. 집을 방문한 친구들은 그 후 한 명도 빠짐없이 슈퍼마켓에 가서 아낌없는 칭찬을 받은 상품 가운데 평균 세 가지 이상 구매했다. 그들 중 모겐슨 가족의 지속적인 홍보 활동을 눈치챈 사람은 아무도 없었다.

실험이 꿰뚫은 것은 바로 군집 본능이다. 우리는 다른 사람처럼 되기를 원하고, 따라 하고 싶고, 또 친구들이 좋다고 하는 것을 믿는다.

하지만 꼭 해야 할 질문이 있다. 도대체 우리는 왜 구매하는가? 쇼핑을 하도록 마음을 움직이는 것은 무엇인가? 그리고 우리가 지갑을 열도록 산업이 의식적으로 이용하는 또 다른 메커니즘은 뭘까?

나는 질문에 대한 답을 찾던 중 수많은 사실을 발견했다. 어떤 것은 아주 당연했고(이를테면 남들에게 자신의 신분을 암시하기 위해 명품을 산다), 또 어떤 것은 나를 놀라게 만들었다.

사람은 주변 환경을 온몸으로 받아들인다. 그리고 바로 그 때문에 전문가들은 저마다 자신의 일에 심혈을 기울인다. 프링글스 감자칩 뚜껑을 열 때 나는 소리는 어떻고, 자동차 문을 닫을 때는 어떤 소리가 나며, 새 자동차에서 풍기는 냄새는 어때야 하는지, 그래서 고객이 '오, 역시 새 차는 끝내주는군!' 하고 감탄할 수 있도록 애쓴다. 광고 전문가들은 단순히 콜라 캔뿐만 아니라 시원한 음료에서 송골송골 '돋아나는' 물방울도 보여주어야 잘 팔린다는 것을 알고 있다. 이런 '특별히 시원하다'는 암시는 우리 안에 무의식적으로 '색다른 청량감이 있는 게 확실해!'라는 생각을 불러일으킨다.

전문가들은 고객이 매장에서 편안함을 느낄 때 물건이 좀 더 잘 팔린다는 것을 알고 있다. 그리고 아주 약삭빠른 사람이라면 우리가 쇼핑할 때 방금 위에서 언급한 군집 본능을 따른다는 사실을 잘 안다. 사람들은 아무도 없는 텅 빈 가게보다는 손님이 많은 곳에 들어가기를 선호한다. 그사이 미국에서는 소위 '페이크 쇼퍼'(위장 구매자)를 고용해, 레스토랑에서 빈 테이블에 앉아 있게 한다든지 고급 양품점을 둘러보게 하거나 계산대 옆에 줄을 세워 기다리게 한다.[15]

자료 조사를 하다가 이 기사를 발견했을 때 나는 크로아티아에서 겨울 휴가를 보내고 있었다. 처음엔 믿을 수가 없어서 절레절레 머리를 흔들다가 갑자기 뭔가 기억이 났다. 불과 몇 시간 전, 친구와 함께 포렉의 한산한 구시가지를 걸으며 아직 영업 중인 식사 가능한 레스토랑을 찾고 있었다. 그리고 사람들이 몰려 있는 식당에서 먹기로 결정했다. 나는 자동적으로 그곳이라면 음식이 맛있을 거라고 생각했다. 다른 사람들도 그렇게 생각했을 것이다. 그 순간 왜 아마존에서 "다른 고객들도 ○○○을 구입하셨습니다"라는 카테고리가 엄청난 성공을 거두고 있는지 분명히 이해했다.

페이크 쇼퍼의 존재는 2008년 아이폰을 런칭할 때 처음으로 알려졌다. 2007년 미국에는 애플 팬이 많았다. 그 기기의 최초 구매자가 되려고 몇 시간이나 줄을 서서 기다릴 정도였다. 반면 폴란드에서는 아이폰에 대한 관심이 여전히 제한적이었다. 그 결과 주요 이동통신사 오렌지(Orange)에

---

15 https://www.stern.de/wirtschaft/job/fake-shopper-spielen-einkaeufer-und-
   locken-echte-kunden-in-leere-laeden-8649008.html

서는 배우들을 고용해 폴란드 전역 20개 매장 앞에서 줄을 서게 했고, 외신들이 이를 보도했다.[16]

온라인 어딘가에 '95퍼센트 세일'(불공정 거래 행위에 가까운 할인이다)이라는 광고 문구가 떴을 때, 사람들은 '저건 나머지 5퍼센트의 가치도 없는 쓰레기야'라고 생각하지 않는다. 대신 95퍼센트나 더 많이 주고 산 바보가 아닌 것에 기뻐한다. 우리는 아주 영리해서 세일 제품을 구입해왔다. 하지만 상품 가격이 20배 이상 인상된 적은 단 한 번도 없었다. 말 그대로 싸구려 상술에 속아 넘어가고, '이건 공짜나 다름없어'라며 즐거워한다.

이야기가 나왔으니 생각나는 게 있다. 내 주위엔 "난 정말 그것이 당장 필요해!"라는 말을 입에 달고 사는 사람들이 있다. 그것이 세 번째 헤어 롤러든, 열 번째 프라이팬이든 상관없이 말이다(엄마, 듣고 있어?). 심리학에서는 이것을 '합리화'라고 부른다. 사람들은 자신이 왜 다름 아닌 그런 결정을 내렸는지에 대해 스스로에게 설득력 있고 합리적인 이유를 댄다. 그렇게 해야 마음을 빨리 안정시킬 수 있기 때문이다. 그러므로 아주 합리적으로 생각해보면, 사적인 만족을 위해

---

16 https://www.stern.de/wirtschaft/job/fake-shopper-spielen-einkaeufer-und-locken-echte-kunden-in-leere-laeden-8649008.html

휴대전화, 노트북, 전자책 단말기, 스마트 TV, 그밖에 당연히 태블릿도 필요하다. 아닌가?[17]

실제로 인간의 결정력은 어느 정도까지 확장될까? 우리는 물건을 사도록 얼마나 조종당하고 있으며, 그것이 결정에 얼마나 영향을 미치고 있을까? 늘 우리 자신의 결정이라고 생각하지만, 가끔은 무엇을 살 의지력보다 사지 않는 의지력이 더 필요하다.[18]

만일 스스로를 광고 산업의 희생자로 본다면, 우리는 미성숙한 행동을 하는 사람이다. 희생자의 관점에서 본다고 해서 달라지는 것은 없다. 하지만 그들은 우리의 무의식에 말을 걸며 많은 것을 비싸게 팔 수 있다.

어쨌든 그 후 타냐는 작은 시계를 샀다. 엄청나게 비싼 시계는 아니지만 작은 시계를. 광고는 확실히 효과가 있었다.

행복과 소비를 한몸처럼

하지만 기본적으로 그렇게 복잡한 문제는 아니다. 광고 연구에 아주 간단한 공식이 있는데, 편리하게 오스트리아

---

17 이에 대에 나의 잘못 역시 인정한다.

18 그밖에 새 상품을 구입하는 것도 계획적 진부화새 상품의 판매를 위해 구 상품을 계획적으로 진부화시키는 기업 전략를 통해 조종된다. 만약 우리가 20년 동안 같은 인쇄기로 출력한다면 이 또한 드라마에나 나올 법한 이야기다.

제과 체인점 아이다(AIDA)의 이름으로 설명할 수 있다. 네 단계의 유혹이란 다음과 같다.

▶ Attention(주의): 광고는 소비자가 새로운 상품을 잘 알아차리도록 어떤 형태로든 신경을 쓴다. 어떤 것은 화려한 컬러에, 어떤 것은 감동적인 말에 주력한다. 중요한 것은 소비자가 주목하는가이다.

▶ Interest(관심): 소비자는 이럴 때 관심을 갖기 시작한다. '뭐? 알름두들러오스트리아의 대표적 탄산음료에서 대마초 맛이 출시됐다고?' 혹은 '페이스북을 훑다가 발견한 그 샌들, 나한테 잘 맞을 것 같은데 다시 한 번 클릭해볼까?'

▶ Desire(욕망): '그것을 내 눈으로 한번 봐야지'에서 '그것이 정말 갖고 싶어'로 변하는 순간을 말한다. 이런 순간은 광고를 많이 볼수록 빨리 온다.

▶ Action(행동): '구매하기' 버튼을 누른다. 아니면 슈퍼마켓에 가서 대마초 맛 알름두들러를 산다.

이는 정말 매우 간단하다. 하지만 그다음 우리를 쇼핑으로 유혹하는 몇 가지 도구가 남아 있다.

▶ 약점을 보게 한다. 친애하는 이여, 나는 이에 대한 매우 인상

적인 예를 이미 다른 책 『아름답지 않을 권리(Fuck Beauty!)』
에서 설명한 바 있다. "동독 출신의 한 할머니가 이야기하기
를, 옛날 구동독에서 셀룰라이트는 전혀 이야깃거리도 아니
었다고 했다. 여성은 누구나 셀룰라이트가 있고, 추하거나
예쁘다기보다는 단순히 자연스러운 것으로 받아들였다. 그
러다가 1989년 베를린 장벽이 무너지고 사정은 달라졌다.
안티셀룰라이트 크림 광고가 동독 땅에 들어오자 지금까지
자신의 정상적 상태를 아무렇지 않게 여기던 여성들이 대부
분 자기 허벅지를 결점으로 보기 시작했다(그리고 당연한 말이
지만 수많은 여성이 그 크림을 샀다).[19] 즉 광고를 통해 셀룰라이
트의 존재가 알려지자 사람들은 그것을 약점으로 인식하게
되었다.

▶ 제품량을 교묘히 적게 조절한다. 아마존의 그 유명한 '2개
남았음'을 모르는 사람은 없다. 우리가 사려고 하든 아니
든, 이 문구를 보자마자 스트레스가 유발된다. 대개의 경우
물건이 품절되지 않을까 서둘러 '구매하기' 버튼을 누른다.
또 다른 예는 익히 알려진 한정판 제품(limited edition)으로,
야구 모자부터 스니커즈, 손목시계 그리고 에스프레소 잔
에 이르기까지 한정판의 현재 가치는 높이 치솟는다.

---

19 누누 칼러, 『아름답지 않을 권리』, 강희진 옮김, 미래의창, 2018

▶ 행복한 고객의 모습을 보여준다. 이 점에서 오스트리아 로또 광고는 단연 최고로, 문자 그대로 매우 극적인 예가 된다. 가난하고 스트레스 많고 음울하던 이전의 삶과, 부와 함께 야자나무 아래에서 즐기는 화려한 이후의 삶. 아이러니한 느낌이 들 수도 있지만, 우리 머릿속에서는 로또에 당첨되면 보다 멋지고 쾌적하고 눈부신 삶, 한마디로 매우 행복한 삶을 누릴 수 있다는 생각이 떠나지 않는다. 어떤 면에서는 맞기도 하지만 그게 다는 아니다.

확실한 것은, 행복과 소비는 한몸이라는 것이다.

나를 행복하게 하는 것

쇼핑은 사람을 행복하게 만든다. 이는 명백한 사실이다. 하지만 늘 그럴까? 언젠가는 모든 것을 다 가졌다고 느끼는 때가 오지 않을까? 혹은 수백 가지를 싸게 구입한 후, 내가 이 물건들을 차지한 게 아니라 물건에 지배당하고 있는 것은 아닌지 생각하지는 않을까?

그렇다. 그런 때는 존재한다. 행복에는 한계가 있다.

사사키 후미오는 자신의 저서 『나는 단순하게 살기로 했다』(2015)에서 비싼 물건이 더 행복하게 만드는지에 대해 고민하면서 이 점을 매우 근사하게 기술했다. "슬프지만 사실이다. 100유로의 반지를 사든, 500유로 혹은 3,000유로의 반지를 사든 상관없다. 행복의 크기는 매번 똑같다. 500유로 하는 반지가 이보다 싼 반지보다 다섯 배 더 행복하게 만들어주진 않는다. 우리는 다섯 배 더 많이 웃지 않고, 다섯 배 더 오래 행복하지 않다. 사치품의 가격에는 상한선이 없지만 행복감은 한계가 있다. 만약 500유로 반지가 100유로 반지보다 다섯 배 더 행복하게 해준다면, 행복에 이르는 길은 돈과 소유를 통해 다다를 수 있을 것이다. 하지만 당신이 아무리 부자가 되고 아무리 많은 물건을 쌓아놓고 있더라도 당신의 소유물이 당신을 지금보다 더 행복하게 만들어주지는 못할 것이다. 새로운 것에 대한 기쁨에는 한계가 있다."[20]

나에게 진짜 행복(쇼핑할 때 느끼는 짧은 행복감을 말하는 게 아니다)은 어떤 의미일까? 나에게 행복이란 친구들과 함께 앉아 웃는 것이다. 그들에게 친밀감과 편안함을 느끼는 것이다. 행복이란 조카들을 안는 것, 바닷가에 앉아 나 자신과 합일을 이루는 것, 바다가 하늘보다 더 밝게 빛나는 밤, 돛단배 위에서 몇 분간 느껴보는 출렁임, 소파 위에 편안히 누워 읽는 좋은 책과 같은 것. 행복은 사랑 그리고 자유.

나는 곰곰이 생각했다. '참, 나를 행복하게 해주는 물건

---

20   사사키 후미오, 『나는 단순하게 살기로 했다』, 김윤경 옮김, 비즈니스북스, 2015

들도 있지.' 예를 들면 텔아비브에서 산 향수가 그렇다. 아주 특별한 그 향수의 좋은 향기는 아름다운 추억을 떠올리게 한다. 그렇다면 내가 날마다 사용하는 물건은 어떤가? 휴대전화는? 오래됐지만 작동이 되는 한 훌륭하다. 자동차는? 나를 A에서 B까지 데려다주기만 하면 된다. 디자인, 엔진, 힘, 이런 건 아무래도 상관없다. 비싼 옷? 아니, 중고도 입을 만하다. 나에게 행복은 체험과 기억, 관계와 소통이다. 이렇게 해서 나는 유물론자 무리에 들지 않는다. 심리학자 옌스 푀르스터(Jens Förster)[21]가 말한 것처럼, 나는 이미 그러한 것만으로 행복하다. "일반적으로 메타 분석은 유물론자가 덜 행복하다는 추측을 증명하고 있다. 유물론적 가치와 목표가 오랜 시간에 걸쳐 확고하고 그것을 뒤쫓을수록, 그리고 돈이 행복하게 만들어주거나 소유가 성공을 반영한다고 믿을수록 사람들은 자기 삶 전체에 만족하지 않고, 긍정적인 순간들을 체험한 적이 거의 없으며, 기분이 즉흥적으로 빨리 나빠지기도 한다. 이것은 결국 자존감에 영향을 미치는데, 메타 분석에 따르면 유물론자들은 자기 자신에 대한 부정적인 시선과 낮은 자존감을 갖고 있다. 또 유물론적

---

21 옌스 푀르스터,『소유와 포기의 심리학(Was das Haben mit dem Sein macht)』, Pattloch Verlag, 2015

가치를 강력하게 주장하는 사람일수록 정신적인 문제에 더 시달린다."

그럼에도 매우 짧은 시간일지언정 새로운 물건이 행복감을 준다는 말을 부정하는 사람은 없다. 하지만 문제는 행복 자체가 하나의 상품이 될 수도 있다는 점이다. 이네스 마리아 에커만(Ines Maria Eckermann)은 그녀의 놀라운 책 『난 더 이상 필요 없어: 소비 자제와 지속적인 행복에 대하여』[22]에서, 어떤 대상물이 비쌀수록 더 많은 행복을 약속해주는 것처럼 보인다고 적고 있다. "하지만 왠지 좀처럼 충분하지 않다. 새로 산 소파로 인해 커튼이 촌스러워 보이고, 새 신발에 어울리는 바지도 필요하다. 물건이 우리에게 가져다주는 행복은 그리 길지 않다. 우리가 구매하는 것은 우월이나 만족이 아니며 행복도 아니다. 새로운 요구들을 산다." 우리는 더 많이 소유하는 행복에 기대를 건다. 그래서 대부분의 나라에서 정부는 국민이 더 많은 것을 소유하도록 거들고 있다. 그리하여 환경은 이를 위해 착취당히는 희생자가 된다. 이는 우리 자신도 마찬가지인데, 이런식으로 행복을 추구하다 보면 소비지상주의(consumerism)라는 중독에 빠질 위험

---

22 이네스 마리아 에커만, 『난 더 이상 필요없어(Ich brauche nicht mehr)』, Tectum Wissenschaftsverlag, 2019

에 처하기 때문이다. 에커만은 말한다. "소비지상주의자들이 사고자 하는 것은 솜털같이 부드러운 실로 프리다 칼로의 초상화를 그려넣은 핸드메이드 명품 카펫도, 22캐럿의 금바늘로 한땀 한땀 바느질해 만든 가는 줄무늬 비즈니스 수트도 아니다. 그들이 사려는 것은 정체성, 의미 그리고 행복이다."

그때 진짜 행복은 실현되지 못한다. 이에 대한 예로 미국 심리학자 에이브러햄 매슬로(Abraham Maslow)는 사회심리학적 모델인 욕구 피라미드에서 이 단계를 자아실현과 초월이라고 불렀다. 이를 영성, 사랑, 아니면 신비주의라고 하든 상관없이 이러한 형태의 행복은 돈으로 살 수 없다. 물질적인 소비는 내적 공허를 채워주지 못한다. 저렴한 새 옷, 그것도 대부분 비인간적이고 환경 착취적인 조건에서 만들어진 옷으로는 자존감을 살 수 없다. 단지 그것으로 자존감을 덮을 뿐이다.

저건 지금 사야 해!

이왕 말이 나왔으니 저렴한 옷에 대해 말해보자. 그사이 세계화로 엄청나게 많은 상품을 생산하는 일이 가능해졌지만 온갖 환경 재난과 비인간적인 작업 조건 외에도 끔찍한 부작용들을 낳고 있다. 이전에는 내 몸에 맞는 옷이 다 팔렸다면 추가 주문해서 몇 주 후 옷가게에서 찾아왔지만, 오늘날에는 H&M이나 프라이마크(Primark) 같은 거대한 패스트 패션 브랜드 제품일 경우 방금 본 옷을 어느 지점에서든 살수 있다. 주문후 구매? 어림없는 소리다. 그것만은 결코 안된다. 만약 진열장에서 본 상의를 사야 할까 일주일 내내 고민한다면 대개는 너무 늦었다. 옷은 다 팔려서 더는 입고되지 않는다. 내가 본 옷이 있던 자리는 이미 다른 새 옷들로 채워진다.

쇼핑할 때 경험하는 이러한 스트레스, 즉 '지금 아니면 두 번 다시 기회는 없다'는 불안한 감정은 옷, 특히 브랜드를 통해 점점 커지는 동일시와 결합되어 수많은 사람 안에 있는 '포모(FOMO) 버튼'을 누른다. FOMO란 'Fear Of Missing Out'의 약자로, 뭔가를 놓친 것에 대한 두려움을 말한다. 이러한 현상은 널리 퍼져 있고, 온라인에서 끊임없이 쏟아지는 정보로 인해 점점 가속화하고 있다. 사람들은 자신이 뭔가를 계속 놓치고 사건 현장에 없었다는 기분을 쉽게 느낀다. 소셜 미디어를 통해 우리는 20가지 다양한 사건을 실시간으로 경험할 수 있다. 그리고 파자마 차림으로 소파에 쪼그리고 앉아, 자기만 제외하고 다른 친구들은 모두 재미있게 잘 살고 있는 것 같다며 슬퍼한다.

좋다. 인간이 존재한 이래로 뭔가를 놓친 것 같은 불안감은 항상 있었다. 아주 먼 옛날 동굴 인간도 이웃의 동굴 벽에 그려진 연회 그림을 보고, '제기랄, 하필 난 그때 매머드를 잡으러 가서 집에 없었잖아!'라는 생각에 분명히 화를 냈을 것이다. 우리는 한 집단에 완전히 소속되지 못했을 때, 그리고 지난 세 번의 만남에 초대받지 못했음을 어느 자리에서 알게 되었을 때 느끼는 감정을 모두 잘 안다. 그것은 꽤 비참하다. 나는 이것을 '내적 불안'이라고 말하고 싶다.

소비사회는 고도로 기술화된 오늘날과 마찬가지로 특별한 형태의 포모를 형성한다. 뭔가를 놓칠 수도 있다는 불안감은 내가 얼마나 멋진 사람이고 특정 집단에 확실히 소속되어 있는지를 암시하는 물건을 구매하는 것으로 나타난다. 만약 지금 한껏 걸어 올린 하얀 챔피언 스포츠 양말에 스니커즈를 신고 있는 내 모습을 인스타그램이나 페이스북에 올리지 않는다면(이렇게 해서 30년이나 된 챔피언 회사가 이제야 핫한 브랜드가 되었다는 것을 알았다면), 주변에서 나는 유행에 밝은 축에는 끼지 못한다.[23] 이런 사실은 내적 불안을 초래할 뿐만 아니라 사물을 즐기는 능력까지 잃게 만든다.

사람들이 유행을 따라가면서 자신의 취향을 내팽개치는 모습이 내 눈엔 늘 우스꽝스럽게 보인다. 스니커즈 안에 신

---

23 혹은 다시 유행이 지났을까?

은 높이 걷어 올린 흰색 양말이 그렇다. 그것은 명백히 내 취향이 아니다. 또 맘 진(mom jeans), 즉 아주 짧은 홍당무 모양의 진과도 친해지기 어렵다.

당연히 업계에서는 포모를 하루가 다르게 쏟아져 나오는 상품들의 좋은 부작용일 뿐만 아니라 판매 촉진자로 여긴다. 크게 놀랄 일도 아니다. 다니엘 랑거(Daniel Langer) 교수는 이것을 젊은 세대(Z세대)의 다양한 가치 세계를 통해 설명한다. 캘리포니아 말리부에 위치한 페퍼다인 대학교에서 럭셔리 전략 및 극한의 가치 창출을 가르치는 랑거 교수는 중국의 럭셔리 전문 뉴스포털 징 데일리(Jing Daily)[24]에 기고한 기사에서, Z세대에게 중요한 것은 무엇보다 (대중) 문화라면 어떤 것도 놓치지 않는 것이라고 쓰고 있다. 그는 계속해서 이렇게 말한다. "어느 여행 가방 전문 회사가 신형 캐리어를 출시했다고 하자. 그런데 당신은 이 정보를 알지 못했고, 그 결과 지금 최신 패션 아이템을 놓쳐버린 불행한 사람 중 하나가 되었다. 그리고 '어떻게 이런 일이 일어날 수 있지?' 하고 물을 것이다."[25]

---

[24] 나라면 이것을 블링 데일리(Bling Daily)라고 불렀을 것이다. 하지만 나에게 물어본 사람은 아무도 없다.

[25] https://jingdaily.com/why-FOMO-is-shaping-the-luxury-market-now-more-than-ever/

캐리어에 대한 이야기를 조금 더 해보겠다. 여행 가방은 수십 년 동안 변치 않는, '내 생에 한 번은' 장만해야 할 아이템이었다. 하지만 지난 몇 년간 여행 가방 제조업체들은 '한정판'과 유명 디자이너와의 협업을 통해 새로운 트렌드를 구축하는 데 성공했다. 따라서 지금 유행에 뒤처지지 않으려는 사람이라면 누가 어떤 제품을 들고 공항 문을 나서는지 자세히 살펴봐야 한다. 이는 생산업자에게는 유익한 부수 효과가 된다. 현재 명품 캐리어를 사려면 족히 4,000달러는 지불해야 한다.

그러나 회사들은 하이엔드high-end, 비슷한 기능을 가진 기종 중에서 가장 우수한 제품뿐만 아니라 무언가 놓친 것 같은 우리의 불안감도 이용한다. 고가의 제품과는 동떨어진 패션 브랜드 '프라이마크'에 대해 여러 번 들은 것이 있다. 이 회사는 지침대로 매장마다 매일 새 옷을 옷걸이에 걸어놓는다. 여기에는 나름대로 상당히 영리한 계산이 숨어 있다. 이렇게 해서 이 대형 의류업체가 크게 성공을 거둔 것은 아니지만, 옷이 날마다 팔려 나가고 있음을 은연중에 보여준다. 이는 불안감을 유발하고, 소비자들은 생각한다. '오늘은 무조건 가서 사야해. 내일이면 다 팔리고 없을 거야.' 그렇다고 매일 갈 필요는 없다. 일주일에 딱 한 번이면 충분하다. 그렇게 해도 놓치는 건 전혀 없을 것이다.

소비자로서 '뭔가를 놓친 것 같은' 느낌은 오늘날 '지금 그 것을 꼭 사야 해. 그러지 않으면 두 번 다시는 살 수 없을 것 같은' 기분으로 변했다. 포모는 사람들을 브랜드와 연결하는 매우 훌륭한 도구다. 새로운 모델이 선보일 때마다 사람들은 모든 수단과 방법을 동원해 당장 그것을 보기 위해 브랜드의 뒤를 좇는다. 뭔가를 놓칠까 봐 불안한 게임으로서의 유행 소비. 할머니도 이러한 광경은 상상조차 못했을 것이다.

이밖에도 포모는 부차적 현상이 아니며, 무엇보다 체험의 구매로 간주되기도 한다. "밀레니얼 세대 10명 중 7명은 자 신이 포모에 시달리고 있다고 밝혔다. 이러한 유행성 불안 은 호황을 맞이한 체험 경제(experience economy)의 근본적 인 원동력이 된다. 집에만 머물러 있을 때 느끼는, 세기의 파 티라든가 삶을 변화시키는 굉장한 경험을 놓쳤다는 압도적 인 감정은 우리에게 다음 행사 티켓을 구매하고, 바로 떠날 수 있는 여행을 예약하고, 떠나고, 참여하고, 함께하도록 부 추긴다."[26] 그리고 또 있다. 코로나19 패데미 역시 힘껏 빌어 붙었을 섯이다.

우리는 왜 소비하는가. 그 이유는 그야말로 천차만별이 다. 그런데 나를 화나게 하는 것은, 필요한 것보다 훨씬 더

---

26 카를 틸레센, 앞의 책

많이 소비한다는 이 한 가지 사실이다. 뭔가를 사고, 곧바로 그것이 얼마나 헛된 일인지 깨달았을 때 느끼는 감정을 모르는 사람은 없을 것이다. 우리가 무언가를 놓쳐버렸다는 불안감은 대부분 생화학적인 킥이다. 하지만 대체 무엇이 우리 마음을 움직여 구입할 수밖에 없도록 만드는 것일까?

"당신은 쇼핑 중독이었나요?" 이 질문은 2013년 가을 첫 책이 출간된 이후 지금까지 줄곧 나를 따라다니고 있다. 그도 그럴 것이 『나는 아무것도 사지 않아!(Ich kauf nix!)』에서 내가 얼마나 개념 없이 옷을 많이 사들였는지, 옷장 안에 어떤 옷이 있는지조차 모르는 사람이었는지를 썼다[그때 옷들은 대부분 옷장 앞에 산더미같이 쌓여 있는 경우가 많았는데, 나는 그것을 사랑스럽게 (셀 수 없이 많은 맥도날드 체인점처럼) '맥(Mc) 빨래산'이라고 불렀다)]. 당시에 나는 일 년 동안 새 옷을 사지 않고 이에 대한 이야기를 블로그에 올리는 실험을 시작했다. 그것은 대단히 성공적이었다. 나는 나 자신과 다른 사람들에게 섬유 생산의 어두운 면을 알렸고, 이 일에 뜨거운 열정을 느꼈으며, 이 모든 이야기를 책으로 쓸 수 있는 행운까지 얻었다. 그리고 인터뷰를 할 때마다 한결같이 이 질문을 들었다. "작가님은 쇼핑 중독이었습니까?"

　몇몇 인터뷰어는 아예 처음부터 그렇게 전제하고 이렇게 물었다. "어떻게 쇼핑 중독에서 빠져나올 수 있었나요?"

　후우. 내가 쇼핑 중독자였나? 이 질문에 난 언제나 'no'라고 답했다. 나는 늘 통장 잔고를 확인했다. 게다가 중독은 뭔가 낙인을 찍는 것이 아닌가? 이를 받아들이고 인정한다는 것이 나도 모르게 몹시 불쾌했다. 하지만 그 문제에 그렇게 많이 신경 쓰지 않았다. 나는 만회해야 했다. 그사이 쇼핑 중독은 세계보건기구에서 인정한 비물질 중독이 되었다. 그래서 자세히 살펴보아야 할 시간이 왔다.

멋진 삶을 구매한다는 착각

"그 공식은 이렇다. '나는 구매한다, 고로 존재한다.' 쇼핑은 자신에게 뭔가 좋은 선물을 해준다는 기분을 느끼게 해준다. 쇼핑을 할 때 소비자는 주목받고 구애받는 체험을 한다. 잠시라도 자신의 가치가 높아짐을 느끼고 자존감이 올라간다. 그 순간은 마치 마약이라도 한듯 황홀한 기분이 들며 진정 효과도 있다. 자존감은 더 높아진다. 쇼핑하는 동안은 자신이 모든 것을 지배하고 있다는 기분을 느낀다." 주자네 슈페어(Susanne Speer)의 책 『넌 아직도 쇼핑하니?』[27] 서두에 나오는 말이다.

그렇다. 나는 쇼핑의 진정 효과를 아주 잘 이해할 수 있다. 나에겐 주머니 안에 있는 10유로로 그 스커트를 사서 신

---

27 주자네 슈페어, 『넌 아직도 쇼핑하니?(Kaufst du noch? ⋯ oder lebst du schon?)』, Books on Demand, 2010

발장 안의 롱부츠와 함께 입으면 어울릴까 생각하는 것이, 엄마가 받은 화학 치료가 얼마나 좋은 효과가 있었는지 생각하는 것보다 훨씬 쉬웠다. 그것은 반가운 기분 전환이었다. 그것은 내가 언젠가 사무실에서 상사에게 처참히 깨진 날(그녀 말이 옳아서가 아니라 그녀가 상사였기 때문이다), 우울한 마음을 달래고자 패션의 나라 스웨덴으로 훌쩍 떠난 뒤 새 스웨터가 들어 있는 가방을 들고 (더욱) 행복한 얼굴로 집에 돌아왔을 때도 효과가 있었다.

오래전 일이지만 지금도 여전히 그때의 감정을 생생하게 느낄 수 있다. 이미 앞서 말한 것처럼, 2018년 여름 나는 정신적으로(굳이 말하자면) 매우 나빠졌고, 갑자기 프라이마크로 옷을 사러 달려가고 싶은 주체하기 힘든 욕구가 일었다. 그곳으로 날아가 내가 늘 비판해왔던 아무 생각 없이 가방을 가득 채우는 행동을 하고 싶었다. 돈이 한 푼도 남지 않을 때까지 닥치는 대로 스웨터며 청바지며 가방을 산더미처럼 사고 싶었다. 쇼핑의 목적은 물건이 꼭 필요해서라든지 사회적 지위를 높이기 위해 자원을 축적하려는 욕구 때문만은 아니다. 쇼핑은 우리 내면 가장 깊숙한 곳에 있는 욕구와도 (그리고 이에 속한 호르몬과) 관련이 있다.

구매 행위를 할 때나 구매 가능성이 있는 상품을 찾을 때도 주지한 바와 같이 도파민은 우리 몸에서 흘러나온다. 우리는 도파민이 킥을 준다는 것을 배웠다. 도파민은 흥분을 일으킨다. 만약 내가 기분이 좋다면, 행복한 순간을 보내고 있고 신체적으로도 더할 나위 없이 좋고 자유로운 상태다.

다시 말해 쇼핑은 쾌감을 준다. 오랫동안 기다린 후, 모아온 돈으로 고대하던 상품을 매장에서 구매하고 나올 때 느끼는 황홀한 기분을 모르는 사람은 거의 없을 것이다. 혹은 '세일 상품 '으로 가득 찬 쇼핑백을 들고 집으로 돌아올 때 가슴속이(그리고 외적으로도) 마구 뛰는 것을 누구나 안다. 이게 바로 도파민 킥인데, 작가 소피 킨셀라(Sophie Kinsella)도 이것을 그녀의 소설『쇼퍼 홀릭(Shopaholic)』시리즈의 주인공 레베카 블룸우드에게 안겨주었다.

"그 순간. 반짝반짝 빛나는 구김 하나 없는 쇼핑백의 손잡이를 손가락으로 감싸고, 그 안에 들어 있는 경이로운 물건들이 오롯이 내게 속한 그 순간. 이것을 어떻게 설명할 수 있을까? 그것은 마치 몇 날 며칠을 굶은 뒤 버터 바른 토스트를 입에 한가득 집어넣는 것과 같고, 잠에서 깨어나 주말이라는 것을 깨달을 때와 같으며, 좋은 섹스와도 같다. 그밖에 다른 것은 생각나지 않는다. 그것은 아주 순수하고 이기적인 쾌락이다."[28]

---

28 소피 킨셀라, 『쇼퍼홀릭(Die Schnäppchenjägerin)』 Goldmann Verlag, 2002(독일어 번역본)

다만 유감스러운 것은 모든 킥이 동일한 양상을 보인다는 점이다. 쾌감을 경험하는 빈도가 높을수록 그 지속 시간은 짧아지고, 우리 몸이 또 다른 쾌감을 요구하는 속도는 점점 빨라진다. 이 점을 곰곰이 생각해보면 나도 쇼핑 중독자였음을 부인할 수 없다. 도파민에 도취되었을 때 괴로운 업무와 당시 내가 감당할 수 없던 다양한 종류의 불행에서 빠져나올 수 있었다. 게다가 그때는 겉보기에 내가 매우 멋진 삶을 살고 있다는 객관적 사실이 나를 옭아매고 있었다. 훌륭한 직장, 다정한 남자친구, 근사한 집, 원활한 사회생활, 많은 친구. 하지만 속내를 들여다보면 직장은 앞날이 불투명했고, 관계는 소모적이었다. 직장 스트레스와 에너지를 갉아먹는 남자친구와의 말다툼 외에도 친구들과의 우정을 소홀히 해서는 안 된다는 의무 때문에 내적 피로감에 시달렸다. 그때 나는 밤을 새며 패션 브랜드 온라인 상점 이곳저곳을 떠도는 것으로 기분 좋은 위안을 받았고, 그러다가 주문한 옷이 도착하고 나에게 잘 어울렸을 때 치솟는 킥은 정말 말 그대로 돈을 쓸 만한 가치가 있었다.

시간을 떠올릴 때마다 종종 드는 생각이 있다. 나는 내가 아니었다. 이것을 당시에도 느꼈고 지금도 그렇다. 나는 내 모습에 만족하지 못했고, 슬픔은 끊임없이 머물렀고, 또 많은 것이 잘못되었음에도 내가 변화를 크게 두려워한다는 사실을 대부분 은폐했다. 당시 나는 무엇보다 쇼핑 제로 실험을 하기 전 몇 달 동안 매일 밤을 정말 한숨도 자지 못했고, 눈물은 계속 터졌고, 여기에 만성 위염까지 있었다. 나는 나의 특성들, 이를테면 큰 발자국 소리, 톡 쏘는 입담, 직설적 화법을 빨리 고쳐야 할 큰 약점으로 여겼다(지금은 바로 이 세 가지가 나의 큰 장점임을 안다). 간단히 말해서 자존감은 바닥을 찍었다. 이것은 내가 소비사회의 바람직한 희생물이 되는 토대를 제공했다. 언제나 그렇듯 쇼핑 중독은 약한 자존감을 기반으로 자란다.[29]

'이 바지를 입으면 사람들이 날 멋지다고 생각하겠지?' 이러한 생각은 마케팅 광고의 기반이 될 뿐만 아니라, 쇼핑 중독자들도 익히 아는 사실이다. 수많은 연구가 증명했듯, 쇼핑 중독자 가운데 일부는 점원들이 친절하고 손님을 극진히 대접한다는 것을 잘 알기 때문에 직접 매장을 찾는다. 그들은 남들에게 보여진다는 기분과 좋은 대접을 받는다는 기분에 중독되어 늘 다시 매장에 간다. 그러고는 점원에게 계속 설득당한, 필요도 없는 물건을 사는 데 돈을 지불한다.[30]

---

29 하지만 도파민 킥으로 강한 자존감이 높이 치솟기도 한다. 단 그것은 중독 행위가 이루어지는 동안만 지속된다.

30 언젠가 스워치 손목시계를 살 때 똑같은 경험을 했다. 난 14살이었고, 그 가게에서 일하던 견습생은 잘생겼다. 무슨 말이 더 필요하겠나? 나는 4개월 동안 플라스틱 시계줄을 세 개 이상 사들였다. 그럼에도 불구하고 그것들을 쳐다보지도 않았다.

이런 사실을 알고 나면 광고업계에 참을 수 없는 분노가 솟구치는 시간이 온다. 적어도 여성이라면 그렇다. 왜냐하면 우리는 소위 불안 광고의 쉬운 표적이 되는 경우가 많기 때문이다. 이 불안 광고는 1920년대에 '발명'되었다. 기민한 광고업자들은 구매 전에 불안을 조장하는 말을 들려주면 물건이 훨씬 더 잘 팔린다는 것을 발견했다. 그렇다면 여성들에게 가장 쉽게 불안을 일으킬 수 있는 것은 무엇일까? 그것은 바로 나이들어 가며 추해지고 매력을 잃는 자신의 모습이다(가슴에 손을 얹고 생각해보자. 외모와 더불어 여성에게 관심이 있는 것이 대체 뭘까?). 여성들은 얼굴에 생긴 주름, 뱃살 그리고 셀룰라이트가 모든 불행의 시작이라는 말을 들었다. 안티링클 크림과 수상한 체중 감량 제품들이 날개 돋친 듯 팔렸다.

괜찮다면 그리 오래되지 않은 예를 들겠다. 케이트 윈슬렛, 줄리아 로버츠, 페넬로페 크루즈. 이젠 더 이상 30대가 아닌 이 세 명의 미녀 배우는 로레알과 랑콤에서 화장품 모델로 일했거나 일하고 있다. 사진 속 배우들의 얼굴은 아기 피부처럼 탱탱하고 매끄럽다. 그들의 두 뺨은 여린 복숭아처럼 부드럽고 섬세하게 느껴지고, 눈 아래 주름은 찾아볼 수 없다. 그런 피부는 현실에는, 무엇보다 40대 이상에는 없다. 그리고 이것이 아주 정상이고, 그대로가 좋다. 하지만 우리는 나이가 들었을지언정 피부는 탄력 있고 부드러워 보여야 한다. 그래야만 아름답고 성공한 사람이라는 말을 듣는다. 모델 사진은 전부 컴퓨터에서 인공적으로 수정한(끔찍하게도) 것이다. 비록 광고 속 얼굴이 어떤 형태로든 가공되었다는 사실을 우리가 정확히 알고 있더라도 그들과 똑같이 보여야 한다는 요구를 끊임없이 듣는다면 어떨까? 이는 곧장 무의식에 파고들어 우리의 자존감을 바닥으로 내팽개친다.

하지만 명예 회복 이야기도 있다. 케이트 윈슬렛은 2015년 광고 파트너 랑콤과의 계약에서 자기 얼굴을 인공적으로 변화시키지 말 것을 조건으로 내세웠다. 그녀는 자신이 대중에게 끼치는 영향을 의식하고 있고, 여성들에게 잘못된 자아상을 심어주는 것을 원치 않는다고 말했다. 나는 이 문장을 쓸 때 오랫동안 인터넷을 검색해보았는데, 2015년 이후 케이트 윈슬렛이 찍은 이렇다 할 화장품 광고물은 더 이상 찾을 수 없었다. 참 이상한 일이다.

악순환은 상당히 파괴적이며 어린 나이부터 시작된다. 초등학교에서 벌어지는 또래 압력(나는 조카의 '헬로 키티 단계'를 생생히 기억하고 있다), 10세나 11세에 시작되는 상표에 대한 의식(이에 대한 예로 나 자신을 들 수 있다. 그것은 리바이스 501이었는데, 뒷주머니에 빨간 탭이 달린 정품이었다), 본질적으로 결여된 균형감, 부족한 성공 체험, 또는 부모와 주위의 인정 결핍은 총체적으로 자존감에 해를 끼친다.

나는 평소 알고 지내는 베레나를 만났다. 그녀는 한 TV 채널에서 일하는데, 강하고 자의식 높으며 소심함이라고는 찾아볼 수 없는 여성이다. 베레나는 나에게 자신도 확실한 쇼핑 중독이었다는 글을 보내왔다. 나는 궁금했다.

"그때 넌 어땠어? 쇼핑은 왜 하게 된 거야?"

"솔직히 말하면 지루함 때문이었어. 당시 어느 기업체에서 일하고 있었는데, 사무실이 쇼핑센터 안에 있었어. 오전에 근무 교대를 하고 퇴근하면, 남들이 다 일하는 시간에 '난 이제 뭐 하지?' 하는 생각부터 들었어. 답은 내 사무실 아래층에 있었고, 그렇게 상점들을 순례했지. 일 년간 번 돈은 거기서 다 썼을 거야." 베레나는 스무 개의 리베스킨트^{Liebeskind Berlin, 독일 베를린을 거점으로 한 컨템포러리 가방 브랜드} 가방과 살이 찐 사람이라면 항상 잘 차려입어야 한다는 자신에게 가해지는 요구에 대해 이야기했다. "나의 문제는 스무 번째 블랙 셔츠였어. 어느 땐 몸무게가 더 나가고, 어느 땐 덜 나가기 때문에 당연히 다른 사이즈로 두 개를 사야 했거든."

"너도 킥에 대한 중독을 느낀 적 있니?" 나는 물었다.

"솔직히 말해서 난 만족했던 적이 단 한 번도 없어. 다른 사람들은 뭔가 새 물건을 살 때마다 황홀한 기분을 느꼈다던데, 나는 계속 그러지는 않았어. 나한테 쇼핑은 일상이었으니까. 뭔가를 사고 나와서 걷는 순간 느끼는 행복한 감정은 없었어. 아주 비싼 가방을 살 때조차 기쁘다는 생각보다 '이왕 간 김에 지갑도 하나 살걸' 하는 생각이 들었을 뿐."

재미있는 이야기였다. 베레나는 이미 다양한 중독 메커니즘에서 도파민이 분비되지 않는 아주 먼 곳까지 온 것 같았다. 베레나는 계속 그 당시 일상에 대해 들려주었다. 방송에 나올 때마다 자신의 몸매(덧붙여 말하면 완전히 보통의!)에 대해 악의적인 글을 쓴 메일들을 매일 받았다는 것과 이혼 사실을 털어놓았다. 모든 것이 아주 유쾌한 이야기는 아니었다.

"너도 그때 계속 스트레스를 받는 상황이었지?"

"당연하지. 스트레스를 달고 살았어." 베레나가 말했다.

그리고 이런 잠복성 스트레스는 우리 마음에 엄청난 영향을 끼친다며 말을 이어 나갔다. "한마디로 난 내 자신에게 전혀 만족하지 못했어. 물건을 사는 것으로 행복해지겠다는 시도는 정말 바보 같은 짓이야. 나도 집이 터져나갈 정도로 많은 장식품과 옷들로 나 자신을 평가하려고 했거든. 말 그대로 나에게 더 많은 가치를 사주려고 한 거야." 과학적 연구도 이를 증명한다. 주위를 매우 어수선하게 만든 공간에서 실험 참가자들은 왼손으로 글씨를 쓴(오른손잡이일 경우에) 다음에 미리 꾸며놓은 쇼핑센터에서 물건을 구매했다. 그들은 대개 비싼 제품들을 골랐다. 왜냐하면 스트레스 상황에 노출되어 있었기 때문이다.

베레나와 대화를 나누며 내가 줄곧 많은 흥미를 느낀 것이 있었다. "지금까지 내내 과거 이야기만 했는데, 그럼 변화는 어떻게 온 거야? 그 악순환에서 어떻게 **빠져나왔어?**" 나의 질문에 대한 베레나의 이어진 이야기에 나는 깊은 감동을 받았다. "그건 자기애의 형태였던 거 같아. 상당히 감상적이지? 어느 누구도 자신에 대한 의심을 모르는 사람은 없을 거야. 일 년 반 전까지만 해도 난, 나의 외모 때문에 많은 것을 이룰 수 없다고 생각했어. 내 몸이 마음에 안 들었거든. 정말 왜 그런 바보 같은 생각을 했는지 몰라. 그러다 내 인생에서 매우 중요하고 의미심장한 순간이 지나간 후 완전히 다른 사람으로 변했지. 중요한 일에 집중했고, 끊임없이 몸매에 대해 고민하던 버릇을 딱 멈췄어. 내 인생의 문제를 스스로 해결했고, 그 이후로는 외적인 것에 그렇게 많이 흔들리지 않아."

다시 자존감 이야기로 돌아가자. 건강한 자존감은 주체할 수 없는 쇼핑 중독에서 벗어날 수 있게 도와준다. 베레나에게 이러한 인식은 아주 적절한 때에 왔다. 하지만 대부분의 사람은 그 시기를 놓친다. 완전히 중독에 빠졌다면 치료를 받아야 한다. 하지만 이것은 신체적인 금단, 즉 쇼핑을 멈추고 도파민 킥의 악순환을 끊는 것만을 의미하지 않는다. 장시간에 걸친 좋은 심리치료와 함께, 도파민 및 세로토닌 수치의 안정화를 위해 내인성 호르몬 균형을 도와주는 약물치료까지 포함된다.

이는 참으로 애석한 일이기도 하다. 쇼핑을 완전히 포기하고 살 수는 없다. 우리는 마트나 직장에서 항상 무언가를 구입하며 살아가고 있다. 이는 치료를—특히 이미 신체적인 의존도가 매우 높다면—훨씬 더 어렵고 복잡하게 만든다. 과거에 도박이나 알코올 같은 다른 중독을 경험한 사람은 치료를 받은 후 쇼핑 중독에 빠지는 경우가 흔하다. 그들의 뇌는 이미 중독에 프로그램화되어 있어서 피하기 어려운 대체 행위로 이어질 수밖에 없다. 보는 시각에 따라서 모두 상당히 위험하다.

소비는 외롭다

인간은 본질적으로 매우 사회적이며 소속에 대한 욕구를 갖고 있다. 비록 내가 아는 사람들 중 열정적으로 혼자만의 삶을 즐기는 몇몇은 이 말에 화를 내며 반대할 테지만 말이다. 하지만 그것은 사실이며 진화론적으로 발생했다. 소속에 대한 우리의 바람은(아주 먼 옛날 소속감은 생존을 보장했는데, 혼자 검치호랑이와 대적하는 것은 거의 불가능했기 때문에 무리의 일원이 될 수밖에 없었다) 마케팅에서도 이용되고 있다. 어느 특정 집단에 받아들여지기 위한 가장 좋은 방법은 무엇인가? 사람들은 동일한 제품을 입고 먹고 소비하는 모습을 시각적으로 보여줌으로써 자신의 소속감을 드러낸다(자신의 정체성이 프라이탁Freitag, 스위스 가방 브랜드. 폐차의 방수포나 안전벨트 등을 활용한 업사이클링 제품으로 유명하다 가방과 가짜 구찌 벨트에 있기라도 하듯). 고로 우리는 남들이 하는 대로 따라 한다.

오스트리아 빈의 심리학자 아른트 플로락(Arnd Florack)은 사람들이 무엇을 어떻게 모방하는지를 실험했는데 결과는 이렇다. "이미 아기들도 완전히 자동적으로 따라 한다."[31] 독일 주간지 《디 차이트(Die Zeit)》는 그의 실험을 기사로 실었다. "플로락의 실험에서 참가자들은 역도 선수를 관찰한 뒤 평소보다 음료수를 더 마셨고 움직임도 선수들과 비슷해졌다. 플로락은 '연구자들은 이와 유사한 실험에서 심지어 보는 것만으로 근육이 활성화된다는 것을 밝혀냈다'고 말했다. 광고는 바로 이 점을 이용한다. '남들이 어떤 상품을 집는 모습을 보여주기만 해도 효과가 있다'고 플로락은 설명한다. 이런 모방 행동은 마찬가지로 다른 제품보다 더 오래 노출되거나 '인기 상품'이라는 팻말이 달려 있을 때도 발생

---

31 https://madoc.bib.uni-mannheim.de/32989/1/Genschow-Florack-Wänke_The_Power_of_Movement_JEPGen2013.PDF

한다."[32]

유감스럽지만 후자를 나도 증명할 수 있다. 내가 온라인 숍에서 특정 아이템을 찾고 있을 때, "다른 고객들도 구매하셨어요"라고 쓰여진 상품은 내게 마법 같은 힘을 발휘한다. 내가 원래 사려고 한 물건을 찾다가 다른 곳으로 눈을 돌릴 위험은 매우 높다. 그것은 또한 나의 보상 체계와 어느 정도 관련이 있는 듯하다. 뇌가 사회적 순응(social conformity)을 보상하기 때문에 내가 어딘가에 소속되어(다른 고객들처럼) 있다고 느낄 때 기분이 좋아진다.

소속감 이야기가 나왔으니 말인데, 이것은 근본적으로 종교에서 느끼는 감정과 같다. 세상 모든 종교의 강력한 힘은 절대 진리를 알고 있어서가 아니라 집단의 역동성과 소속감을 만들어낸다는 데 있다. 소비주의와 마찬가지로, 자신이 특정 상품을 살 능력이 있는 사람에 속한다는 감정은 일종의 종교나 마찬가지다. 그것은 정체성과 유대감을 불러일으킨다. 과거 동아리, 교회, 혹은 기초적인 공동체 시설들이 의미를 상실한 시대에 이런 소속감은 더욱 호황을 누린다. 내가 구입하는 것이 곧 나다. 나는 애플 제품의 가치를 확신하

---

32 https://www.zeit.de/zeit-wissen/2012/03/Werbung-Manipulation-Kaufrausch/seite-4

기 때문에 더 나은 수준에 속한다(마케팅 전문가 마틴 린드스트롬도 애플에 대해 언급하며, 기업은 의식적으로 종교와의 유사점을 구축한다고 말했다).[33]

철학자 지그문트 바우만(Zygmunt Bauman)은 소비를 이렇게 핵심적으로 요약했다. "소비는 고도의 외로운 활동으로, 지속적인 유대감을 형성하지 않는다."[34] 우리는 가장 외로울지도 모를 활동을 통해 소속감을 구입한다. 아이폰이나 브랜드 청바지, 프라이탁 가방도 우리의 내적 공허와 친밀감에 대한 욕구를 충족시킬 수는 없을 것이다. 더 나아가 바우만은 관계 자체도 점점 교환이 가능하고 구매할 수 있는 것으로 간주되고 있다고 말했다(데이팅 앱 '틴더'를 들여다보고 있으면 유감스럽게도 이 철학자의 말에 전적으로 동의할 수밖에 없다). 2017년 작고한 바우만은 냉정하게 다음과 같은 결론을 내렸다. "소비주의 문화의 첫 번째이자 가장 중요한 부수적인 피해는 바로 사회적 연대다."

아픈 말이다.

---

33 "애플스토어=유리 성당, 직원=유니폼 입은 복사, 아이폰 터치=반쪽짜리 성호, 스티브 잡스=아이(i)신, 마이크로소프트=사탄"(https://www.zeit.de/zeit-wissen/2012/03/Werbung-Manipulation-Kaufrausch/seite-4)

34 https://www.zeit.de/zeit-wissen/2012/03/Werbung-Manipulation-Kaufrausch/seite-4

풀밭을
찰 때
일어나는 일

그렇다. 소비는 실제로 일어나는 일이다. 소비는 우리 안에 좋은 감정들, 대부분 완전히 무의식적인 감정들을 불러일으킨다. 하지만 바로 그 때문에 문제는 복잡해진다. 대개 판매자는 이 점을 이용한다. 장사꾼이 어떻게 하면 물건을 잘 팔 수 있을지 궁리하지 않는다면 이 또한 문제다. 나는 이때까지 소비 자체가 우리에게 어떤 영향을 끼치는지를 궁리했다. 그렇다면 소비는 어떻게 '다른 쪽', 즉 물건을 파는 쪽에 이용당할까? 그들은 헛된 희망을 품지 않는다. 그들은 언제 왜 도파민이 우리 뇌를 흠뻑 적시는지 그 다양한 메커니즘에 정통한 전문가들이다.

신경과학적 연구를 기반으로 한 마케팅 방법에는 여러 가지가 있다. 소위 기능적 자기공명영상(fMRI)을 통해, 피실험자들이 특정 자극에 노출되는 동안 뇌에서 어떤 일이 일어나고, 어떤 뇌 영역에 혈류가 흐르는지를 생생하게 측정할 수 있다. 소비자들이 어떻게 움직이고 무엇이 구매를 유도하는지 아주 잘 끄집어낼 수 있는 것이다. 물론 이런 정보는 약삭빠른 마케팅 전문가들이 잘 활용한다.

이 점을 특별히 효과적으로 이용하는 곳이 바로 슈퍼마 켓인데, 연구 조사를 하면서 확실히 알게 되었다. 식품 유 통업체만큼 고객을 조사하고 관찰하는 곳도 없다는 것을. 그들은 할 수 있는 일이라면 무엇이든 한다. 그래서 고객 들이 원래 계획한 것보다 더 많이 사서 매장을 떠나게 하 거나, 아니면 다양한 가격대의 동일한 카테고리 제품일 경 우 더 비싼 것을 사게 만든다. 이에 대한 재미있는 기사와 논문이 꾸준히 나오고 있는데, 그들의 말은 한결같이 똑같 다. 나는 이 사실을 내 단골 마트에서 직접 시험해보기로 마음먹었다.

슈퍼마켓 실험

▶ 모든 것은 매장 입구에서부터 시작된다. 고객이 구입할 물 건을 담는 쇼핑카트와 장바구니의 크기는 지난 몇 년 사이 계속 커졌다. 여기엔 심리학적 트릭이 숨어 있다. 단지 두세 가지만을 사는 고객의 쇼핑카트는 텅 빈 것처럼 보이고, 이 렇게 빈 공간은 아직 사야 할 것이 더 남아 있다는 느낌을 준다. 이것을 마케팅 전문가 마틴 린드스트롬도 책 『바이올 로지(Buyology)』에서 언급했는데, 쇼핑카트를 두 배 더 크게 만든 후에 조사한 슈퍼마켓의 매출액은 19퍼센트나 증가

했다.[35]

첫 번째로 살펴본 이 부분은 마트를 방문했을 때 발견하기는 어려웠다. 다만 내가 확인한 것은 쇼핑카트가 매우 크고 깊다는 것이다. 옛날에는 지금보다 더 작았던 것으로 기억하는데, 그게 단지 내 기억인지는 확실하지 않다. 하지만 당시에 내가 어렸고 보는 시선이 달랐다고 해도 쇼핑카트는 더 작았을 것이다. 장바구니도 마찬가지다. 어쨌든 나는 장바구니를 선호한다. 이제 나에게 쇼핑카트는 너무 크다.

▶ 슈퍼마켓 입구에는 소위 '스토퍼(stopper)'가 놓여 있는 경우가 흔하다. 매장 입구에 세워둔 탁자나 선반을 가리키는데, 이 때문에 걸음 속도를 늦추고 거기 진열된 상품들을 둘러보게 된다. 도시의 소형 매장의 경우, 손님들은 가게 안쪽까지 잘 들어가지 않고 늘 가던 방향으로 가서 물건을 산다. 하지만 보행 속도가 느려질 때 상품에 대한 주의력은 높아진다.

---

35 마틴 린드스트롬, 『바이올로지(Buyology)』, Campus Verlag, 2009(독일어 번역본)

우와! 매장에 들어서자마자 싱싱한 허브 화분들이 놓인 선반이 있었다. 허브를 사기 위해 내가 가던 방향을 수정할 수밖에 없었고, 그러려면 천천히 걸어야 했다. 나의 실험은 시작부터 징조가 좋았다.

▶ 매장에서 풍기는 냄새의 중요성을 인식하는 업체도 점점 늘고 있다. 갓 구운 빵 냄새가 얼마나 더 매출을 늘리고 다른 품목의 매출까지 증가시키는지를 실험한 연구들이 있다. 냄새는 식욕을 돋우고 침샘을 자극한다. 이는 왜 호퍼(Hofer)[36]가 지난 몇 년간 새로 빵 코너를 설치해 매장에서 직접 빵을 굽고 있는지의 확실한 이유가 된다(냉동 생지든 매장에서 직접 만든 빵이든 별 상관없다. 일반 사람들은 냄새로 구분하지 못한다). 배가 고플 때 쇼핑하는 사람은 더 많이 사게 되고, 무엇보다 더 충동구매를 한다. 슈퍼마켓은 고객들이 "머리가 아닌 배로 쇼핑"한다는 것을 알고 있다고 마케팅 연구자 파코 언더힐(Paco Underhill)은 그의 책 『쇼핑의 과학(Why We Buy)』(2021)에서 매우 멋지게 표현했다.[37]

---

36 독일의 대형 슈퍼마켓 체인 알디(Aldi)를 오스트리아에선 호퍼라고 한다.

37 파코 언더힐, 『쇼핑의 과학』, 신현승 옮김, 세종서적, 2021

첫 번째로 과일 및 채소 코너를 둘러본 뒤 나는 곧장 빵 코너로 갔다. 판매대 뒤에는 하루 종일 냉동 생지를 구워내는 대형 오븐이 들어서 있었다. 그곳의 냄새가 어떤지는 생생하게 상상할 수 있을 것이다.

▶ 무료 시식은 판매율을 높인다. 현장에서 시식을 '할 수 있다면' 사람들은 기꺼이 맛본 상품을 사 들고 집으로 돌아온다. 와인이나 냉동식품 같은 제품에서 특히 성공적이다.

이 말은 맞다! 소시지 판매대에는 이미 버터 바른 빵 조각 위에 소시지가 놓여 있었다. 하나하나 이쑤시개가 꽂혀 있어 간편하게 먹을 수 있다. 잘 먹겠습니다!

▶ 수많은 슈퍼마켓에는 음악이 흐른다. 심지어 오스트리아에는 오직 대형 유통업체 레베(Rewe) 그룹의 자회사—이를테면 메르쿠르(Merkur), 빌라(Billa), 페니(Penny), 비파(Bipa)—에서만 들을 수 있는 자체적인 라디오 방송이 있다. 또 슈퍼마켓 체인 슈파(Spar) 역시 이곳에서만 들을 수 있게 편성한 자체 프로그램을 가지고 있다. 혼잡한 시간대, 즉 아주 많은 손님이 일시에 몰려드는 시간대에는 빠른 템포의 음악이 흘러나오고, 오전과 이른 오후에는 느린 음악이 매장에 흐

른다. 여기엔 다 이유가 있다. 대개 보행 속도는 음악을 따라간다. 빠른 음악이 나오면 발걸음도 빨라지고, 느린 음악을 들으면 매장 입구의 스토퍼와 동일한 효과가 발생한다. 다시 말해서 사람들은 좀 더 느리게 걸으며 29퍼센트 이상 더 구매한다.[38]

그러니까 지금 고객들은 모던 토킹의 댄스곡 〈셰리 셰리 레이디(Cheri Cheri Lady)〉를 들을 필요가 없다는 말이지.

▶ 슈퍼마켓의 선반 높이는 그 자체로 과학이다. 상품 배치도 그렇다. 눈높이에 진열된 상품들이 가장 잘 팔린다(제조업체들은 이 자리를 차지하기 위해 돈을 더 낸다). 가장 안 좋은 자리는 머리 위쪽이다. 고객들은 대부분 진열대 위쪽에 놓인 제품에 손이 닿을 정도로 키가 크지 않다. 어린 꼬마 고객은 엄두조차 못 낼 것이다. 진열대 높은 곳에 있는 상품은 마진이 별로 크지 않다. 사고 위험을 막기 위해 중량이 가벼운 상품들이 그곳에 배치된다. 가장 주목을 받는 품목은 언제나 눈높이 선반에 안착된다. 낮은 선반에 진열된 상품보다 사람들의 관심을 35퍼센트 이상 더 많이 받기 때문이다. 또 당연

---

38 마틴 린드스트롬의 『바이올로지』를 참조하라.

한 말이지만 슈퍼마켓에 커다란 마진을 가져다주는 제품도 그곳에 자리잡는다. 세일 상품을 찾는 고객이라면 시선을 아래에 두는 것이 좋다. 종종 그곳엔 저렴한 상품들이 진열돼 있고, 이는 꼬마 손님들에게도 반가운 일이다.

나는 바스마티 쌀을 찾으러 돌아다녔다. 내 눈높이에서 예쁜 글씨체에 마대로 포장된, 마치 내가 직접 인도 상인에게 산 것이라고 해도 믿을 만큼 마음을 끄는 제품을 발견했다. 나는 아래쪽으로 시선을 옮겼고, 선반 두 개 아래 내 무릎 높이에서 또 다른 바스마티 쌀이 있는 것을 보았다. 모두 훨씬 저렴했다. 정말 교활하군! 다음 초콜릿 코너에서는 웃음밖에 안 나왔다. 린트 다크초콜릿은 눈높이에, 킨더초콜릿은 한참 아래 진열대에 있었다.

▶ 상품 배치도 우연이 아니다. 몇몇 제품은 의식적이든 무의식적이든 서로 연상된다. (바질로 만든) 페스토 소스와 스파게티 소스는 항상 누들 선반 바로 옆에 있고, 치약 옆자리는 늘 칫솔이 자리잡고 있다. 나는 최상의 결합을 어느 이탈리아 슈퍼마켓에서 보았다. 그곳엔 수많은 종류의 다이어트 제품이 다양한 초콜릿너트 크림 옆에 나란히 놓여 있었다(이것이 의도한 게 아니었다면 그야말로 웃기는 일이다. 하지만 의도한 것이

라면 존경을 보낸다!). 마찬가지로 나는 늘 비파(Bipa)**39**에서 오로팍스 귀마개 옆에 매달려 있는 콘돔을 보면서 유쾌한 시간을 보낸다. 역시 비파는 이웃들도 생각한다.

내가 이용하는 슈퍼마켓도 모든 것이 조화롭게 진열되어 있다. 그럼에도 내가 놀란 것은, 토마토 캔과 토마토 페이스트가 보통 콩이나 옥수수 캔을 모아둔 곳이 아닌 페스토 소스 및 누들 코너에 배치되어 있다는 점이다.

▶ 이에 반해 정말로 중요한 품목, 다시 말해 가장 잘 팔리는 상품들은 나란히 배치하지 않고 매장 곳곳에 진열해놓는다. 그 이유는 명백하다. 흔히 누들에서 맥주 코너로(수요가 많은 이 두 제품은 식료품 카테고리에 같이 모여 있다) 이동하려면 온 매장을 가로질러 가야 하기 때문이다. 냉장 장치는 대개 매장 뒤편에 자리하고 있다. 그렇게 업체는 고객들이 되도록 매장 구석구석을 돌아다니며 가능한 한 많은 제품을 볼 수 있게 배치한다. 이렇게 하면 경우에 따라 더 많은 충동구매를 하게 된다.

나는 맥주가 사고 싶었고, 내가 사려는 것은 늘 슈퍼마켓

---

39 독일 레베(Rewe) 그룹에 속한 오스트리아 드럭스토어 체인

에서 가장 많이 팔리는 제품 순위에 올라 있었다. 그런데 맥주 코너로 가려면 매장 맨 끝 구석진 곳까지 가야 했다. 다시 말해서 그곳까지 가려면 세 개의 큰 복도를 지나야 한다. 그 중 한 곳을 잠시 들여다보다가, 먼저 맥주를 사서 장바구니에 담은 뒤에 나머지 두 곳을 더 가보기로 했다. 그곳에 진열해놓은 것들은 매우 흥미로워 보였다.[40]

▶ 색깔은 우리의 구매 행위에 막대한 영향을 끼친다. 자세히 들여다보면 상품의 세일, 품절 표지판이라든가 특별 세일을 알리는 광고는 모두 빨간색을 사용하고 있음을 알 수 있다. 그 이유는 우리가 '붉은빛을 볼' 때 좀 더 빠르고 활기차게 반응하기 때문이다.[41] 태고 이래로 색은 우리에게 경고 신호로 자리잡았고, 우리의 주의력을 높이는 힘을 가지고 있다. 이외에도 흥미진진한 것은, 파란색이 믿음과 신뢰를 주는 색으로 간주된다는 것이다. 그래서 은행은 이 컬러를 자주 사용한다. 초록색은 좀 의외로, '친환경과 건강'을 연상시키는 색이다.

---

40 그 이후로 나는 다른 슈퍼마켓을 방문할 때마다 확인하는 것이 있다. '맥주는 어디에 있나?' 나는 슈퍼마켓 10곳 중 9곳에서 잘 안 보이는 옆길이나 매장의 맨 끝 구석에서 찾아냈다.

41 https://www.verywellmind.com/color-psychology-2795824

내가 이용하는 슈퍼마켓에서 맥주 코너로 가다가 그 진열장 꼭대기에 강렬한 빨강으로 '품절'이라고 적힌 커다란 표지판이 눈에 확 띄었다.'아, 말도 안 돼!

▶ 쉽게 쓰고 버리는 일회용 사회(throwaway society)는 많은 것을 가능하게 만들고 있다. 포장 상품은 지난 몇 년 새 엄청나게 증가했다. 정육점 판매원이 소시지를 직접 기계로 정교하고 깔끔하게 썰어주는 것보다, 마트 냉장고에서 플라스틱 용기에 포장된 소시지를 사는 것이 더 위생적이라는 느낌이 든다. 하지만 실제로는 전혀 위생적이지 않고 오히려 반대다. 플라스틱 포장의 경우, 저온 유통이 중단되면 기름과 외부열의 노출로 인해 우리 몸의 호르몬 체계를 교란하는 화학물질(연화제)이 용기에서 분해되어 나와 포장 음식에 들어간다는 의혹을 사고 있다.[42] 재활용 포장 상자도 사정은 다르지 않은데, 이 역시 포장재에 함유된 인쇄용 잉크에서 나온 미네랄 오일이 음식물 안으로 들어간다는 의심을 받는다.[43] 포장은 여러 이유에서 도입되었다. 그중에 몇몇은 관련이 있

---

[42] https://www.global2000.at/sites/global/files/Report-Plastikverpackungen-und-Lebensmittelabfaelle.pdf

[43] https://www.foodwatch.org/uploads/media/2015-10_Mineraloel_in_Lebensmitteln_Hintergrund_11.pdf

고(예를 들어 식품 보존상), 그외 다른 이유는 대부분 적절치 않은 것들이다(이를테면 내용물은 적게, 포장은 크게 하는 과대 포장이 그렇다. 나는 새로 산 티백 상자 안이 반이나 비어 있는 것을 볼 때마다 놀란다).[44]

나는 과일과 소시지 코너를 지나 신선식품이 있는 곳으로 왔다. 폭이 1미터쯤 되는 냉장고와 냉장 진열대들이 벽 세 면에 죽 늘어섰고, 그 안은 소시지, 치즈, 신선한 고기와 유제품으로 가득 차 있었다. 모든 것이 잘 포장되어 있어 위생적이고 청결하다는 느낌을 주었다.

▶ 조명은 구매 행동에 대단히 중요한 영향을 미친다. 드럭스토어 매장 안은 매우 밝은데, 조명은 최대한 일광과 비슷해야 한다. 이와 달리 슈퍼마켓에서, 특히 과일과 채소 같은

---

[44] 이와 관련해 내가 그린피스에서 일할 때 체험한 일을 결코 잊을 수 없다. 오스트리아 대형 식료품 체인 가운데 한 곳은 지속 가능성의 문제를 담당할 직원 한 명을 고용했다. 나는 그 직원에게 플라스틱 포장이 과도하게 많은 이유가 무엇인지 물었고, 짧은 논쟁 후에 그녀는 글자 그대로 이렇게 말했다. "그건, 그렇게 해서 지금 우리 가정에서는 인식의 전환이 일어나고 있어요. 우리가 고객들에게 잘못된 위생 관념에 대해 깨우쳐준 셈이죠." 내가 오스트리아 슈퍼마켓에서 일하는 지속 가능성 직원들과 나눴던 헤아릴 수 없이 많은 대화에서, 이 포장 문제를 꺼낼 때마다 듣는 얘기는 언제나 똑같았다. "고객들이 그걸 원해요, 그러지 않으면 사지 않아요." 그러던 중 처음으로 한 직원이 잘못을 인정하면서 무엇보다 내부의 통제를 무시할 수 없는 사정을 실토했는데, 이는 나에게 큰 희망을 주었다. 하지만 그 직원은 단 몇 주 만에 퇴사했다. 유감이다.

신선식품 코너의 경우 부드러운 노란색 조명을 설치하는데, 색온도와 컬러 필터가 과일과 채소를 더 싱싱하고 신선하게 보이도록 만든다. 반면 육류 진열대는 붉은색 비율이 높은 필터가 삽입된 조명을 쓰고, 생선은 오히려 냉백색 조명을 사용한다.[45] 특히 뉴욕의 고급 슈퍼마켓들은 과일과 채소를 마치 무대 조명처럼 눈부시게 밝은 빛 아래 진열해놓고 그 주위는 살짝 어둡게 조절한다. 나도 이것을 경험한 적이 있다.

내가 이용하는 슈퍼마켓 안의 색온도를 정확히 표현할 수는 없지만, 채소 코너의 조명은 분명 그리 밝은 편은 아니고 편안한 느낌을 주는 일광과 비슷했다.

▶ 틸로 보데(Thilo Bode)는 소비자의 권리와 식품의 질을 둘러싼 문제를 다루는 비정부기구(NGO) 푸드워치(foodwatch)의 설립자로, 2009년 출간한 책에서 대부분의 슈퍼마켓은 진열대를 주기적으로 재정비하는 것을 지침으로 하고 있다고 밝혔다. 그 이유는 "고객이 구매하려는 것뿐 아니라 다른 제

---

45 https://www.click-licht.de/Glossar/shop-beleuchtung

품들도 발견할 수 있게 만들어야"**46** 하기 때문이다.

다행스럽게도 내가 다니는 슈퍼마켓은 상품의 위치를 그렇게 자주 바꾸는 편이 아니고, 마찬가지로 다른 체인점에서도 상품들이 같은 곳에 배치되어 있다. 이는 매우 실용적이다. 만일 내가 엄마 대신 장을 보러 갔을 때, 그곳이 엄마가 모르는 다른 지점이라고 해도 전화로 엄마가 원하는 제품이 어디 있는지를 물으면 문제없이 찾을 수 있다. 길모퉁이에 있는 내 단골 슈퍼마켓은 언젠가 과일과 채소를 모조리 종류별로 재분류해 위치를 완전히 바꿔놓은 적이 있는데, 나는 이것을 몇 달간 용서할 수 없었다.

세세한 부분까지 깊이 숙고한 모든 조치는, 오로지 우리가 원래 슈퍼마켓에서 사려고 계획한 것보다 더 많이 사도록 하는 것이 목적이다.

글로벌 2000과 그린피스에서 일하는 내내 나는 슈퍼마켓의 지속 가능성 대변인들과 끊임없이 대화를 나눴다. 우리가 어떤 비판을 하든 상관없이 그들이 하는 말은 늘 한결같았다. "하지만 그러면 고객은 사지 않아요. 그 때문에 우리는

---

46 틸로 보데, 『속임수(Abgespeist)』, Fischer Verlag, 2009

잘 팔릴 만한 상품에만 집중할 수밖에 없습니다!" 만약 시각적으로도 그리 만족스럽지 않은 과일이 팔리지 않을 때, 그래서 식료품 매출이 떨어졌을 때에도 과연 그들은 아무 상관이 없을까? "그 말은 맞아요. 하지만 고객들은 그런 과일은 사지 않습니다. 그들이 원하는 것은 반짝반짝 광택이 흐르는 사과예요!" 이때가 2012년이었다. 그 후 내가 이 말을 들었던 바로 그 슈퍼마켓은, 외적으로는 표준에 못 미치지만 질적으로 결코 뒤지지 않는 채소와 과일, 일명 '못난이 상품'을 팔았는데, 이것은 공전의 성공을 거두었다. 거봐, 된다니까!

우리가 슈퍼마켓에 빈 용기 보증금제의 재도입 거부를 철회해달라고 요청할 때마다 들은 소리는, "그사이 고객들은 집에서 빈 병들을 그냥 버리는 데 익숙해졌어요. 그래서 무거운 병들을 더 이상 힘들게 가져오지 않습니다!"라는 대답이었다. 그런데 2019년 베르크란트밀히Berglandmilch, 오스트리아 최대 유제품 제조판매업체는 그린피스와의 협업을 통보하면서, 자사 제품(즉 우유, 요거트, 코코아, 유청 등)을 중기적으로 재활용 보증금으로 전환할 계획이라고 말했다. 또 이 일이 일어나기 바로 직전에 한 대형 슈퍼마켓 체인점은, '우리 매장은 지금 보증금 대상 제품을 판매하고 있습니다. 우리는 위대합니다'라는 운동을 대대적으로 전개하며 재활용품에 대한 보증금제 시행을 공식 발표하기도 했다. 만일 재활용 가능한 유리병 제품이 잘 팔리지 않을 것으로 예상된다면 그들도 보증금제를 시행하지 않았을 것이다.

　이런 일을 접할 때마다 나는 걷잡을 수 없이 화가 치솟았다. 내가 그들을 전혀 믿지 않았기 때문이다. 고객의 심리를 잘 파악하고, 판매 촉진을 위해 수많은 시행착오를 겪은 기업은 제품 선정에서도 보는 눈이 정확하다. 리서치 매거진 《도시어(Dossier)》의 저널리스트 플로리안 슈크라발(Florian Skrabal)은 대형 슈퍼마켓 이용 고객 중 몇 명을 익명으로 인터뷰했다. 그들은 수년간 인터뷰를 거절해왔다. 슈크라발은 어떻게 판매 가격이 정해지고, 생산자와 농장이 대형 유통업체에 상품을 납품하려면 얼마나 많은 압력이 발생하는지를 상세히 설명한 후에 질문을 던졌다. "소비자들은 자신이 살 수 있는 것을 스스로 결정한다고 보십니까?" 다음 답변은 그 어떤 것보다 많은 것을 시사한다. "천만에요. 단 일말의 여지도 없습니다. 소비자는 결정할 권리가 없어요. 우리가 무엇을 결정할 수 있습니까? 있지도 않은 것을 구매할 마음이 소비자에게 생길까요? 이건 말도 안 되죠. 소비자는 얼마든지 조종될 수 있어요. 다만 우리가 할 수 있는 것은 우리의 일, 수요 창출 하나뿐입니다."[47]

---

[47]　《도시어》에서 발췌. 10/2020, Nr. 3.

고객의 대답은 그 어떤 말로도 반박할 수 없다. 물론 조종은 일어날 수 있다. 문제는, 우리가 얼마나 동조하는가이다.

이런 일이 발생하는 곳은 비단 슈퍼마켓뿐만이 아니다. 패션 매장, 전자제품 상점, 그밖에 어디서든 마찬가지다. 매출을 늘리기 위해 도처에서 다양한 전략들이 시도되고 있다. 어떤 패션업자는 사람들이 탈의실에서 편안함을 느껴야 한다는 업계의 룰을 따라 카펫 바닥, 넉넉한 공간, 부드러운 조명, 예뻐 보이는 거울과 신선한 꽃으로 공간을 가꾼다(이렇게 해서 항상 신경을 쓰고 있다는 인상을 준다). 어떤 패션업자는 피팅룸을 작고 비좁게 만들고, 불쾌한 기분이 들게끔 몸매를 왜곡시키거나 적나라하게 그대로 비추는 거울에, 바로 천장 위에서 비추는 조명을 설치해 그 즉시 우울해진 고객이 당장 다이어트를 시작하게 만든다. 전자가 매장에서 손님들을 유혹한다면, 후자는 가능한 한 손님이 옷을 갈아입지 않고 바로 구입해 집에서 입는 것을 겨냥한다. 여기에는 고객들이 대개 정해진 기간 내에 옷을 반품하는 것을 귀찮아한다는 계산도 숨어 있다. 특별한 예로, 아버크롬비 & 피치(Abercrombie & Fitch)와 홀리스터(Hollister)와 같은 브랜드의 매장 안은 깜짝 놀랄 정도로 어둡고, 음악은 귀청이 떨어질 만큼 시끄럽다. 여기엔 다 속셈이 있다. 파티 분위기를 조성해 아주 멋진 클럽에 온 듯한 기분을 느끼게 해주려는 것이다.[48] 마찬가지로 스페인 브랜드 데지구알(Desigual) 역시 내부가 비교적 어두운 편에 속한다.

이케아(IKEA)의 경우 모든 것이 미로처럼 복잡하게 설계되었는데, 이것도 이유가 있다. 고객들은 이 대형 가구점 전체를 한길로만 계속 걸으면서 상품들을 모두 돌아볼 수 있다(이케아는 그동안 한 개의 혹은 또 다른 지름길을 표시해놓았지만 충분하지 않다). 계산대 옆에서 판매하는 쓰레기통은 엄청난 매출을 가져다준다. 티라이트 캔들, 보관 용기 세 팩, 다채로운 컬러의 쿠션 커버 등은 지정 코너뿐 아니라 계산대 옆에도 진열되어 있어 재빨리 (이해하기 힘들 만큼 거대한) 쇼핑카트 안에 집어넣을 수 있다.

예를 들자면 끝이 없다.

너무 많은 잼

주말에 친구와 함께 도시 근교에 있는 초대형 슈퍼마켓으로 차를 몰았다. 그곳은 대형 주차장 두 개를 합쳐놓은 것만큼이나 어마어마하게 컸다. 어느 순간 나는 친구를 시야에서 놓쳤고, 얼마 후 냉장 진열대 앞에서 다시 만났다. 그는

---

48 어두운 곳에서는 옷의 품질이 좋은지 분별하기가 쉽지 않은데, 이는 꼭 단점이 되지 않을 수도 있다고 생각한다.

그곳에 서서 숫자를 세고 있었다.

"20, 21, 22….."

"거기서 뭐해?"

"쉿, 가만 있어 봐! 23, 24, 25, 26, 27."

"27. 그게 뭐?"

"여긴 딸기 요거트가 27종이나 있어." 친구는 몸을 돌리더니 나를 보고 말했다. "너가 물어보지 않았어?"

나는 이 말을 절대 잊을 수 없을 것이다. 아니다. 나는 27가지나 되는 다양한 종류의 딸기 요거트를 셀 수 있냐고 물은 적이 없다(만일 그때 요거트 중에 진짜 딸기가 들어 있는 것을 골랐다면 숫자는 그보다 작았을 것이다). 수요가 공급을 결정짓는 시스템은 더 이상 존재하지 않는다.

공급이 공급을 결정한다.

우리는 어디서나 막대한 공급량과 직면한다. 27가지 종류의 딸기 요거트, 프라이마크에 있는 15가지 다양한 색상의 동일한 셔츠, 독일어권 최대 가전유통업체 자툰(Saturn)에 있는 무려 200가지 종류의 스마트폰.

나는 내가 살고 있는 동네에 있는 한 드럭스토어 체인(심지어 규모가 작은) 지점에서 다음 아이템들의 개수를 세어보았다.

▶ 샴푸 172개와 같은 양의 린스와 컨디셔너

▶ 데오도란트 250개!!!

▶ 다양한 종류의 치약 152개

▶ 립스틱 레드 컬러만 60개!(다른 색깔은 세지 않았다)

▶ 그리고 믿을 수 없는 것은, 매니큐어 352개[49]

내가 이해하기 힘든 것은, 과잉 공급이 효과가 없다는 것이 학문적으로 입증되었다는 점이다. 그 유명한 '잼 실험(jam experiment)'을 통해 알 수 있듯, 사람들은 선택의 폭이 좁을수록 더 많이 사는 경향이 있다. 다양성과 과잉은 그 반대의 결과를 가져올 수 있다.

잼(혹은 마멀레이드) 실험은 소위 '선택의 역설'을 잘 보여준다. 미국의 심리학자 쉬나 아이엔가(Sheena Iyengar)와 마크 레퍼(Mark Lepper)는 2000년 두 번의 토요일을 골라 캘리포니아의 한 슈퍼마켓에 다양한 종류의 잼이 진열된 실험 탁자를 설치했다. 잼들은 판매용이기도 했다. 실험에서 아이예가와 레퍼는 유일하게 잼의 개수에만 변화를 주었는

---

49 나는 부끄러워서 바로 데오도란트 하나를 사긴 했지만, 당분간 그 가게를 더 이상 방문하기 어려울 것 같다. 이제 직원들은 나를 두려운 미스터리 고객이나 아니면 미친 사람으로 본다. 혹은 둘 다이거나. 그럼 미스터리 고객이란 무엇인가? 회사의 지시를 받고 '잠복' 쇼핑을 하는 사람으로, 팔려고 내놓은 상품이 문제는 없는지, 직원들이 계약대로 친절한지 확인하는 일을 한다.

데, 고객들은 어떤 토요일에는 6가지, 다른 토요일에는 24가지 종류의 잼을 맛보고 고를 수 있었다. 결과는 이렇다. 선택의 폭이 넓었을 때, 지나가던 고객의 60퍼센트는 적어도 한 종류는 맛을 보았고, 그 후 단 2퍼센트의 사람만이(슈퍼마켓을 방문한 모든 고객 가운데) 잼을 구매했다. 반대로 여섯 종류를 내놓은 날에는 고객 40퍼센트가 지나가면서 시식을 했고, 그날 방문한 고객의 12퍼센트가 잼을 샀다. 잼 종류가 많을 때, 고객들은 호기심은 있지만 선택하는 데에도 많은 어려움을 겪었다. 잘못된 선택을 할 것에 대한 두려움이 무의식적으로 작용해 오히려 아무것도 선택하지 않게 만든다. 24가지 잼 중 몇몇 제품의 차이는 눈에 띄지도 않았다(예컨대 시나몬 첨가 딸기잼, 시나몬 무첨가 딸기잼, 체리 함유 딸기잼 등등).

여러분도 잘 알 것이다. 사무실에서 쓸 커피잔을 어느 색으로 사야 할까 오래 고민하다가 드디어 하나를 샀지만, 그 후로도 집과 사무실에서 계속 다른 색으로 살 걸 그랬나 하고 끊임없이 미련을 버리지 못한다. 잼의 경우에만 벌어지는 일이 아니다. 그러니까 나는 왜 내 단골 슈퍼마켓에, 세어보니 77가지 서로 다른 마멀레이드가 있는지 정말 모르겠다.

선택의 폭이 넓으면 무의식의 작용으로 선택이 더 어렵다. 도무지 알 수 없는 것은, 다른 모든 신경과학 지식이 나에겐 전혀 통하지 않는다는 점이다. 잼 실험에 따르면, 선택의 폭이 좁거나 아니면 적어도 자신의 구매 결정에 자신감이 있다면 더 많이 사야 한다. 그럼에도 우리는 그러한 과잉 공급에 길들여져 있다. 얼마나 많은 상품이 팔리지 않은 채로 있고, 경우에 따라서는 폐기되어 쓰레기통으로 들어가고 있는지를 고려한다면 과잉 공급은 결코 좋은 소비가 될 수 없다. 나에게도(내겐 정말 큰 부담이다), 환경에게도.

인스타그램과 마사지기

집으로 돌아와 편안한 옷으로 갈아입고 소파에 누워 손에 휴대전화를 들고 액정 화면을 계속 밀어낸다. 퇴근 후 집에서의 처음 몇 분이 이런 모습이 아닌 사람이 있을까? 인스타그램을 한 바퀴 죽 살펴보는 것만으로도 늘 기분 전환이 된다. 별생각 없이 사진들을 보고, 하트를 누르고, 때로는 사진에 달린 글도 읽고, 무엇보다 스토리를 클릭한다. 이젠 사진뿐 아니라 영상도 포스팅할 수 있고 모든 화면을 편집할 수 있는데, 이 스토리들은 24시간만 볼 수 있고 이후로는 저절로 사라진다.

나는 바로 이 스토리를 페이스북(메타)이라는 기업(인스타그램도 소유하고 있다)이 고안해낸, 인류를 향한 채찍이자 믿을 수 없게 비열한 행위라고 본다. 스토리처럼 우리 뇌를 가지고 노는 것은 아마 없을 것이다. 어쨌든 단 하루만 온라인에 존재한다는 '생각'은 수많은 인스타그램 이용자들을 울타리에 집어넣고 그 본색을 드러내게 만들었다. 사람들은 간단히 휴대전화에 대고 오늘 어떤 일이 있었는지 이야기한다. 지금 마시고 있는 커피를 보여주기도 한다. 그러면서 내가 남들에게 잘 알려졌다는 기분을, 혹은 혼자가 아니라는 기분을 스스로 만들어낸다. 나에겐 언제나 오늘 체험한 것을 이야기할 수 있는 누군가가, 나의 팔로워들이 있다. 이것은 현혹적인 친밀감을 만들어낸다. 하지만 스토리는 구경하는 사람에게도 특유의 스트레스를 부과한다. 왜냐하면 포모(FOMO)가 제멋대로 마구 날뛰기 때문이다. 어떤 것도 놓쳐서는 안 된다. 모든 스토리가 단 하루만 온라인에 머물기 때문이다. 이 하루가 지나면, 사람들이 열광하는 오스트레일리아 출신 인플루언서가 오늘 새로 구입한 옷을 알 수 있는 기회는 영영 사라진다. 참으로 황당하지 않은가? 그렇게 생각하지 않는다면, 피드와 스토리를 포함해 인스타그램의 콘셉트를 한번 조부모에게 설명해보길 바란다.

그리고 가장 황당한 일은, 이 모든 것을 다 아는 내가 거기에 계속 빠져 있다는 것이다.

인플루언서들은 대개 비슷한 특징이 있다. 나는 이 특징에 부합하는 사람을 찾던 중, 미국 텍사스 출신의 대니 오스틴

(Dani Austin)이라는 인물을 발견했다. 젊고 아름다운 외모의 여성으로, 화장이 눈에 띄게 진했다. 대니는 사람들의 불안이라는 장치를 이용하는 인플루언서로, 화장하지 않은 얼굴을 완벽한 메이크업을 통해 흠결 없는 피부로 만들어 보인다. 그녀는 평소와 마찬가지로 유쾌했고, 하루에도 몇 번씩 자신의 일상을 팔로워들과 공유했다. 몇 주가 지난 후, 나는 그녀의 남편과 반려견, 사는 집과 주방 냄비들, 단백질 음료, 그녀가 가장 좋아하는 운동복과 즐겨 쓰는 마스카라까지 알게 되었다. 대니는 패션, 메이크업, 장신구 등 새로 나온 신상품들을 끝없이 소개하면서 자신의 스토리를 끊임없이 만들었다(그리고 만들고 있다). 시작은 우연한 자동차 사고와 같았다. 뭔가 소름이 돋았지만 눈을 뗄 수 없었다. 대니는 살아 있는 광고탑 같았다. 나는 그녀가 영화 〈트루먼 쇼〉에 나오는 재능 많은 배우 짐 캐리 역에 기가 막히게 잘 어울릴 거라고 생각했다. 모든 인간은 뭔가를 연기하면서 교묘히 선전한다.

그러다가 일이 터졌다. 나는 서서히, 스토리마다 대니가 점점 좋아졌다. 여전히 화려했지만 그녀 역시 큰 스트레스로 머리카락이 많이 빠졌다.[50] 대니는 이에 대해 솔직하게

---

50 이것은 별로 놀랍지 않다. 자신의 삶을 낱낱이 백만 명이 넘는(!) 사람들과 끊임없이 공유해야 한다는 것은 큰 심리적 부담으로 작용했을 것이다.

진심 어린 말로 고백했고, 구입한 가발들을 보여주었으며, 공황발작에 대해서도 털어놓았다. 나는 갑자기 그녀가 진짜라고 느꼈고, 이런 감정까지 생겼다. '자, 대니가 오늘은 어떻게 지내나 한번 봐야지. 바라건대 잘 지내기를!' 그래도 나는 끊임없이 이어지는 그녀의 광고에는 정말, 정말, 정말, 정말 끄떡도 안 했다. 하하. 대니가 아마존의 옷이나 그 망할 최신 눈썹메이크업 블라블라를 보여준다 해도, 나는 절대로, 절.대.로. 거기에 속아 넘어가지 않아.

그런데 잠깐, 방금 본 것은 뭐지? 그 아주 커다란 건 뭐였지? 대니는 그물망 뒤에 있던 여섯 개의 공을 커다란 밴드 가운데에 올려놓고 어깨 위에 얹은 후 양손으로 꽉 잡더니 한 손가락으로 밴드에 달린 시작 버튼을 눌렀다. 그러자 동시에 그녀의 입에서 신음 소리가 터져 나왔고, 깊은 만족감에 두 눈이 실룩거렸다. 그녀의 어깨에 놓인 마사지기는 분명 말할 수 없이 훌륭해 보였다! 그러고 보니 나도 늘 뒷목이 뻣뻣했어.

다음날도 대니는 그 마사지기를 격찬했다.

다음다음 날에는 남편이 어떻게 사용하고 있는지 보여주었다(똑같은 신음 소리, 똑같은 눈 떨림도).

사흘째 되는 날, 대니는 마사지기를 처음 소개한 날 바로 구매하고 이에 대해 극찬을 아끼지 않는 팔로워들의 후기를 들려주었다.

나흘째 되는 날엔 그녀의 엄마가 카메라 앞에서 신음 소리를 냈다.

맹세컨대 나는 대니의 개가 만족감에 눈을 실룩대는 모습을 보는 날만 손꼽아 기다렸다. 왜냐하면 반려견에게 마사지기를 갖다 대는 것을 보았기 때문이다.

그리고 그녀는 그것도 보여주었다.

나는 그 물건이 유럽에 배송되는지 한번 알아볼까 생각했다. 배송이 가능하다. 오, 가격도 비싸지 않았다. 하지만 아니, 필요하지 않았다. 나의 의지를 자랑스러워하며 노트북을 닫았다.

그로부터 이틀 후, 대니 오스틴은 마사지기는 지금까지 구입한 물건 가운데 단연 최고로, 회사의 협찬을 받지 않고 자신이 직접 돈을 주고 샀다고 '매우 진실된' 표정으로 온 세상에 설명했다. 또 그것에 대해 좋은 말을 하라고 강요한 사람은 아무도 없으며, 자신의 솔직한 의견을 팔로워들과 나누고 싶었을 뿐이라고 말했다.

인플루언서에 대해 조금이라도 안다면, 그것이 교활한 속임수임을 즉시 간파할 수 있다. 그들은 존재하지도 않는 진정성과 친밀감을 얼마든지 만들어낼 수 있다. 그리고 나는 그녀가 그것을 보여줄 것임을 알고 있었다. 그럼에도 내가 온라인에서 경험한 만족감은 형용하기 어려울 정도로 황홀했다. 나도 딱딱하게 굳지 않은 목덜미를 원했다! 그래서 그녀의 예견대로 나도 어떤 마사지기를 하나 주문했다.[51]

그것은 정말 있을 수 없는 일이었다. 나는 거의 10년간 비판적 소비를 연구해왔다. 그리고 우리에게 정말 필요한 것이 무엇인지, 단지 표면적인 욕구 충족에 불과한 것은 무엇인지를 다시 한 번 깊이 생각해야 한다고 주장해왔다. 그런 내 자신이 한 인플루언서에게 넘어갔다. 하지만 이쯤에서 나의 남은 명예를 구조하자면, 새로 구입한 마사지기를 뒷목에 갖다 대니, 나 또한 신음이 절로 나왔고 두 눈꺼풀이 실룩거렸다. 다만 그것을 꺼낼 때마다 나도 소비의 희생자가 되었다는 양심의 가책을 잠시 느낀다.

나 역시 막강한 새로운 산업의 희생자이기도 하다. 작가 카를 틸레센은 말하기를, 인플루언서는 "오로지 소비를 통해서만, 즉 그들이 무엇으로 화장하고, 어떤 옷을 입고, 무엇을 먹는지 매일 보여주는 것으로 세상과 소통한다. 리얼리티쇼, 유튜브, SNS는 사람들에게 슈퍼스타가 되는 무대를 제공했다. 고도로 선별된 라이프스타일을 대중과 공유하는

---

51 그리고 이렇게 자세히 밝히고 싶다. 그건 어디에 좋은지 누구나 다 아는 그런 마사지 막대가 아니다. 내가 구입한 것은 특별히 어깨와 등을 풀어주는 시아추 마사지기로, 지금도 사용할 때마다 얼마나 열광하는지 모른다.

장으로서 말이다. 이러한 인플루언서의 라이프스타일은 수백만 명의 사람들에게 좋은 길잡이가 된다. 그리고 종종 나이가 아주 어린 팔로워들은 그들과 똑같은 물건을 구매하고 싶은 바람을 갖는다. 팔로워들의 목표는, 똑같은 상품을 구입해 자신의 롤모델처럼 똑같이 성공을 거두는 것이다. 미국의 예를 들면, 13세에서 38세에 속하는 사람들 가운데 86퍼센트가 인플루언서가 되기를 바란다는 연구 결과가 나왔는데, 이는 전혀 놀랍지 않다."[52] 말하자면 86퍼센트나 되는 사람이 살아 있는 광고탑이 되기를 원한다. 충격적이다.

또 한 가지, SNS를 이용하는 동안에도 우리 몸에서는 도파민이 분비된다. 인스타그램 사진에 달린 하트들, 페이스북에 쓴 자신의 상태 메시지에 대한 반응들, 그리고 260자로 글자 수를 제한하는 것이 특별히 의미 있고 재치 있다는 이유로 트위터에 달린 링크들. 이들은 모두 아주 작은 도파민 킥이다. 그래서 쇼핑으로 얻은 쾌감이 여전히 가시지 않은 새 제품을 포스팅하고 관심을 받을 때, 몸에서 화학작용이 벌어질지 예상할 수 있다.

하지만 내가 주장한 것을 스스로 실천해야 했음에도 나는 이런 현상에 전염되었다. '내가 마사지기를 사지 않았다면

---

52 카를 틸레센, 앞의 책

인플루언서라는 직업은 아예 존재하지도 않을 거야. 그러니까 이건 본보기로서 자연스러운 일이야. 겨우 마사지기 하나 샀을 뿐인데 뭐.' 오프라인 상점은 패션 및 전자제품 분야에서 여전히 중요한 역할을 담당하고 있지만, 그사이 온라인 쇼핑은 1위 자리를 차지했다(나도 낚였다).

적어도 글로벌 컨설팅기업 액센추어(Accenture)의 연구는 이렇게 말하고 있다.[53] 온라인에서는 제품을 비교할 수 있고, 각 제품에 대한 구매자들의 리뷰를 읽어볼 수 있으며, 매장을 직접 방문할 필요도 없다. 심지어 대부분의 온라인 패션 품목들에는 모델이 있다. 모델은 '아날로그'였던 이전까지만 해도 부자만을 위해 준비된, 이른바 큐레이팅 쇼핑을 위해 고용된 사람들이었다. 지금은 고객의 취향을 묻는 질문지 하나만 작성하면 맞춤 상품들을 추천해주고, 이어 5~10가지의 추천 품목을 받아 즉시 확인해볼 수 있다. 이는 매우 영리한 기술인데, 이렇게 해서 소비자는 추천받은 상품 중 마음에 쏙 들지 않는 것까지도 이것저것 저장해놓을 수 있다.

오늘날 도처에서 가능한 인터넷 접근은 구매 행동에 엄청

---

53   https://www.accenture.com/us-en/insight-outlook-who-are-mill\-ennial-shoppers-what-do-they-really-want-retail

난 변화를 가져왔다. 인터넷이 없던 시절에 쇼핑은 여전히 의식적인 결정이었다. 다시 말해서 사람들은 실제로 쇼핑을 위한 시간을 내서 시내로 나가 상점을 돌아다녔다. 지금은 TV로 최신 넷플릭스 시리즈를 보면서 동시에 휴대전화를 들고 쇼핑한다.

문제는 과연 그것이 좋은 소비인가 하는 점이다. 나는 감히 이것이 의심스럽다고 말한다. 물론 현재 유럽과 미국의 몇몇 지역처럼 노인들이 온라인 구매를 하지 않고서는 생활을 유지할 수 없는 곳도 있다. 오프라인 상점의 쇠퇴로 아마존은 이미 기본적인 생계에 필요한 많은 분야를 인수했다. 하지만 솔직히 말해보자. 우리가 이러한 발전을 늦추고 멈추는 일이 가능하다면 그렇게 해야 하지 않을까?

모든 것은 선택이다

물건 구매를 유도하기 위해 고안된 것들을 보면 믿을 수 없을 정도다. 먼저 아주 고전적인 광고가 있다. 제품을 칭찬하거나(음료수 캔 표면의 물방울이 여기에 해당한다.), 이 상품이 없으면 삶이 무의미하다는 불안감을 조성하거나, 아니면 특정 제품을 사용함으로써 선망하는 사회 집단에 속할 수 있다고 이야기한다. 상품 선전에는 '리타겟팅(retargeting)'에서부터 긍정적인 자극으로 유도하는 소위 '넛징(nudging)'까지 교묘한 마케팅 방법이 포함된다. 리타게팅의 경우, 이를 테면 누군가 아마존에서 노란 신발을 한 번 클릭했다면, 이후 그 신발은 인터넷 어느 곳이든 그를 따라다닌다. 해당 상품이 소비자에게 노출되는 횟수가 많을수록 언젠가는 반드시 '구매' 버튼을 누를 확률이 높기 때문이다.[54]

시중에 나온 책을 보면 마케팅, 광고, 홍보 등 전적으로 매출 향상을 노린 개별 도구로 채워진 것들이 수없이 많다. 물론 지금 이것을 다루려는 것은 아니다.[55] 분명한 사실은, 마케팅 분야에는 매우 영리한 사람들이 많다는 것이다. 그들은 행동생물학을 토대로 특정 계층이나 집단에 속하고자 하는 사람들의 본능과 바람을 잘 이용하는 전문가들이다. 사람들이 특정 제품을 선택함으로써 정체성을 강조하기를 좋아한다는 것과, 또 잘 알지도 못했던 상품을 갖고 싶게 만드는 방법을 그들은 잘 알고 있다.[56]

우리는 우유부단하게 그저 마케팅의 손안에서 놀아나는

---

54 최근에 있었던 일로, 단 한 번도 클릭한 적 없는 아마존의 연한 핑크색 발레 슈즈가 인터넷 어디든 따라다녔다. 그러니까 그 알고리즘이 아직은 나를 완전히 파악하지 못했다. 후우.

55 이와 관련된 주제에 관심이 있는 독자에게 크리스티안 미쿤다(Christian Mikunda) 박사의 책들을 추천한다.

56 오랫동안 나에겐 태블릿이 그랬다. 이미 스마트폰과 노트북이 있는데, 갑자기 이제 와서 자판도 없는 모니터가 왜 필요하지? 태블릿이 출시되고 얼마 지나지 않아 전용 키보드가 나왔다는 것은 별로 놀랍지 않다.

것일까? 우리는 여전히 현혹될 수 있으며 그런 마케팅 도구들이 존재한다는 것을 믿고 싶어 하지 않는다. 우리는 집단적으로 은행 잔고와 라이프스타일 그리고 이미 소유하고 있는 것을 잊어버리고, 마치 무엇엔가 홀린 듯 지갑을 열 수 있다. 마케팅 도구들이 우리를 그렇게 만든다는 것을 우리는 믿으려 하지 않는다.

우리는 언제나 구입하느냐, 구입하지 않느냐의 선택 사이에 있다. 비록 우리의 본성과 이를 토대로 한 마케팅 전략이 우리를 어렵게 하더라도 선택은 늘 가능하다. 때론 의미가 없을지라도 우리는 선택할 수 있다.

시종일관 '안 사'라고만 말하는 것도 말이 되지 않는다. 소비하지 않고 살 수는 없다. 때로 우리의 무의식은 매우 강력해서, 필요하지 않은 줄 알면서도 소파에 다른 색을 입히고자 쿠션 커버를 사 들고 집으로 간다.

요점은 '그것이 정말 필요한가?' 하는 물음에 있다. 나는 이것을 오랫동안 소비자들에게 권해왔다. 이 질문에 매우 정직하게 대답하는 연습이 필요하다. 당연히 네 개의 새 쿠션 커버가 필요하다고 말할 수 있다. 이제 봄이라 소파에 신선한 색으로 변화를 주고 싶고, 지금 있는 올리브그린 색은 너무나 가을 분위기여서 요즘 같은 날씨에는 전혀 어울리지 않고, 그리고 등등등 할 말은 많다.

하지만 이렇게 말할 수도 있다. 집에 있는 쿠션 커버의 색깔이 너무 마음에 들고 어디든 어울려서 새것은 필요하지 않다고 말이다. 그것은, 삶의 많은 것이 그렇듯, 언제나 선택이다.

트렌드와 패션 스타일이 존재한다는 것은, 새로 나온 청바지를 꼭 입어봐야 하는 줏대 없는 희생자 때문만은 아니다. 나는 우리에게 나머지 결정권이 조금은 있다는 사실을 부인하고 싶지 않다. 비록 내 눈에는 사람들이 유행이라는 이름으로 머리부터 발끝까지 똑같이 하고 다니는 것이 낯설긴 하지만 말이다. 이것은 나의 심기를 불편하게 한다.

문제는 그것이 개성과 관련되어 있다는 것이다. 물론 패스트 패션과 금기 깨기가 개인적으로 멋지다고 생각하고 똑같은 옷차림으로 돌아다닐 수 있다면 별 문제가 없다. 하지만 우리는 그것을 정말 자신이라고 생각할까? 아니면 단지 유행을 따라 입는 것인가? 나는 이것을 '녹색 재킷 현상'이라고 부른다. 가을이면 몸에 딱 붙는 청바지에 딱딱한 롱부츠를 신고, 두꺼운 목도리를 두르고, 탄탄한 질감의 녹색 재킷을 걸친 사람을 개성적이라고 여긴다. 그리고 결과적으로 모두 똑같이 입는다. 패션 아이콘 아이리스 아펠(Iris

Apfel)[57]도 이렇게 말했다. "오늘날 개성이란 단어는 입에 담기조차 어려운 금기어로 여겨진다. 우리에게 매우 많은 선택지가 있음에도 불구하고 모든 사람이 유니폼을 입고 있는 것처럼 보인다." 그것은 제 살 깎기나 마찬가지 아닐까? 집단 본능일까, 아니면 개성일까?

　심리학은 내게 몇 가지 답을 주었다. 우리는 어떻게 해서든 집단에 소속되기 위해 애쓴다. 집단 소속감은 인간의 기본 욕구 가운데 하나다. 동시에 우리는 쾌락주의자이기도 하다. 높은 자존감을 얻고자 노력한다. 나만의, 최고의 개별적 자기(individual self)를 완전히 멋지다고 여길 때 자존감을 가질 수 있다. 심리학자 옌스 푀르스터(Jens Förster)는 이러한 목표를 이루는 가장 좋은 방법은 집단 구성원이 되는 것이라고 그의 책 『소유와 포기의 심리학: 소유는 어떻게 행복한 존재를 만드는가(Was das Haben mit dem Sein macht)』 (2016)에 썼다. 하지만 거기엔 모순이 숨어 있다. "사람들은 집단 속에서 편안함을 느낀다. 예컨대 운전자들은 남과 구분되기를 원하고 자신의 개성을 드러내고 싶어 한다. 우리는 누구나 동일한 가치를 지닌 집단 안에서의 안전 욕구와,

---

57　자기만의 독특한 스타일로 97세의 나이에 세계에서 가장 유명한 모델 에이전시 IMG와 계약한 여성. 그녀를 따라 할 수 있는 최초의 사람은 누구일까?

자신이 개별 존재로 인식되기를 바라는 마음을 동시에 가지고 있다. 운전자라면 이렇게 말할 것이다. '좋아, 당신 차는 혼다 같은데, 이거 봐, 난 BMW를 몬다고! 당신이 차 꾸미기를 좋아하고 알록달록한 쿠션이 한가득 있다면, 난 크림색 가죽 시트를 선호하지.'"

나는 잠시 내가 어디에 속하고 싶어 하는지를 생각해본다. 나는 멋진 옷을 좋아하지만 편해야 하고, 진한 메이크업을 몹시 싫어하고, 자전거를 타고 시내에 나가는 것을 즐기고, 또 녹색 레인 재킷을 좋아하고, 스니커즈를 사랑한다. 오, 녹색 레인 재킷! 나는 이 옷을 즐겨 입는다. 내 눈동자가 초록이라 잘 어울릴 것 같아서? 아니면 내가 녹색 재킷을 사랑하고 이 옷으로 집단의 일원임을 증명하고 싶어서? 하지만 내 재킷은 다른 것과는 다르다. 손으로 직접 바느질해 제작한 옷으로, 소재는 왁스 코튼이고, 빈에서 만든 공정무역 제품이다. 이 재킷으로 나는 보여준다. '이봐, 나는 옷 안에 들어 있는 착취 문화와 독성 화학물질을 경멸해.' 만약 초록 재킷을 할인 매장에서 저렴한 값에 구매한 사람이라면 기뻐할지도 모르겠다.

온라인에서 자신이 직접 디자인할 수 있는 컨버스 신발이나, 혹은 스위스의 프라이탁(Freitag) 가방이 왜 그렇게 큰 성공을 거두었는지 그 이유를 나는 이제 분명히 안다. 컨버스 척스를 모르는 사람은 없을 것이다. 낡고 해진 신발은 모든 것을 초월한 사람처럼 보이게 한다(그래, 나도 이 말이 진부하다는 것을 안다). 그리고 반짝반짝 새것 같은 하얀 신발을 보면 어떻게, 아니 어떻게 신발을 그렇게 하얗고 깨끗하게 관리할 수 있는지 신기하다는 생각을 한다. 학창 시절 나뿐 아니라 모든 동급생이 수업 시간에 볼펜으로 신발 고무창을 돌려가며 칠했다. 한쪽 면이 완전히 진한 파란색이 될 때까지 계속. 컨버스 신발의 디자인은 예전이나 지금이나 변함없어서 컨버스 척스 팬들의 소속감을 확실히 드러낸다. 하지만 컨버스는 고객들의 취향이 천차만별이라는 것을 잘 알았다. 그래서 이 유명한 신발을 개별화 및 개성화할 수 있는 방법을 온라인에 제공했다.

프라이탁의 경우, 나는 낚였다는 기분이 든다. 한동안 나는 친구들 중 누구도 가진 사람이 없던 '신상' 모델 하나를 꼭 소유할 만큼 이곳 가방이 무척 멋지다고 생각했다. 내가 자랑할 수 있도록 가방에 새겨진 'Freitag'이라는 글자는 잘 보여야 했다. 그래야만 가짜가 아닌 진품이고, 나도 멋진 사람임을 드러낼 수 있었다. 게다가 프라이탁 가방은 그냥 쓰레기로 버려질 수 있는 오래된 화물차 덮개(방수포)를 재활용해 만들었다. 환경보호를 염두에 둔 애정이기도 했다(방수포는 대부분 PVC 소재를 사용하는데, 원래 매우 독성이 강한 화학

물질로 간주된다. 이상하게도 이 점은 프라이탁 광고에서 노출되지 않았고, 나 역시 한참이 지나서야 알게 되었다).

그래서 나는 무엇을 입고 소비하는지를 통해 내가 누구이며 동시에 어떤 집단에 속하는지를 보여준다. 그것이 내가 제대로 만든 디른들Dirndl, 알프스 지방의 여성 전통 의상의 지속 가능성을 잘 알고 있음에도 여전히 이 옷을 견딜 수 없는 이유일까? 아무리 내가 안드레아스 가발리에Andreas Gabalier, 오스트리아의 유명 포크 가수의 노래에 푹 빠졌다 해도 그의 유명세에 기댈 마음은 추호도 없다. 지금은 디른들과 가죽 바지가 시대에 몹시 뒤떨어진, 옷장 어딘가에 처박혀 있는 옷임을 안다. 하지만 현재 이 '포크-락앤롤러(Volks-Rock'n'Roller)'의 애향심이 도를 넘었다는 점은 분명하다. 물론 그의 앨범 커버에 있는 포크-락앤롤러라는 단어와 마찬가지로 살아 있는 하켄크로이츠 사진Hakenkreuz, 나치의 상징 기장. 2019년 발표한 CD 커버 속 가발리에의 포즈가 마치 나치의 상징을 연상시켜 사회적으로 큰 물의를 일으켰다이 순전히 우연이고 완전히 순수한 의미라고 주장하지만 말이다.[58] 이것을 볼 때마다 등골이 오싹하다.

옌스 푀르스터는 이렇게 쓰고 있다. "소비 또는 소유는

---

58 설령 가발리에가 의도적으로 한 일은 아니라고 해도, 앨범이 만들어진 전 과정에서 아무도 이러한 연상을 하지 않았다는 말은 믿기 힘들다. 거기엔 섬세함뿐 아니라 모든 감각이 다 결여되었다.

(중략) 자신이 속한 집단의 인정을 받는 데 아주 좋은 도구가 될 수 있다. 특정 사물을 소유한다는 것은 한 집단과의 연결을 가능케 하고 자존감 향상에 도움을 준다. 다른 한편으로는, 소비를 통해 우리는 자신을 개체로서 보여주는 것이 허용된다. 물론 바지를 살 때 이러한 과정이 항상 의식적으로 이루어지는 것은 아니다."

그런 연관성을 이해하는 것은 자신이 경험한 수많은 것을 보여줄 수 있을 때 한결 수월하다. 나도 소비를 하면서(때로는 비소비를 통해) 나 자신을 알아본다. 소비를 통한 확인은 좋은 소비로 가는 길에서 중요한 역할을 하는 무언가가 된다.

소비로 자신을 드러내기

소비라는 주제를 깊이 들여다볼수록 나는 진저리가 났다. 내가 왜 소비를 하는지에 대해 끊임없이 생각해야 한다는 게 힘들었다. 무엇보다 우리의 소비가 우리 행성을 철저히 착취하고 우리 후세의 미래를 빼앗고 있다는 사실에 대해 생각하고 싶지 않았다. 이런 문제에 몰두하면 할수록 내 안에서 한 가지 바람이 커져만 갔다. 몇 달간 어느 바닷가 옆 오두막에 칩거하면서 이 주제와 전혀 관련 없는 책들만 실컷 읽고, 바다를 보고, 먹을 것은 충분한가 살피고, 가끔은 친구나 가족과 전화를 하고, 틈틈이 수영하러 가고 싶은 마음만 굴뚝같았다. 그외엔 아무것도 생각하기 싫었다. 제발 모든 상점으로부터 아주 멀리 떨어진 곳, 인터넷도 없고 쇼핑에 대한 유혹도 전혀 없는 먼 곳으로 떠나고 싶었다. 그러면서 계속 깨달은 것은, 실제로 나에게는 많은 것이 필요하지 않다는 사실이었다.[59]

유감스럽지만 바닷가 옆 오두막 계획은 실행에 옮기지 못했다. 그러나 불현듯 이곳에서도 소비에 대해 생각하지 않으면서 생활할 수 있지 않을까 하는 생각이 들었다. 소비를 철저히 무시하고 사는 사람도 있을까? 바지 디자인이나 색상에 전혀 신경쓰지 않고 그저 상점에 가서 '바지'를 주문하고, 그 바지가 해질 때까지 입다가 그제야 새것을 구입하는 사람도 있을까? 물론 이런 유형의 사람도 틀림없이 존재하지만 아주 극소수에 불과하다. 그리고 그 이유 역시 개성과 소속감에 대한 우리의 욕구 때문이다. 이 둘은 흥미롭게도 상호 배타적이지 않다.

내가 소유한 고유의 물건들이 나를 남들과 구별시켜줌으로써 나만의 개성이 만들어진다. 개성은 매우 중요하다. 내가 구입하고 소유한 것이 바로 나라는 존재를 보여주기 때문이다. 또한 그것은 내가 속한 사회 계급에 대해서도 많은

---

59 완전히 슈테프가 주장한 특권이라는 의미에서 인정하는 바이다.

것을 이야기해준다. 우리는 구매 행동을 통해 자신의 현재 사회적 위치와, 자신이 속하고 싶은 사회 집단을 드러낸다. 독일 경제학자 니코 패히(Nico Paech)도 이렇게 말했다. "인간으로서 우리는 자신이 누구이고, 무엇이 되고 싶고, 또 어떻게 인정받고 싶은지를 표현하기 위해 소비를 필요로 한다. 물질적 형태의 모든 기본 욕구들은 이미 수없이 충족되었기에, 물질적 과잉이 지배적인 세계에서는 상징적 표현을 위해 물건을 산다."[60]

친구 슈테프에게 이런 생각을 이야기했더니 그저 이렇게만 말했다. "가서 부르드외 책을 읽어봐!" 그래서 나는 읽었다. 프랑스 사회학자 피에르 부르디외(Pierre Bourdieu)는 1970년대 말에 프랑스인들의 (정치 성향과 예술 취향을 포함한) 라이프스타일을 분석했다. 이 경험적 연구 결과는 그리 놀랍지 않다. 자본의 다양한 형태, 즉 경제, 사회, 문화 자본은 개인이 속한 사회 계급을 정의한다. 부르디외는, 취향은 개인적이며 개인이 활동하는 사회의 영향을 받는다고 보았다. 개인이 속한 계급은 그가 어떤 교육 과정을 밟았고, 어떤 문화적 경험을 했고 하고 있으며, 결과적으로 얼마나 돈이 많

---

60 북독일방송(NDR) '노이란트(Neuland)'에서의 인터뷰 중.(2014): https://www.youtube.com/watch?v=XBOsrd4_nEA

은지를 결정한다. 그뿐만 아니라 그가 무엇에 돈을 지출하는지 또한 결정한다. 바로 이 점이 내가 무척 흥미를 느낀 지점이기도 하다. 그러니까 나는 내가 사는 것을 통해 어떤 사회 계급에 속하는지 그 신호를 남들에게 보낸다.

나는 부르디외의 이론을 나에게 직접 적용해보았다.

나는 오랜 고민 끝에 38살이 되던 해에 첫 차를 샀다. 오랫동안 나는 자동차가 환경친화적이지 않고, 어차피 시내에서는 탈 일이 없기 때문에 필요가 없다고 생각했다(내 정체성을 증명하는 데에도 이보다 더 확실한 것은 없으니까). 그런데 차를 산 이후부터 자동차 운행에 찬성하는 이유가 하나둘씩 늘어갔다. 내가 구입한 것은 자동차 가운데 가장 작은 모델로, 그보다 더 작을 수 없는 르노 트윙고 중고였다. 그러니까 그것이 상징하는 것은 이렇다. 내 차는 순전히 실용적인 목적으로만 만들어진 차로, 많이 사용할 일이 없다. 나를, 경우에 따라 동승자 한 명과 약간의 짐만 장소 A에서 B까지 데려다준다. 그러므로 나에게 자동차 브랜드와 그것의 가치는 아무래도 상관없다. 나는 기능적인 것을 중시하는 사람으로, 가능한 한 가장 적은 비용으로 A에서 B까지 이동하고자 한다. 이와 더불어 내가 보내는 신호는, 나라는 사람은 B라는 곳으로—이 경우 나의 가족이 보내는 여름 별장에—갈 수 있다는 것이다.

나의 소유물이 나의 사회적 계급에 대해 말해주는 것은 무엇인가(혹은 내가 이에 대해 말하고 싶은 것은 무엇인가)? 그날 밤 나는 내가 가진 것을 모두 분석했다. 나는 언제부턴가 이 생각에 깊이 몰두해, 심지어 안경을 고르는 것조차 힘들어졌다. 나는 두더지처럼 시력이 매우 나쁜데다, 신기하게도 콘택트렌즈 착용을 완강하게 거부하는 두 눈 때문에 안경을 쓸 수밖에 없다. 안경은 비교적 선택 범위가 넓고, 무엇보다 아주 쉽게 눈에 띈다. 나는 크고 두꺼운 검은색과 진한 갈색 안경이나, 아니면 디자인이 독특한 안경을 좋아한다. 안경을 쓸 수밖에 없다면, 그래 최대한 많이 사서 써야지. 그런데 그것이 나의 미적 감각뿐 아니라 일종의 신분까지 말해준다고? 그러자 나와 비슷한 모양의 안경을 걸친 사람들이 친밀하게 느껴졌다.

그건 정말 완전히 말도 안 되는 생각이었다. 내 안경은 크고, 테는 검은색에 두껍고, 형태는 고양이 눈처럼 끝이 살짝 올라갔다. 그것이 나에게 아주 잘 어울린다는 점을 제외하고 다음 몇 가지 사실은 분명히 말할 수 있다(주의! 이제부터는 그런 틀에 박힌 생각을 부숴놓을 테다).

▶ 보시다시피 나는 외향적이고, 그처럼 자기주장이 강한 안경을 쓸 용기가 있다.

- 나는 실험 정신이 뛰어난 전위적인 것을 좋아하고, 이로써 교양 있는 시민에 속한다는 것을 보여준다.
- 안경을 어디서 샀냐는 질문을 받는다. 글쎄, 그런 안경은 빈에서는 쉽게 찾을 수 없다. 말하자면 나는 좀 특별한 존재이고, 이 나라에서는 구할 수 없는 흔하지 않은 것을 살 능력이 있다.
- 나는 또 새 안경을 씀으로써 그것을 살 여유가 있다는 것을 보여준다.
- 나는 'Existenzialistin(실존주의자)'의 철자를 말할 수 있고, 이 단어의 의미도 알고 있으며, 또 당연한 말이지만 블랙 터틀넥 스웨터도 가지고 있다.

안경은 간단한 소비재지만 그 안에는 수많은 진술이 담겨 있다. 꼭 필요하진 않아도 나는 기능이 다른 안경이 세 개나 더 있다. 하지만 이것들 모두 그 기능성을 벗어나 나 자신에 대해 말해준다.

이것은 또 다른 질문으로 이어졌다. 모든 것을 이미 가지고 있는데도 대체 우리는 왜 계속해서 구입하는 것일까? 이론적으로 보면, 충분히 물건을 구입했고 그 물건들이 우리의 개성과 사회적 소속에 대해 정확히 드러내는 시점이 와야 한다. 개성이란 끊임없이 변화하지만 시간이 흘러도 우리의 출신과 외모, 사회화를 바탕으로 기본적인 것은 예측이 가능하다. 그럼에도 불구하고 우리는 전혀 필요하지도 않은 물건을 시도 때도 없이 계속 사들이고 있다.

사회학자 하르트무트 로자(Hartmut Rosa)도 이와 비슷한 질문을 했다. "그렇다, 이는 대단히 놀라운 일 가운데 하나다. 대체 왜 개인적인 면에서도 결코 충분하지 않은가? 구매에 대한 욕구는 어디에서 왔는가? 언젠가 알버트 히르쉬만(Albert Hirschmann)은 자본주의의 불가사의한 점은 우리에게 끊임없이 구매하도록 만드는 점이라고 말했다. 우리는 물건을 계속 사기 위해 이미 구입한 상품에 실망해야 한다. 그러지 않으면 구입을 멈출 수밖에 없을 것이다. 지금 우리는 원하는 것을 다 가졌다. 그런데도 쇼핑을 멈추는 것만큼 우리를 실망시키는 일은 없다! 백지 한 장 차이다. 이 시스템은 우리를 쇼핑의 쾌락에서 벗어나지 못하게 붙잡아야 하고, 우리는 구매한 제품에 실망할 때마다 또 다른 물건을 사러 나간다."[61]

이미 소비의 바퀴는 점점 더 빨리 회전하고 있다. 사람들이 소비를 통해 끊임없이 자기 자신을 드러내고 싶어 하기 때문이다. 내 눈에는 이것도 내적 불안과의 게임처럼 보인

---

61 북독일방송(NDR) '노이란트(Neuland)'와의 인터뷰에서. (https://www.youtube.com/watch?v=XBOsrd4_nEA)

다. 나는 어떤 사람이 되고 싶은가? 나는 남들에게 어떤 모습을 보여주고 싶은가? 또 내일도 오늘처럼 똑같은 모습이기를 바라는가? 자아가 불안한 사람은 똑같은 모습을 원치 않을 것이다. 좋다. 그럴 때 경제와 산업은 손쉽게 내가 아무런 가책 없이 새로운 정체성을 찾을 제품을 사게 만들고, 동시에 내가 산 물건이 빨리 망가지도록 미리 손을 쓴다. 이런 방식으로 경제는 사회적 구조를 역겨울 정도로 이용한다.

그리고 이런 소비의 바퀴 옆에 늘 따라다니는 것이 하나 더 있다. 자신을 남들의 시선으로 바라보는 것이다. 내가 새 가구, 새 소파나 새 차를 살 때 친구들은, 동료는, 이웃은, 가족은, 그리고 길에서 마주치는 사람과 틴더의 새 파트너는 뭐라고 말하고 무슨 생각을 할까? 나는 이 상품을 통해 무엇을 전달해야 할까? 이것으로 어떤 정보를 전할까?

내가 사는 것이 곧 나다. 이 말에 반대하는 사람은 아무도 없다. 그것은 '내 마음에 든다'는 자기만의 만족감을 훨씬 능가한다.

▶ 좋은 친구는 결코 브랜드 숭배자는 아니지만 비싼 시계는 갖고 있어야 한다. 그 시계로 자신이 능력은 있지만 과시하지 않는다는 것을 보여준다. 그래서 스웨터 소매 안에 있는 시계는 사라졌다 다시 반짝 나타나야 한다.

▶ 또 다른 아주 좋은 친구는 나를 늘 웃게 만든다. 그가 큰 성공을 거두었든, 국제적인 회사를 창업했든, 아니면 풍족한 사회생활을 누리든 전혀 상관없다. 하지만 남들에게 인상을 남길 만한 차 한 대는 가지고 있어야 한다. 현재 그것은 테슬라다. 그는 심지어 본인이 '해냈다'는 것을 남들에게 보여주기 위해 그 차가 필요하다는 것을 잘 안다. 그는 그렇게 할 수밖에 없다. 그러면서도 자동차에 아무 관심이 없는 내게도 깊은 인상을 주었다(그의 테슬라 자동차 안에는 디지털 방귀 쿠션이 깔려 있다. 버튼을 누르면 뿌우웅 소리가 나는데, 나는 그것을 정말 사랑한다).

▶ 내가 아는 지인은 오래된 대저택을 포기하고 그보다 훨씬 작은 집으로 옮겼다. 비록 그녀의 정체성을 보여주는 수많은 상징물이 없어졌지만 대신 새로운 것을 얻었다. 자신이 생태학적 탄소발자국에 유의하는 사람이라는 정체성을.

▶ 그리고 맞다, 언젠가 애플스토어 앞에서 밤을 새우고 아이폰 최신형을 맨 처음 손에 넣은 사람들 중 한 명이 된 남성을 나는 알고 있다. 그때 그는 여전히 사용 가능한 이전 아이폰을 계속 들여다보며 졸음을 참았다.

나는 우리 가운데 개인이 소유한 것이 개성을 만들어낸다고 생각하는 친구들이 있다는 것을 확신한다. 그것은 어쩔 수 없는 일이다. 행동생물학자 그레고르가 내게 말한, 즉 자신이 가진 것을 보여주는 행위가 또래 집단에서 매력을 높인다는 말과도 잘 들어맞는다. 바로 그 대화에서 또 다른 흥미로운 이야기도 들었는데, 본래 모든 것을 다 살 수 있을 만큼 부자인 사람은 자신이 가진 것을 눈곱만큼도 과시하지 않는다는 것이다. 그럴 필요가 없기 때문이다.

좋은 소비란 무엇인가? 구매 행위에서 이런 관점을 놓치지 않는 것은 중요하다. 오직 지속 가능한 상품만을 소비하는 사람들은 심지어 식탁에 오르는 음식을 위해 맷돌까지 구입함으로써 자신의 소속감을 표출한다. 바로 맷돌이 자신에게 동기를 부여해주기를 바라는 것이다.

하지만 어차피 소속감은 주어진 것이고 이를 위해 새로운 상품을 살 필요가 없지 않은가, 하는 물음은 그렇게 틀린 말은 아닐 것이다.

내가 원래 제기했던 질문으로 다시 돌아가자. 만약 개성이 중요한 문제라면 도대체 좋은 소비란 무엇일까? 우리가 구매한 것이 대부분 정체성을 만들어낸다. 소비는 항상 우리의 정체성뿐만 아니라 이 세상에 자신에 대해 말하고 싶은 것과 관련이 있다. 이것을 분명히 안다는 것은 매우 중요하다. 하지만 만일 우리가 오직 환경을 생각하고 사회적으로 공정하게 살기를 바라는 방향으로 소비하되 소비를 절제

하지 않는다면, 유감스럽지만 좋은 소비로 가는 길에서 언젠가는 소비주의의 길목으로 빠지게 된다.

바로 이것이 '무엇이 좋은 소비인가'라는 질문으로 가는 첫 번째 생각이었다. 환경을 해치고 우리에게 해로울 수 있는 플라스틱 제품을 일절 사지 않는 것, 여러 번 쓰게 되는 내구성 강한 플라스틱 제품들(예컨대 주방 선반마다 가득 찬 플라스틱 용기들)을 사용하지 않거나 가능하다면 내다 버리는 것, 아니면 마누팍툼Manufactum, 독일 가정용품 전문점. 대량 생산이 아닌 소규모로 장인들이 친환경 제품을 만든다 같은 회사에서 유리, 스테인리스 스틸(영구적이다!), 목재로 만든 근사한 대체 상품을 만드는 것. 이런 생각을 할 수 있는 사람이라면 환경을 의식하며 행동하려는 '비판적 소비자'라는 새로운 정체성을 찾을 수 있다.

기능상 문제가 없고 오래 여러 번 사용 가능한 제품을 모조리 갖다 버리는 것은 결코 현명한 일이 아니다. 필요한 물건이라면 더 이상 마음에 들지 않을 때가 아니라 망가졌을 때 교체해야 하며, 재료가 친환경적이지 않다면 절대로 사지 말아야 한다.[62] 더 큰 문제는 그런 재료로 만든 제품이라고 해서 아무렇게나 버리는 것이다! 나는 이런 사람들을 많이

---

[62] 이는 건강을 해친다고 증명된 것과는 차이가 있다. 만일 제품 사용이 신체에 영향을 끼칠 수 있다면 당장 그것을 치우길 바란다.

만났고 내게 어떤 제품을 사야 하는지 조언을 구했다. 그것은 비판적 소비도 아니고 좋은 소비는 더더욱 아니다. 주방의 수납장을 모두 플라스틱 용기로 채워 넣어야 한다고 믿게 만들었던 소비주의의 또 다른(상당히 비싼) 측면일 뿐이다.

브랜드, 브랜드, 브랜드

나에게 여러 면에서 깊은 인상과 충격을 주었던 다음의 상황을 나는 평생 잊지 못할 것이다. 지하철을 타고 대형 쇼핑가 옆을 지나고 있었다. 밖에는 비가 내리고 있었고 겨울이라고 하기엔 이상하리만큼 따뜻했다. 16~17세가량 되어 보이는 어린 학생 둘이 승차했는데, 지금 막 '빈 주간'[63]을 보내고 있는 것이 확실했다. 그중 내 앞에 앉은 남학생 무릎 위엔 투명한 비닐 가방 안에 든 탄탄한 루이비통 쇼핑백이 놓여 있었다. 나는 잘못 보았다고 믿었다. 남학생이 보여주는 것에 따르면, 지갑 하나가 들어 있는 종이 쇼핑백을 비에 젖지 않도록 그 위에 비닐 가방을 씌워 보호하고 있다! 이렇게 해서 사람들은 쇼핑백이 전하고자 하는 것을 잘 볼 수 있으며, 동시에 쇼핑백은 자랑스러운 광고판도 될 수 있다. 그

---

63 오스트리아 전역에서 온 학생들은 졸업하기 전에 일주일 동안 수도 빈에 머물며 다양한 체험을 한다.

리고 이를 위해 돈도 지불했겠지? 나는 어린 구매자와 동승자인 여학생의 대화를 조금 엿들었다. 그는 열일곱 살이었고, 학생 커플은 북오스트리아에서 온 동급생으로, 정말로 빈 주간을 맞아 이곳에 왔고(야호, 맞혔다!), 오후에 자유시간을 보내는 중이었다. 남학생이 지갑을 400유로 주고 샀다는 말에 여학생은 "정말 짱!, 비통 쿨!"이라고 외쳤다.[64] "쇼핑백 로고는 정말 다 시크하네." 여학생이 말했다. "그치, 그래서 나도 쇼핑백을 높이 들고 다녀." 남학생이 자랑스럽게 응수했다. 400유로에 한 기업을 홍보하는 것은 납득할 수 있고, 쇼핑백을 선전 도구로 사용할 수도 있다. 그리고 사람들은 쇼핑백이 그럴 만한 가치가 있다는 것을 추가로 씌운 비닐 가방을 보며 확실히 느꼈다.

나는 또 다른 예를 소비연구가 겸 작가 프랭크 트렌트만(Frank Trentmann)이 소비사에 대해 쓴 매우 방대한 책에서 발견했다.[65] 트렌트만은 인터뷰할 때마다 다음 이야기를 즐겨 인용했고, 스위스 일간지 《노이에 취르허 차이퉁(NZZ)》에 싣기도 했다. "하이디 시몬은 막 열아홉 살이 되었고 삶이

---

64 나는 내 귀를 의심했다. 그 나이 때 나는 400유로로 여름방학 절반을 기차를 타고 배낭여행을 할 수 있었다.

65 프랭크 트렌트만, 『소비의 제국(Herrschaft der Dinge)』, Deutsche Verlags-Anstalt, 2017

즐거움으로 가득했다. 사는 곳은 독일 프랑크푸르트로, 1944년 연합군의 폭격으로 엄청난 피해를 입은 도시 가운데 하나다. 8년이 지난 지금, 이 도시에서 아마추어 사진 경연 대회가 열렸다. 해당 관청은 이 대회로 마셜 플랜, 즉 유럽 재건을 위한 미국의 프로그램을 축하했다. 경연 대회 주제는 '모든 이에게 빵을', '두 번 다시 배고픔은 없다', '새 집' 등으로 고단한 현실을 그대로 반영했다. 우승자는 하이디였고, 상금과 함께 부상으로 베스파(Vespa) 스쿠터를 받았다. 그런데 하이디의 반응에 연방 마셜플랜부 대변인은 매우 놀랐다. 하이디는 "저는 기뻐요"라고 편지에 썼다. '뻔뻔하다'는 인상을 주기 싫어서 한 말이었다. 그녀는 혹시 베스파 대신 람브레타(Lambretta) 스쿠터 123cc를 받을 수 없는지 물었다. 하이디는 지난 일 년 내내 람브레타만을 꿈꿔 왔다고 했다. 해당 관청은 강경한 입장을 고수했고 하이디에게 베스파를 보냈다."[66]

내가 아주 좋아하는 예가 있는데, 다름 아닌 브랜드 '슈프림(Supreme)'이다. 스케이터 관련 제품들과 그 위에 달린 빨간색 로고를 갖기 위해 전 세계 사람들이 달려든다. 슈프림이 선보이는 신상품 가운데 후디, 야구 모자나 티셔츠를 빼

66 https://www.nzz.ch/geschichte/wir-konsumenten-ld.1536897https://www.nzz.ch/geschichte/wir-konsumenten-ld.1536897

놓을 수 없는데, 이들은 출시되자마자 몇 초 만에 품절된다. 전략적으로 소량만 생산하고, 다른 한편으로는 멋진 스타들을 모델로 기용해 엄청난 홍보를 하기 때문이다. 소위 '하이프비스트(hypebeasts)'라 불리는, 완전히 명품에 빠진 젊은 남성들도 이 제품들을 구입하는데, 구매한 것을 다시 높은 가격에 되팔기도 한다. 슈프림이 붙어 있는 곳마다 돈이 오간다. 로고가 어떤 제품 위에서 화려하게 빛나는지는 전혀 상관없다. 황금알을 품은 슈프림은 로고가 박힌 벽돌을 30달러에 판매하기도 했다. 며칠 뒤 온라인 중고 사이트에 1,000달러가 넘는 가격에 올라왔다. 벽돌 하나가 말이다!

참고로 이 브랜드는 1994년 뉴욕 맨해튼의 패션 거리 소호(SoHo)에서 작은 가게로 시작했고, 빠른 시일 내 그 지역 스케이트보더들의 고정 집합 장소로 변했다. 2020년 11월, 글로벌 패션기업 브이에프(VF) 그룹은 슈프림을 무려 21억 달러에 인수했다.

브랜드는 우리에게 마법 같은 매력을 갖고 있다. 내 경험으로 미루어볼 때, 이는 절대적 진리다. 그것이 루이비통 가방이든 아디다스 이지(Yeezy) 스니커즈든, 사람들은 브랜드 로고로 특정 그룹에 속한다는 것을 슬쩍 드러낸다. 동시에 비싼 브랜드일수록 무의식적으로 자신이 바라던 이미지 전달이 이루어진다. "봐, 난 부자고, 이걸 살 능력이 돼. 당신보다 잘난 사람이라고." 오늘날의 브랜드가 부분적으로는 이미 종교적 광기와 동일시되는 현상은 놀랍지 않다. 가장 좋은 예가 애플로, 이 기업은 신제품 런칭 때마다 거의 미사 행렬과 같은 장면을 연출한다.

그 사이 '비싼 브랜드 = 양질의 제품'이라는 방정식은 더 이상 성립되지 않게 되었다. 이 사실을 잘 보여주는 예가 스니커헤드(Sneakerheads)다. 아디다스, 나이키, 뉴발란스처럼 스니커즈로 유명한 브랜드들은 상품 가격이 평균 100유로 이상이다. 그중에서 자재비 8유로, 재봉사 임금을 제외한 생산비 5유로, 그리고 재봉사는 신발 한 짝당 겨우 40센트를 받는다.[67] 이외에도 운송비, 관세, 중개비까지 더하면 대충 5유로에 달한다. 이 모두를 계산하면 약 18.40유로로, 최대한으로 산정한 가격이다. 나머지 80퍼센트는 브랜드와 스니커즈를 판매하는 스포츠 매장 손에 들어간다. 그런데 신발 한 켤레 값을 수천 유로까지 올리는 것은, 다름 아닌 열정을 바쳐 스니커즈를 고르고 수집하는 사람들이다. 운송까지 포함한 생산에서 이런 가격을 붙이는 것은 1920년대 대공황 때나 있을 법한 일이다. 말하자면 신발에 부여된 가치는 매우 자의

---

[67] https://abi.unicum.de/aktuelles/zuendstoff/wofuer-bezahlst-du-im-handel-eigentlich-wirklich

적이다. 우리는 이에 가담할 수 있지만 꼭 그럴 필요는 없다.

다시 본론으로 돌아와 질문을 던져본다. 브랜드와 관련해서 좋은 소비란 무엇인가? 최종 소비자로서 우리는 진짜 품질을 알아보고, 교활한 마케팅에 속아 넘어가지 않는 눈을 가질 수 있는가? 또 브랜드에 현혹되지 않고, 자신의 소비 행동에서 이를 배제시킬 수 있는가?

나의 첫 번째 다짐은 이렇다. "그래, 브랜드에 신경쓰지 말자!" 하지만 브랜드라고 다 같은 브랜드가 아니다. 브랜드 중에는 양질이고 지속적이며 공정한 방식으로 생산되는 것도 있다. 그런 브랜드라면 엄청나게 부풀린 마케팅 콘셉트도 없다. 마케팅이 요란한 제품일수록 의심쩍다. 구별짓기(distinction)는 홍보나 광고와는 무관하게 상품의 질로 승부해야 한다. 하지만 거세게 몰아치는 광고의 소용돌이 속에서 진짜 품질을 감별해내기란 무척 어렵다.

화장품이라는 값비싼 자존감

잠에서 깼다. 늦잠을 잤어도 전혀 잔 것 같지 않다. 이런 날은 전날 밤 아주 친한 사람과 와인 한 병을 다 비운 날이다. 여러분도 잘 알 것이다. 잠자리에서 일어나 비틀거리며 욕실로 들어가 거울을 보니 피카소 그림이 있다. 그것은 피카소가 큐비즘 초기 단계에 그린 작품으로 눈, 귀, 코가 제자리에 붙어 있는 데라곤 하나도 없다. 어제 눈에 확 띄게 내 속눈썹에 걸려 있던 마스카라 잔여물이 아래 눈꺼풀에 달라붙어 있었고, 머리는 마치 밤사이 새 한 마리가 들어와 둥지를 튼 것마냥 부풀어 있었다.

매일 아침 본 모습과는 뭔가 느낌이 달랐다. 그날은 그리 유쾌하지 않은 약속이 있었고, 밖에 책상에는(내 안에 얹혀 있는) 지불해야 할 영수증이 놓여 있었다. 한마디로 망한 날이었고, 여기에 숙취까지 남아 있었다. 정말 돌겠네!

그날 아침 거울을 본 결과는 이랬다. 내 기분은 몹시 처참했고, 그것이 나의 본래 모습이라고 생각했다. 보수 공사를 위한 대책이 시급했다. 나는 먼저 어젯밤 바른 마스카라를 닦아낸 다음 속눈썹을 손봤다. 여느 때라면 가끔 립스틱을 바르는 날을 제외하곤 출근 준비의 마지막 순서였다. 하지만 그날은 달랐다. 얼굴 군데군데의 잡티를 컨실러로 감추고, 얼굴 전체에 파우더를 바른 다음, 양볼 위에 블러셔를 살짝 얹는 것도 나쁘지 않을 것 같아 그렇게 했다. 그리고 아이섀도, 이건 두말하면 잔소리!

거울 속의 나는 그제야 본래 모습으로 나타났고, 큐비즘 그림의 얼굴은 사라졌다. 그런데 그 순간 내가 가면을 쓴 것처럼 느껴졌다. 그렇다고 그때 기분이 완전히 불편했다고는 할 수 없고, 숙취와 내키지 않는 약속과 스트레스에도 불구하고 마치 내 앞에 놓인 하루를 잘 견뎌낼 수 있게 무장을 했다고나 할까? 어쨌거나 내게 안정감을 주었다.

약속 장소로 이동하던 길에 다른 사람도 나와 같은지 알아보려고 휴대전화를 찾았다. 설마, 하고 순간 놀랐지만 바로 발견했다. 베를린의 라이프스타일 포털 사이트 thisisjanewayne.com에 몇몇 여성이 화장하지 않은 얼굴로 절대 외출하지 않는 이유에 대해 쓴 글이 있었다. "나는 언제나 사랑받기를 원한다. 화장을 하면 얼굴이 더 예쁜 것 같고, 이는 남들에게 사랑받을 수 있는 기회를 높인다. 그래 인정한다, 내 머리는 그렇게 작동한다. 모든 것은 열네 살 때 파란색 아이섀도와 함께 시작되었다. 당시 난 오로지 나 자신만을 위한 화장을 했다. 하지만 나이를 먹을수록 외모에 자신감이 없어졌고, 메이크업은 완전히 기분 좋게 만들어주었다. 다른 사람들은 대부분 나와는 정반대일 것이다. 어릴 땐 화장을 진하게 했다가 점점 옅어지는 게 일반적이니까. 불안감은 점점 커져만 갔고, 이 불안감은 때에 따라 내 자아의 일부가 되었다." 리사의 말이다. 안나 카트린은 좀 더 자의식이 강한 여성이긴 하나 리사의 경우와 비슷하다. "사실을 말하자면 화장은 나에게 도움이 된다. 메이크업은 확신에 찬 모습과, 어쩌면 품위도 부여한다. 이 둘의 혼합은 내 행동을 지지해준다. 이는 스스로 그려 넣은 자의식 킥과 같다고나 할까."**68**

언제나 예쁘게 보여야 한다는 것은 대중의 압력이다. 점점 더 많은 여성의 삶을 어렵게 만드는 인스타그램 필터가 그렇다. 여기엔 다양한 측면이 존재한다. 어떤 사람은 화장하지 않은 자기 얼굴이 마음에 들지 않아(이 자체는 매우매우 슬픈 일이다) 자신감을 얻으려고 화장을 하고, 어떤 사람은 메이크업을 통해 다른 사람이 되기를 원한다. 또 자신의 '결점'(이것은 내가 몹시 싫어하는 단어다)이라고 느끼는 것을 감추고 장점을 부각시키려는 사람도 있고, 어떤 이는 직업과 관련해 메이크업을 하고 출근할 때 보다 전문적이라고 느낀다. 그런가 하면 나와는 반대의 이유로 화장하면 기분이 좋아지는, 아주 친한 내 친구 같은 부류의 사람도 존재한다. 그들은 화장으로 자신의 장점을 더욱 강조한다. 화장이 과연 정신 건강과 피부에 얼마나 좋은 것인지를 두고 이야기하자면 끝이 없다. 모든 여성이 수긍할 수 있는 공통된 의견은 없을 것이다. 그렇지만 팩트는 이렇다. 코스메틱 관련 산업은 해마다 수십억의 이윤을 남기는 분야다. 2020년 집계한 시장 규모만 보더라도 약 730억 달러에 육박했고, 2025년까지

---

68 https://www.thisisjanewayne.com/news/2019/07/01/wir-haben-5-frauen-gefragt-weshalb-sie-niemals-ungeschminkt-das-haus-verlassen/

140억 달러가 더 늘어날 전망이다.[69] 파운데이션, 아이섀도, 마스카라, 립글로스, 그리고 끊임없이 발명되는 새로운 '머스트 해브' 아이템을 사는 데 소비하는 돈이 867억 달러라니? 남의 집 애 이름도 아니고.

스스로 메이크업 능력자와는 거리가 멀기에, 바로 그날 유튜브 개인 교사를 찾아보기로 했다.[70] 한 여성이 카메라 앞에서 화장을 하며 간단하고 어렵지 않은 '에브리데이 룩'을 보여준다. 그녀가 사용한 것은 프라이머, 파운데이션, 파우더, 컨실러, 여러 모양의 스펀지와 다양한 종류의 화장용 브러시, 아이브로우 펜슬 및 젤, 아이섀도, 마스카라, 컨투어 제품, 글로우 스틱, 블러셔와 립스틱이었다.[71] 나는 약 15분짜리 영상에 소개된 그 제품들을 일일이 검색해보았다. 그리고 가격을 모두 합해보니 거의 360유로에 달했다. 영상에 나온 화장품들이 다 명품 브랜드는 아니었지만, 보다시피 매우 높은 액수다. 조금 후에 나는 깨달았다. 그것이 얼마나 비싼지! 2016년 7월, 인플루언서 클로이 모렐로(Chloe

---

69 https://de.statista.com/statistik/daten/studie/262872/umfrage/prognostiziertes-weltweites-marktvolumen-fuer-dekorative-kosmetik/ https://de.statista.com/statistik/daten/studie/262872/umfrage/prognostiziertes-weltweites-marktvolumen-fuer-dekorative-kosmetik/

70 https://www.youtube.com/watch?v=Yi_ZHBpKmvE

71 이 화장품들이 다 무엇을 위한 것인지 당황했는가? 당신만 그런 것이 아니다.

Morello)는 11분도 채 안 되는 영상을 포스팅했다. 여기에서 클로이는 2,000달러 상당의 메이크업을 선보였다. 화면 아래 이런 말이 적혀 있었다. "이 영상은 제가 학교를 졸업하고 좋은 직장을 얻을 수 있게 동기를 부여해줘요. 그렇게 되면 메이크업과 관련된 것은 뭐든 다 살 수 있으니까요." 하필 그때 말이지?

그런데 반대로 생각해보자. 더 저렴할 순 없을까? 여학생들이 처음으로 화장을 시작하는 평균 나이를 생각해볼 때, 결정적인 것은 용돈의 수준이다. 나는 그 영상에서 소개한 화장품들을 전부 메모한 후, 가까운 드럭스토어에 가서 '에센스(essence)' 제품이 모여 있는 진열대 앞에 섰다. 에센스는 나도 잘 아는 저렴한 화장품 브랜드다. 이 브랜드의 타깃 고객은 말할 것도 없이 (역시) 나이 어린 소녀들이다. 여하튼 각각의 제품 가격을 하나씩 더해보았더니 총 60유로가 나왔다. 이것도 용돈 상위에 해당하는 금액이다.

이제 어느 누가 감히 여성의 화장에 대한 사회적 요구가 막대한 산업에 의해 이용당할 뿐 아니라 가열되고 있다고 말할 수 있을까? 또 다른 유튜브 개인 교사[72]의 사례를 보자. 나는 그 영상에서 '노메이크업 메이크업 룩(No Make-up

---

72 https://www.youtube.com/watch?v=Yi_ZHBpKmvE

Make-up Look)'을 연출하는 화장법을 배웠다. 실수로 오타가 난 것이 아니다. 지금은 '자연스러움이 대세'이기 때문에 화장하지 않은 듯한 화장 기술이 엄청난 유행을 맞고 있다. 나는 영상이 진행되는 동안 화장하지 않은 것처럼 보이기 위해 몇 개의 제품이 필요한지 세어보았다. 프라이머, 또 다른 프라이머, 백라이트 프라이밍 필터(이게 뭔지 모르겠지만), 컨실러, 트랜스루센트 루스 파우더, 아이브로우 펜, 하이라이터, 립라이너와 립글로스. 맨얼굴처럼 보이기 위해 필요한 총 가격은 171달러였다. 놀랍지 않은가!

나는 영상을 이것저것 계속 살펴보았다. 몇몇 영상의 클릭 수가 수천만에 달했다는 데 매우 큰 인상을 받았다. 이 모든 것이 내게 낯설었고, 불편한 감정이 계속 기어올라 왔다. 나와는 맞지 않는 세계였다. 나는 첫 번째 주름이 생긴, 곧 마흔 살을 맞이하는 얼굴로 자리에 앉았다. 내 얼굴은 결코 영상 속의 아름다운 얼굴처럼 보일 수 없을 것이다. 난 화장기 없는 얼굴로 햇빛을 쬐는 것을 무척 좋아하고, 그렇게 살짝 그을린 내 얼굴이 예쁘다고 느낀다. 하지만 영상을 볼 때, 남들이 예쁘다고 정의하는 것이 내 눈에는 글자 그대로 발가벗은 것처럼 보였다. 자존감이 잠시 곤두박질쳤다.

바로 이것이 화장품 산업의 술책이다. 백 년 가까이 불안의 원칙으로 성공을 거둔 산업은 이 분야를 제외하곤 어디에도 없다. 친애하는 여성이여, 당신은 시각적으로 뭔가 부족합니다! 성공하려면 무조건 예뻐야 해요. 이를 위해 우리 코스메틱 기업이 도와드립니다! 이에 가장 저렴한 제품을 용기에 채워 넣었고, 여기에 당신이 화장할 수 있게 색조 화장품도 추가했습니다. 제품의 안전성을 위해 사전에 재빨리 몇몇 동물 실험도 거쳤고요. 그런 다음 터무니없이 비싼 가격에 판매하고 있습니다. 사랑스런 그대여, 보랏빛 아이섀도를 눈두덩이 위에 듬뿍 칠하면 정말로 행복해지는지는 보장할 순 없군요. 중요한 것은 우리가 만든 제품을 사는 거예요. 이것 없이 당신은 아무 가치도 없고, 예뻐지긴 어려우니까요. 그리고 여성이라면 이 사회에서 예뻐야 합니다. 우리 제품과 함께라면 당신은 충분히 그럴 자격이 있습니다!

그래, 이건 좀 과장이 심했다. 그런데 정말 그럴까? 우리는 좋은 소비를 찾아 나서다가 불가피하게 바로 화장품이란 곳에서 수많은 장애물에 걸려 넘어진다. 누구나 이 주제로 책 한 권은 쓸 수 있을 것이다. 본연의 내 모습을 거부하라고 가르쳐준 환경에 부응하기 위해 화장할 뭔가를 사는 것이야말로 가장 큰 장애물로, 이것은 그 자체로 좋은 소비가 될 수 없다.

내가 화장을 완전히 반대하는 사람은 아니라는 게 놀라울 수도 있다. 하지만 일반적으로 내가 놀라워하는 것은 아무 일이 없을 때조차도 1년 365일 화장하는 내 친구다. 화장으로 (기분상) 좋지 않은 점을 숨기는 나와 달리, 친구는 화장을 통해 좋은 것을 더 좋게 끌어올린다. 어쩌면 이것이 이 코스메틱 분야에서 좋은 소비의 관점일지 모른다. 아주 미세한 차이다. 어느 누구도 여성 혹은 남성이 어떻게 보여야 하는지를 규정해서는 안 된다고 보고, 또 그럴 권리는 아무도 없다. 하지만 이 경우 좋은 소비는, 무엇이 그 혹은 그녀에게 좋은 것인가를 마음속 깊이 성찰하는 것을 전제로 한다.

화장이라는 가면을 쓰는 것이 나에게 자신감을 줘서 좋은가? 아니면 외적인 도움 없이도 이런 자신감을 발견할 수 있도록 진력해야 하는 건 아닐까? 하룻밤을 위해 화려한 색으로 반짝이는 얼굴을 하고 다른 역할을 수행하는 내 모습이 좋다면, 남들이 외적으로 어떤 형태의 부정적인 평가를 내리든 무시할 수 있다. 만약 그렇다면 그것은 개인적으로는 완전히 좋은 소비다. 그리고 코스메틱 광고가 어떤 도구를 이용하는지를 이해하고 자기 자신을 잘 아는 것, 바로 이것이 진정한 아름다움을 위한 진짜 비밀 공식이다. '노메이크업 룩'이 진짜 전혀 화장하지 않은 얼굴로 만들어질 수 있다면 얼마나 좋을까?

첨언하면, 생태학적 관점에서 볼 때 좋은 화장품 소비라면 당연히 천연 화장품이어야 한다. 왜냐하면 동물 실험으로 생산된 싸구려 화학약품을 내 얼굴에 바르지 않는 것이야말로 가치 있는 일이기 때문이다.

'누구에게나 다 맞는 옷'의 진실

화장품 산업을 둘러싼 주제는 나를 사로잡았다. 그것은 나를 매우 슬프게 했다. 물론 화장품 산업뿐만은 아니다. 여성과 관련된 제품을 생산하는 수많은 산업이 있고, 그들은 여성이 불편함을 느끼는 것을 가지고 돈을 벌어들인다. 여성들은 최신 유행을 따르고, 올바른 균형감도 가지고 있어야 한다. 날씬해야 하지만 가슴은 크고 엉덩이는 볼륨 있어야 하며, 그사이에 있는 허리는 무조건 잘록해야 한다. 스포츠 선수처럼 몸은 탄탄해 보여야 하지만 그렇다고 너무 근육질이어도 안 된다. 흰머리는 절대 보이면 안 된다. 헤어 디자이너, 피부 미용사, 경우에 따라 안과 의사(라식은 필수! 안경은 매력적이지 않다), 피트니스 트레이너, 수많은 패션 브랜드, 코스메틱 회사, 메이크업 제조업체, (종종 미심쩍은) 다이어트 제품 회사, 네일 디자이너 그리고 성형외과 의사 등등. 이들은 머리끝에서 발끝까지 여성을 상대로 돈을 번다. 아래쪽으로 발 관리사도 있다. 하이힐 때문에 망가진 여성의 발을 다시 바로잡아 주는 정형외과 의사의 수입은 얼마나 될까.

언젠가 인터넷에서 불쾌한 밈(meme) 100가지 중 정말 교활한 것을 읽은 적이 있다. "이 세상 모든 여자들이 하루

아침에 자기 몸을, 자기 자신을 아름답게 여긴다고 상상해 보라. 당신은 얼마나 많은 산업이 파산할 것이라고 생각하는가?"

글을 읽고 슬펐던 것은, 산업계도 이미 그 사실을 알고 있다는 것이다. 한 예로, 당연한 말이지만, 체중 감량 제품을 만드는 회사는 여성들이 엉덩이에 살이 몇 킬로그램 더 쪘든 그 기분이나 외모에는 아무 관심이 없다. 그 대신 포토샵으로 보정한 광고 속의 이상적인 몸매에 한참 뒤떨어진 사람은 당신밖에 없다는 말로 여성들을 설득해야 한다. 회사는 고객을 잡기 위해 여성 스스로 자기 몸을 거부하도록 미리 손을 써야만 한다. 체중 감량 제품에서는 당연한 일이고, 엄밀히 말하면 '누구에게나 다 맞는(one size fits all)' 옷을 생산하는 패션 브랜드 역시 정확히 같은 방식으로 움직인다 (누구에게나 잘 맞는 사이즈란 55~66사이즈를 의미한다[73]). 어떻게 여성이 '모든' 여성에게 잘 맞는 한 가지 사이즈에 맞을 수 있을까? 터무니없다.

문제는 '누구에게나 다 맞는' 것만이 아니다. 패션 브랜드가 오랫동안 옷의 치수를 점점 작게 만들어왔다는 것도 문

---

73 이것은 지어낸 말이 아니다. 의류 브랜드 브랜디 멜빌(Brandy Melville)의 옷은 모두 원 사이즈(프리 사이즈)로 생산된다.

제다. 그러면 소비자들은 더 큰 사이즈를 살 수밖에 없고, 크게 절망하며 스웨터 XXL 사이즈를 쇼핑카트에 넣고 가능한 한 빨리 그 자리에서 사라지고 싶어 한다. 2017년 트위터 사용자 사만사 벨(Samantha Bell)은, H&M의 청바지 XXL 사이즈를 프라이마크에서 산 동일 사이즈의 청바지 위에 올려 찍은 사진을 게시해 온 세계의 이목을 끌었다. H&M의 청바지가 눈에 띄게 작았다. 그 둘의 허리둘레는 무려 14센티미터(!) 가까이 차이가 났다. XXL 사이즈를 입는 사람이 H&M 청바지를 입고 낙담할 것은 불 보듯 뻔하다.[74]

나는 이 문제를 끊임없이 강조하고 있다. 의류 제조업체들의 치수 부풀리기는 나를 무척 분노하게 만들었다. (대부분) 여성과 관련된 결핍과 결점에 대해 광고하고 이야기하는 것은 오로지 몸의 관점에서만 이루어진다. 그것은 곧바로 자존감에 큰 영향을 끼친다. 그리고 자존감은 다시 여성들이 매일 수많은 선택을 하는 데 결정적으로 작용한다. 나쁜(낮은) 자존감을 가진 여성은 뚱뚱한 다리가 드러나는 원피스를

---

74 그사이 의류 회사들은 이러한 부끄러움이 좋은 방법은 아니라는 것을 인지한 듯하다. 수많은 브랜드가 이와는 반대로 소위 '배너티 사이징(vanity sizings)'을 사용하고 있다. 예컨대 기존의 바지 사이즈 L의 경우 M으로 표기하고 있다. 이렇게 해서 고객은 기분이 좋아진다. 하지만 누구에게 어떤 치수가 맞는지 둘 다 명확한 해결책을 제시하지 못한다. 이런 치수 부풀리기 전략은 단지 옷에 붙은 사이즈는 아무 의미가 없다는 것을 보여줄 뿐이다.

정말로 입어도 될지 고민에 고민을 거듭한다. 건강한 자존감을 가졌다면 콧노래를 부르며 남들이 '완벽하지 않은' 다리를 보고 뭐라고 하든 전혀 신경쓰지 않는다. 나는 이 상황을 잘 안다. 나야말로 뚱뚱한 다리의 제왕이니까. 여름에 사람들은 내 치마 길이로 그날의 내 컨디션을 알 수 있다.

나쁜 자존감을 가졌다면 직장에서 실적이 좋아도 임금 인상을 요구하지 못한다. 하지만 자존감이 높은 사람은 사장 앞에 앉아 이렇게 말한다. "제가 얼마나 좋은 실적을 거두었는지 사장님도 잘 아십니다. 그래서 남자 동료들처럼 저도 이에 상응하는 보수를 받고 싶습니다."

나쁜 자존감을 가진 사람은 '그 사람'이 떠나고 혼자가 되는 것에 대한 두려움 때문에 독이 되는 관계, 심지어 폭력적인 관계라도 그대로 머물러 있기를 택한다. 그는 자신을 어쩌다 옥수수 한 알을 발견한 눈먼 닭처럼 느낀다. 그는 상대가 나쁘게 대하고 욕을 해도 그대로 두고, 그런 대우를 받을 만한 이유가 없어도 받아들인다. 건강한 자존감을 가진 사람이라면 관계가 많이 기울었다는 것을 깨닫는 순간 그놈을 당장 내쫓을 것이다. 나도 이것을 아주 잘 안다. 그 사람이 나의 자존감을 바닥에 내팽개치도록 놔둔 시간 동안, 나는 인스타그램에 들어가 몰래 살 빼기와 관련된 비포 애프터 사진을 샅샅이 뒤져봤고, 남들이 나에 대해 하는 말에 완전히 일희일비하며 지냈다. 감사하게도 그것은 아주 오래전의 일이다.

비록 기본적으로 수줍어하는 성격에, 자신이 경험한 사회화(아주 중요한 주제다)로 인해 스스로 믿지 못하는 여성들이 존재한다고 해도, 광고 메시지는 쉬지 않고 끊임없이 이어진다. 당신은 아직 충분하지 않고, 좀 더 개선해야 하고, 보다 예쁘고, 매력적이고, 이목구비가 뚜렷하고, 날씬하고, 성공적이고, 똑똑해야 한다는 수천 가지 소식들이 매일 인터넷 뉴스 사이트 팝업 창에서부터 비키니 입고 기지개를 켠 미인의 거대한 포스터까지 방방곡곡 흘러넘친다. 우리는, 그리고 우리의 무의식은 이들에게서 벗어날 수 없다.

여기서 잠깐 '바디 포지티비티(body positivity)'에 대해 이야기하고 넘어가자. 바디 포지티비티, 즉 자기 몸 긍정(주의)은 매우 훌륭한 발전이다. 자신이 특정 사진(대부분 컴퓨터로 보정 작업을 거친)과는 매우 동떨어진 모습이라 해도, 말 그대로 점점 좁아지는 미의 기준에 자신은 맞지 않고 신물을 느끼며 비판적인 시각을 가진 사람들이 마침내 집처럼 편안한 곳을 찾았다. 그들은 어떤 몸이든 아름답다고 긍정적으로 여기면서 서서히 비판적으로 사태 전개를 바라본다. 왜일까?

바디 포지티비티는 1960년대 미국에서 일어난 '비만 수용 운동(Fat Acceptance Movement)'에서 나왔다. 여기에는 강력한 정치적 동기가 있었다. 사람들은 비만을 부끄럽게 생각하는 것에 저항하고, 비만이 게으르고 건강하지 못하다는 편견에 저항하며, 뚱뚱한 사람들에 대한 차별에 저항하는 사회적 신호를 보내고자 했다. 포용을 위한, 규범에 일치하지 않는 몸을 당당하게 드러내고자 한 신호탄이었다. 여기에는 비만한 사람뿐 아니라 예컨대 신체적 장애를 가진 사람도 포함된다.

운동은 특히 지난 5년 동안 큰 변화를 맞았는데, 자신의 몸을 긍정적으로 받아들이는 바디 포지티비티라는 주제가 SNS를 통해 널리 확산되었다. 매우 훌륭한 발전이다. 주름살 하나 없는 매끄러운 얼굴에 비현실적인 몸매를 가진 컴퓨터 미인을 앞세운 광고 산업에 저항하여 진정한 '반대 세력'을 형성할 수 있는 커다란 동력을 얻었다. 무엇보다 지난 몇 년간 규모가 큰 기업들은 바디 포지티비티에 반응하면서 신체 치수에 대한 선택 범위를 확장했거나, 비만 여성을 위한 특별 화장품(예를 들어 여름에 허벅지 안쪽이 마찰하는 것을 방지하는 스프레이나 크림)을 내놓기도 했다.

듣기만 해도 흐뭇하지 않은가? 그러면 모든 것이 다 이루어졌을까? 그렇지 않다. 한 예로 호리호리한 모델들이 앉을 때 생기는 미미한 옆구리 살을 카메라에 담아, 용기 있는 바디 포지티비티 대표자임을 선언한 일이 있었다. 원래의 활동가들은 분노했다. 부당 이득을 취하는 사람은 어디에나 생기게 마련이다. 이전까지 '당신은 완벽하고 날씬해야 한다'는 이름으로 팔리던 것이, 이제는 바디 포지티비티의 탈을 쓰고 팔리고 있다.

여러 패스트 패션 브랜드는 지난 몇 년 사이 신상품을 확대하거나 플러스 사이즈 컬렉션을 선보였다(종종 '오직' XXXL 사이즈까지만 가능해서 여전히 상당수의 여성들은 입을 수 없다). 미안한 말이지만, 그렇다 해도 아직 좋을 일은 없다. 그저 지금 뚱뚱한 여성들이 환경을 해치고 비인권적으로 생산된 옷을 살 수 있는 선택권이 더 많아졌다는 것을 의미할 뿐이다.

페미니즘과 소비

이메일 계정으로 3월 8일 열리는 최고급 쇼핑 이벤트 초대장이 날아왔다. 이날은 지난 100년 넘게 기념해온 세계 여성의 날이다. 위키피디아는 이렇게 적고 있다. "세계 여성의 날은 제1차 세계대전이 일어나기 전 성평등, 여성 투표권 및 여성 노동자들의 해방을 위해 투쟁하는 가운데 사회주의 단체의 주도로 만들어졌고, 1911년 3월 19일 최초의 기념식이 개최되었다. 1921년부터는 매년 3월 8일에 기념 행사가 열리고 있다. 1975년 유엔은 이날을 여성권과 세계 평화를 위한 유엔의 날로 채택하고, 3월 8일을 세계 여성의 날로 공식 지정, 축하 행사를 가졌다."

여권 운동가들이 오늘날까지 이루어온 것들, 이를테면 보통 선거권, 합법적 낙태권, 남편이나 아버지의 허락 없이 일할 수 있는 노동권, 부부 사이에서 폭력을 당하지 않을 권리(참고적으로 이중 마지막 권리는 1989년에 와서야 처음으로 인정되었는데, 이 말에 나는 여전히 충격에서 벗어나지 못했다) 등을 기념하는 날이다. 동시에 아직 이루어야 할 것이 많이 남아 있음을 상기시키는 날이기도 하다. 여전히 직장에는 유리 천장이 있고, 2003년 끔찍한 연금 개혁으로 연금 납부 기간이 40년으로 연장되었으며, 충격적으로 여성 노인 빈곤은 점점 증가하고 있다(여성은 자녀 양육으로, 또 외적 지원이 부족해서 시간제 근무의 덫에 빠지는 경우가 많기 때문이다).

'아, 하지만 나는 정말 쇼핑을 가야 해.' 작년에 신발 회사 버켄스탁(Birkenstock)은 인스타그램에 여성의 날을 맞이하여 핑크색 실내화를 판매한다고 공지했다. 광고 문구는 이랬다. "강렬한 룩을 위한 여성스런 스타일! 세계 여성의 날을 축하합니다."

한 대 세게 얻어맞은 기분이었다. 지금 분홍색 실내화를 구매하는 것이 생존을 위협받는 여성 노인의 빈곤 위험과 무슨 관련이 있을까? 그 순간 나는 속이 좀 울렁거렸고, 페이스북과 인스타그램에 어떻게 여성의 날이 소비의 날로 둔

갑했는지, 친구와 팔로워들에게 또 다른 예를 보내줄 것을 요청했다. 내 예감은 틀리지 않았다. 세계 여성의 날은 정말 기가 막힌 상품 선전을 위해 이용당하고 있었다.

▶ "강한 여성을 위한 강한 맥주": 맥주 양조업체 알텐부르거(Altenburger)는 이 문구를 요란한 핑크색 배경에 써놓았다.

▶ "Forever tied together(영원히 함께 결속을)": 푸마는 이렇게 쓰고 설명하기를, 3월 1일부터 8일까지 신발을 구매하는 전 고객에게 신발끈 한 세트를 증정한다고 했다. 그리고 신발끈은 "자부심과 일치의 상징"으로 여성의 날에 매야 한다고 적혀 있었다. 사진 속에는 신발 두 짝에 매달린 신발끈이 서로 묶여 있었다. 얼마나 깜찍한 뒷북인가! 여성들이 자기 발 위로 날아다니다 발목 잡히는 꼴이다.

▶ 여자는 신발과 가방을 거절하지 못한다는 이유로 여러 신발, 가방 가게에서 내게 15~25퍼센트 할인 쿠폰을 제공했다. 그럼 그렇지.

▶ 내가 믿고 애용하는 슈퍼마켓에서 세계 여성의 날이 오기 전 이틀 동안 직접 만든 꽃다발을 한 개당 6.99유로에 팔았다.

▶ 그리고 내가 제일 좋아한 것으로, 인스타그램에서 나는 세계 여성의 날을 맞아 체중 감량 셰이크를 받을 수 있는 경품 추첨에 당첨되었다. 농담이 아니다.

모든 것은 그에 어울리는 때가 있다. 나는 이 말을 잘 이해한다. 다크초콜릿의 날(1월 10일), 고무 오리의 날(1월 13일), 아침으로 아이스크림 먹는 날(2월 1일), 허리 벨트 가방의 날(3월 14일), 바게트 샌드위치의 날(5월 1일) 등등 정말 없는 날이 없다. 말이 나왔으니 말인데, 미국에서 1월 7일은 국가 방귀 뀌기의 날이다. 정말이다.

다시 여성의 날로 돌아가서, 이날은 아주 중요한 배경이 있다. 어떤 기업에서 새로운 낚시 마케팅을 만들어내기 위해 발표한 것은 아니지만 정말로 중요한 의미를 갖는다. 3월 8일은 공식 기념일이다. 내가 그날 바라는 것은 꽃이 아니라 임금의 투명성 및 동일 직종에서 동등한 보수를 의무화해야 한다는 정치가들의 공약이다. 내가 원하는 것은 상징으로서 매는 신발끈이 아니라 여성을 학대하는 남성이 훨씬 강력한 처벌을 받고, 가해자를 신고해 여성들을 안심시키는 것이다. 나는 새 신발을 바라는 것이 아니며, 정치가들이 여성을 위한 주택과 긴급전화 및 지원시설 예산을 대폭 증액하기를 바란다. 또 여전히 여성 인권의 이름으로 바라는 것이 아주 많지만, 그런 이유 때문에 분홍색 버켄스탁을 구입할 마음은 추호도 없다.

여성의 존재를 소비와 동일시하고 똑같은 취급을 하는 것은 페미니즘에 대한 아주 위험한 오류 중 하나다. 체중 감량 셰이크가 그 절정에 있다. 다음은 내가 일찍이 『아름답지 않을 권리(Fuck Beauty!)』에서 인용한 것으로, 여기서도 다시 한 번 말할 수밖에 없다. 나오미 울프(Naomi Wolf)는 1990년 그녀의 충격적인 책 『무엇이 아름다움을 강요하는가(The Beauty Myth)』에서 이렇게 썼다. "여성의 마른 몸에 집착하는 문화는 여성의 아름다움이 아닌 여성의 순종에 사로잡혀 있다. 여성사에서 다이어트는 가장 강력한 정치적 진정제로, 고분고분 말 잘 듣는 국민은 쉽게 미치는 여자다." 세계 여성의 날이 의미하는 바와 완전히 반대로 들리지 않는가! 문제는, 자기 몸과 집을 예쁘고 아름답게 보이도록 가꾸고, 물건을 사고, 기분 좋게 쇼핑하고, 기분 전환을 하게 만듦으로써 주의를 돌린다는 데 있다. 정치적으로 적극적인 의견을 낼 시간이 없다.

이제 서서히 내가 여자로서 왜 광고라는 주제를 미친 듯이 겨냥하는지에 대해 말하려고 한다.

첫 번째 이유는, 현재 구매 결정을 하는 약 80퍼센트가 여성이라는 데에 있다.[75] 물론 이것은 전 세계 어디나 마찬가지다. 이 수치가 크게 느껴질 수도 있지만, 가사를 위해 식료

---

75 https://www.handelsblatt.com/unternehmen/handel-konsumgue\-ter/nielsen-studie-die-kaufkraft-der-frauen/4336320.html

품을 구입하는 사람 수를 세어본다면 아주 빨리 이해할 수 있다. 또 당연한 얘기지만, 쇼핑을 많이 하는 사람이 대개 소비 문제에 관심이 많다. 나머지 20퍼센트에는 분명 어마어마하게 많은 돈과 관련된 사람들이 포함되어 있다고 의심해 볼 수 있다. 아니면 주식 중개인일까?

두 번째 이유는 여성들이 일상적인 소비를 꾸준히 하고 있다는 것인데, 이는 역사적으로 설명이 가능하다. 여성들의 자리는 불과 몇 세대 전까지만 해도 거의 예외 없이 집 아궁이 옆이었다. 여성은 남편을 내조하고, 자녀들은 아빠가 집에 돌아오면 공손히 인사했다. 또 그 시절 식탁은 늘 정성스레 차려져 있었다. 광고가 여성을 재빨리 목표 소비자 집단으로 인식한 것은 전혀 놀랍지 않다.

여성들은 더 많이 그리고 다른 방식으로 쇼핑하는가? 이 물음에 대해서는 여러 가능성이 존재하는데, 이것은 다시 행동생물학, 인류학, 역사학적으로 설명할 수 있다. 부정할 수 없는 사실은 여성들이 광고에 정서적으로 훨씬 더 민감하게 자극을 받는다는 점이다. 아주 오래전부터 그래왔다. 문제가 되는 것은, 언제나 남들의 기대와 자기 자신에 대한 기대에 부응하는 것이다.

여성의 아름다움은 수백 년 넘게 계급을 바꿀 수 있는 유일한 자본이었다. 귀족 신분이 아닌 사람에게 신체와 외모는 '더 높은 계급의 사람과 결혼'할 수 있는 유일무이한 수단이었다. 이는 놀라운 사실이 아닌데, 수백 년 이상 여성들은 선거권이 없었고, 돈을 벌 수도 토지를 소유할 수도 없었고, 재산을 축적할 수도 없었다(이게 바로 보석이 몇 세대 전까지 그렇게 여성들의 사랑을 많이 받았던 이유다. 보석은 여성에게 허락된 유일한 것으로, 이혼을 하거나 집에서 도망칠 때 경제적으로 도움받을 수 있는 매우 귀중한 소유물이었다[76]). 하지만 동시에 그것은 자신의 외모에 많이 투자할 수밖에 없었다는 것을 뜻한다.

여성들이 지금도 여전히 듣는 말은, 나이 들어 보이면 안 된다, 뚱뚱하면 안 된다, 외적으로 남들이 기대하는 것을 충족시켜야 한다, 그리고 이를 위해 몸의 자연스러운 변화를 방해하는 히알루론 세럼에서부터 (아무 효과도 없는) 안티셀룰라이트 크림을 사야 한다는 것이다. 또 여성들은 자기혐오를 느껴야 한다. 그럼으로써 여성의 보편적 권리를 위해 싸운다는 것은 감히 생각조차 하지 못한다.

나는 심하게 거식증을 앓는 열세 살 소녀들을 본 적이 있다. 그들의 관심은 온통 자신의 허리 둘레에만 쏠려 있었다. 이어 학생 시절에 입었던 바지가 더는 맞지 않는다는 이유로 스스로 자해하는 여성들도 보았다. 그리고 유감스럽지만

---

76 바턴 비그스는 『헤지 호깅(Hedgehogging)』에서 흥미진진하게 서술하고 있다

정말로 많은 여성들이 자신이 어떻게 보여야 하는지를 남에게 이야기하는 것도 들었다. 여성인 우리가 시각적으로 경쟁 상황에 있다는 사실을 온 시장이 어떻게 철저히 이용하고 있는지 눈치채지 못하는가? 그런 경쟁이 결국은 여성의 연대를 방해한다. 또 나이, 출신, 종교나 사회 계급처럼 우리를 나누는 것에서 눈을 떼고 공통적인 것—여성이라는 존재에 집중할 때 비로소 성공적으로 권리를 쟁취할 수 있다고 확신하는 것을 가로막는다. 이 점에 대해 나는 언제라도 격렬하게 글을 쓸 수 있다.

이렇게 보면 소비는 반페미니즘적이라고 할 수 있다. 그런데 정말로 그럴까? 소비연구가 프랭크 트렌트만은 3sat독일, 오스트리아, 스위스 3개국 합작 공영방송와 가진 인터뷰에서 "소비의 역사는 과거에서 오늘날까지, 또 미래에도 마찬가지로 가장 도덕적인 주제이다. 그것이 매우 도덕적인 성격을 띠는 이유는 성별의 문제 때문이다."[77]고 지적했다. 그리고 이어 말하기를, 쇼핑하러 나가는 사람은 거의 대부분 여성이고, 이로 인해 구매 결정은 항상 "커다란 사회적 쟁점의 일부가 되고(일부였다), 여성들이 정말 합리적으로 결정할 수 있을지, 여성의 손에서 돈은 안전할지, 여성이 광고와 유행에 흔들

---

77 https://www.youtube.com/watch?v=4DFZM9-9A_4&t=18s

리지 않을지 이런저런 논란이 많다. 이러한 불안의 이유는 사물, 소비재가 인간의 영혼에, 무엇보다 여성이라는 성에 특별히 노출되어 마법과 같은 힘을 발휘할 수 있다는 변함 없는 염려에 있다."

게다가 소비는 여성들에게 역사적으로 철저히 해방의 성격도 지니고 있었다. 트렌트만은 이렇게 설명한다. "사람들은 소비를 생산에 종속된 저급한 것으로 여겼다. 나는 이것을 잘못된 생각이라고 보는데, 소비는 인간이 실존하는 데 중요한 부분이고, 또 초기 여성운동에서 소비는 수많은 여성들이 새로운 도시 공간에서 자유롭게 움직이는 것을 허락한 해방적 행위였다."

이것을 어떻게 왜곡하든 상관없이 소비는 우리에게 영향을 끼친다. 구매 행위는 물건과 돈의 단순한 교환 이상의 의미를 가지고 있다. 해가 갈수록 소비하는 것이 점점 쉬워졌다고 해서, 그것이 더 나은 구매 행동으로 이끄는 것도 아니다. 패스트 푸드, 패스트 패션, 패스트 트렌드. 모든 것은 빨라야한다. 이러한 속도도 마찬가지로 우리에게 영향을 미친다.

패스트 패션의 사악함

우리가 입는 옷은 어떻게 생산되는가? 이에 대한 나의 연구는 2012년 '아무것도 사지 않기' 프로젝트를 시작한 이래로 소비에 관한 일반적인 주제와 함께 '내 인생의 빨간 실'과 같은 존재가 되었다. 그 일 년간의 쇼핑 끊기 실험은 내 인생을 바꾸어놓았고, 세계화된 생산 방식의 참모습을 보는 눈을 열어주었다. 나의 의류 소비 방식은 그때 근본적으로 변했다. 이제 패션 스웨덴(Textilschweden)의 의류 체인점에서는 나의 방어기제들이 작동한다. 어느새 내 옷장은 거의 중고 옷, 교환한 옷, 공정 무역 제품으로만 채워져 있다. 지난 몇 년간은 주로 패스트 패션의 구조(가능한 한 많은 옷을, 가능한 한 싸고 나쁜 품질로 생산하고, 가능한 한 자주 소비자에게 내다 팖으로써 가능한 한 빨리 옷장이 회전되게 만들기)가 생산 환경과 인간에게 미친 영향을 자세히 들여다보았다. 우리의 소비 사회 안에 패스트 패션이 불러온 패러다임 변화를 살펴보는 일은 대단히 흥미로웠다.

하지만 나 자신이 이미—그린피스 연구 활동과는 별개로—패스트 패션 매장에 발을 끊은 지도 오래되었기 때문에 오스트리아 소비주의의 성지, 쇼핑의 광기에 완전히 사로잡힌 곳에 직접 가보기로 했다. 토요일로 날을 잡았다. 나는 빈으로 들어오는 게이트와 바로 연결된, 거대한 쇼핑센터가 있는 쇼핑의 도시로 차를 몰았다. 거기엔 빈과 휴양도시 바덴(Baden)을 잇는 도심 철도 바드너 반(Badner Bahn) 역이 있다. 계속 좌회전, 우회전을 반복하며 끝없이 펼쳐진 주차장을 지나 쇼핑센터 입구 쪽으로 들어갔다. 첫인상은 참기 힘든 매우 달콤한 냄새가 난다는 것이었다. 두 번째는 어디서든 음악이 스피커를 타고 흘러나왔다. 나의 감각들은 큰 피로감을 느꼈다. 매장 265개 가운데 129개가 패션과 관련되었고 지금도 변함없다. 나는 스스로 물었다. 이 옷을 누가 다 입을까? 이것을 다 어떻게 팔지? 그리고 팔리지 않는 옷은 대체 어떻게 될까?

나의 원래 목적지인 프라이마크(Primark)를 발견하기까지, 패션 매장의 정글 속에서 방향을 찾는 데 꽤 오래 소요되었다. 이 아일랜드 대형 의류 브랜드는 H&M과 같은 다른 SPA(제조·유통 일괄형) 브랜드의 가격보다 훨씬 더 저렴한 것으로 유명하다. 내가 십 대일 때 H&M 가격이 기가 막히게 저렴해 살 만하다고 생각했었는데, 이 스웨덴 기업 제품의 가격은 지금 평균가에 속한다. 이에 반해 프라이마크는 정기적으로 나를 깜짝 놀라게 만든다. 티셔츠 2유로, 레깅스 3유로, 스웨터는 5유로다.

내가 프라이마크 매장에서 받은 첫인상 역시 냄새였다. 그것은 악취였다. 무엇보다 플라스틱 냄새가 진동했다. 놀랄 일도 아니다. 옷들은 거의 대부분 폴리에스테르, 아크릴 또는 폴리아미드로 만들어진다. 심지어 면제품에 "천연 100퍼센트 면"이라고 요란하게 써넣은 (플라스틱) 스티커가 붙어 있는 것을 보고 나는 실소를 터뜨렸다. 하하, 플라스틱 바다에 떠 있는 천연 제품이라니.

기왕 말이 나온 김에 폴리에스테르에 대해 할 말이 있다. 당연히 좋은 소비와는 거리가 멀다. 폴리에스테르는 이 시대 가장 큰 환경 문제 중 하나를 유발하는 결정적 요인, 다시 말해 바다를 오염시키는 미세플라스틱이다. 왜냐고? 세탁할 때 거의 모든 옷에서 섬유 조각이 방출되는데, 면 셔츠든 울 재킷이든 폴리에스테르 원피스든 다 그렇다. 섬유 조각은 대부분 입자가 매우 작아, 세탁기 거름망뿐 아니라 온갖 정화 장치들을 다 빠져나가 하천으로 그대로 유입된다. 울 스웨터나 면 셔츠에서 나온 섬유 조각은 그리 큰 문제가 되지 않는다. 천연 소재로 된 옷은 견고해서 아주 서서히 분해된다. 하지만 섬유 형태의 플라스틱인 폴리에스테르는 사정이 다르다. 폴리에스테르의 섬유 조각은 사실상 순수한 미세플라스틱이다.

미세플라스틱은 시간이 흐르면서 작아지지만 완전히 없어지지는 않기 때문에 환경에 계속 남아 있다. 이때부터 진짜 문제가 시작된다. 입자가 작은 미세플라스틱은 강과 바다에 머물러 있고, 입자가 큰 것은 문제가 더 심각하다. 현재 수많은 미세플라스틱이 (그리고 대부분의 미세플라스틱이) 바다에 떠다니고 있다. 한 예로 2018년 연구 결과를 보면 100

마리 넘게 조사한 바다거북의 몸에서 예외 없이 미세플라스틱이 검출되었다.[78] 바다에 사는 작은 생물들은 미세플라스틱 조각을 플랑크톤으로 착각해 먹고, 배가 부른 상태로 굶어 죽는다.

몸속에 플라스틱을 지닌 미생물을 물고기가 먹고 먹이사슬을 통해 상위 포식자에게 전달된다. 마침내 접시에 놓인 생선뿐 아니라 생선 안에 있던 폴라플리스 스웨터 조각까지 우리 입속으로 들어오게 된다. 오스트리아처럼 내륙에 위치하고 비교적 우수한 폐기물 관리 시스템을 갖춘 나라라고 해도, 이곳에서 구입한 비닐봉지가 바다에 떠다니지 않는다고 말할 수 없다. 또 우리가 구매하고 세탁한 옷이 곧바로 세계 해양을 오염시키므로 우리에게도 공동 책임이 있다.

또 슬픈 것은, 바다에 부유하는 플라스틱을 건져 올릴 때다. 이제 이런 장면은 곳곳에서 볼 수 있다. 그런데 미세플라스틱의 80퍼센트 이상이 해저에 축적되어 더 이상 제거할 수도 없는 실정이다.[79] 한번 그곳에 들어가면 영영 빠져나올 수 없다. 연구자들의 추정에 따르면 현재 1,600만 톤에 가까운 미세플라스틱이 세계 해저에 쌓여 있다. 이는 남극을 제

---

78 https://onlinelibrary.wiley.com/doi/10.1111/gcb.14519

79 https://www.frontiersin.org/articles/10.3389/fmars.2020.576170/full

외한 세계 모든 해변의 해안선 30센티미터마다 쇼핑백 20개에 플라스틱 쓰레기를 가득 채운 양과 비슷하다.[80] 이것은 비극이고, 그 주인공은 폴리에스테르다.

다시 나의 프라이마크 방문기로 돌아가서, 처음에 나는 그곳의 냄새뿐 아니라 사람들 때문에 뒤편으로 거대한 매장을 빠져나왔다. 빽빽하게 들어선 진열대와 옷걸이대 사이마다 인파가 몰려 있었고, 저마다 손에 든 쇼핑 바구니 안은 옷들로 수북했다. 어쨌든 나는 다시 안으로 들어가 옷을 구경했다. 스포티한 옷에서부터 데이트 룩, 힙스터 룩을 지나, 지금 반드시 사야 할 술 달린 프린지 가방, 챙 넓은 모자, 가죽 재킷(플라스틱으로 만듦. 이해한다)으로 이루어진 보헤미안 스타일까지, 모든 것이 내가 아는 최신 트렌드를 그대로 반영하고 있었다.

2유로. 내 눈앞에 걸려 있는, 면과 폴리에스테르 합성 소재에 재미있는 필체가 그려진 레터링 셔츠가 2유로였다. 내가 식당에서 16유로 와인을 마실 때 팁으로 지불하는 액수다. (슈퍼마켓에서 가장 많이 팔리는 제품 중 하나인) 에너지 드링크 레드불 큰 사이즈도 이보다 더 비싸다. 2유로. 믿기지 않

---

80 https://www.spiegel.de/wissenschaft/natur/mikroplastik-im-boden-der-weltmeere-lagern-bis-zu-16-millionen-tonnen-muell-a-9e1f7e3a-1b3d-4319-ba3f-2edaa683d391

는 가격이다.

플라스틱 냄새가 요동치는 천의 세계 한가운데서 이런 쓸쓸한 생각을 하다가 '오, 이거 예쁜데' 하는 생각이 느닷없이 들었다. 그 옷은 피팅룸에서 입어볼 필요도 없이 딱 내 사이즈였다. 그리고 뭘 입어보나, 겨우 9유로밖에 안 하는데. 하지만 유혹은 그리 오래 가지 않았다. 단지 내가 원피스 하나를 입고 싶다는 이유로 어딘가에서 누군가는 고통을 당할 것이다. 세 번 입고 버려야 할 질 낮은 옷이라는 생각이 나를 멈춰 세웠다. 나는 오늘 옷 사려고 온 게 아니라 사람들을 관찰하러 왔음을 상기했다. 그래서 다시 매장에 있는 다른 고객들에게 집중했고, 이어 충격적인 사실을 발견했다. 내가 살펴본 몇몇 사람은 하나같이 무표정한 얼굴로 쇼핑에 취해 있었고, 어떤 사람들은 옷을 고르느라 눈에 불을 켰고, 또 어떤 이들은 그저 돈을 다 쓰겠다는 듯 이 거대한 쇼핑망 속에서 낚아챌 만한 것은 없나 하는 얼굴로 여기저기 돌아다니고 있었다. 내 눈으로 본 풍경은 정말 숨이 꽉 막혔다. 그것은 내가 책에서 읽은 그대로 내면의 공허함을 소비로 채우고 쇼핑 중독으로 만족을 얻는 등 모든 심리학적 방어기제가 작동하는 현장이었다. 나는 그것을 생생한(유행하는) 천연색으로 보았다.

내 판단이 너무 엄격한 것은 아닌지 곰곰이 생각했다. 이유는 이랬다. 첫째, 겉모습만으로 사람을 알 수 없다. 둘째, 형편이 어려운 사람이 점점 늘어나는 상황에서 10 또는 20유로가 부담스러워 2유로짜리 셔츠를 산 것은 아닐까? 내가 주제넘게 특권을 가진 시각으로 보고 있는 건 아닐까?

나는 수많은 계산대가 있는 곳으로 가서 계속 관찰했다. 한두 벌만 사는 사람은 아무도 없었고, 모든 고객이 터질 것 같은 종이 가방을 손에 들고 계산대를 빠져나갔다. 그중에 이걸 혹은 저걸 사지 말까 고민하는 사람은 단 한 명도 없었다. 정말로 충격적인 것은, 어마어마한 양의 옷과 가방, 신발이 단 몇 분 내에 진열대에서 사라졌다는 사실이다. 보통 다른 의류 매장에서는 옷을 하나, 기껏해야 두세 개만 산다. 이곳에서는 온통 사재기뿐이었다. 오전 시간에 여기 온 이 사람들은 다 누굴까? 그들에겐 쇼핑할 시간이 왜 그렇게 많을까? 물론 이러한 관찰만으로 구매자의 통장 상태를 말할 수는 없지만, 통계는 내 생각을 대변해준다. 그때 거기 있던 사람들은 단순히 지루함 때문에 물건을 샀으며, 비록 티셔츠 열 개가 필요하지 않아도, 같은 돈으로 두 개가 아닌 열 개를 살 수 있다는 데 기뻐한 것이 틀림없다.

나는 좀 충격을 받았고, 가벼운 두통 때문에(날마다 이런 악취를 맡아야 하는 직원들이 가여웠다) 매장을 떠났다. 그리고 입구 앞 벤치에 앉아 차분히 숨을 골랐다. 내 옆에 열서너 살 정도로 보이는 어린 여학생 둘이 앉았다. 마찬가지로 이제 막 프라이마크에서 나온 그들은 킥킥거리며 웃었다.

"대박, 대박, 대박 사건! 정말 잘 샀지? 너무 좋아."

"나도 그래! 가방 좀 봐!!"

소녀들은 소리를 질렀다.

"두말하면 잔소리지. 이 반짝이 원피스는 어떻고! 야, 이게 10유로래. 정말 대박이지. 끝내주지 않아? 이게 말이 되냐고! 난 옷을 절대 오래 안 입어. 그건 정말 창피한 일이야. 어쨌든 정말 횡재했어!"

뭐라고?? 옷을 절대 오래 안 입어?

두 어린 소녀의 몸에서 쇼핑 킥을 확실히 볼 수 있었다. 눈동자는 반짝였고, 두 뺨은 불그스레 홍조를 띠었다. "난 옷을 절대 오래 안 입어." 그들에게 중요한 것은 옷이 아니라 옷을 사는 동안 자기 자신에 대한 상상을 키우는 구매 과정이다(그리고 확신컨대 이런 상상 속에서 반짝이 원피스를 입고 어디를 가고, 그 옷을 입어도 남들에게 절대로 부끄러움을 느끼지 않을 곳을 떠올렸을 것이다). 우리 대부분이 그렇듯, 여학생들도 그것을 의식적으로 명백히 알 수는 없었을 것이다. 그리고 나는 분명히 깨달았다. '쓰레기통으로 들어갈 것'을 마구잡이로 사면 안 된다는 것을.

확실히 프라이마크를 찾는 고객은 특별한 종족이다. 2015

년 독일 뷔르츠부르크 대학교의 한 석사 논문[81]에서는 쇼핑할 때 오직 가격만 따지는 이유는 무엇인가를 연구했다. 저자 나탈리 배쉬(Natalie Wäsch)는 프라이마크에서 쇼핑하는 사람들의 구매 행동을 분석했다. 결과를 보면, 그곳에서 물건을 구매하는 고객은 비싼 것을 살 여유가 없거나 아니면 아무것도 모르는 사람이라는 통념과는 달랐다. 완전히 그 반대였다. 배쉬는 온라인과 여러 매장 앞에서 고객 170명을 설문 조사했는데, 그중 3분의 2가 학생들이었고, 이들은 거의 대부분 패스트 패션의 열악한 생산 환경에 대해 알고 있었다. "하지만 그것에 영향을 받은 사람은 극소수였다"고 배쉬는 말한다. 게다가 이 연구에 따르면 프라이마크를 방문하는 고객의 평균 나이는 21.8세로, 86퍼센트가 여성이었고, 한 달에 평균 78유로를 옷을 사는 데 지출했다. 내가 가장 놀랐던 점은, 패스트 패션이 그들 사이에서 여전히 용인된다는 것, 또 많은 사람들이 알고 있음에도 그렇게 파괴적인 시스템을 지지하는 데 대해 어떤 비난도 없다는 것이다.

그러는 사이 패스트 패션 매출의 적지 않은 비중이 온라인에서 거래되고 있다.

---

81 https://www.uni-wuerzburg.de/aktuelles/pressemitteilungen/single/news/billigkleidung-wird-gebilligt/

넌 하울 하니? 난 통곡한다

하울(haul). 이 단어는 지난 몇 년 사이 엄청나게 유명해졌다. 하울은 유튜브에 존재하는 가장 성공적인 카테고리에 속한다. 그런데 하울이란 대체 뭘까? 글자 그대로 번역하면 '포획물, 전리품'을 의미하고, 최근에 구입한 상품들을 자랑스럽게 카메라 앞에서 이야기하는 사람들을 일컫는다.

하울은 매혹적이다. 사람들은 영상을 통해 어떤 사람 — 대부분 젊은 여성들 — 이 어떻게 새 제품들을 꺼내 보이고, 어떤 옷과 메이크업 도구를 샀는지 관찰한다. 그리고 특별히 사랑받는 것은 소위 '트라이온 하울(try-on-hauls)'로, 시청자들은 유튜버가 새로 구입한 옷을 보여주고 착장하는 모습을 바로 구경할 수 있다. 내가 보기에 이러한 하울은 마치 자동차 사고 현장처럼 아주 끔찍한데 이상하게 눈을 뗄 수 없다. 현재 거의 일주일에 한 번씩 새로운 하울 영상을 보여주는 젊은 여성들의 채널이 많이 생겼다. 그들은 주문한 상품을 개봉하고, 구매 제품을 포장지에서 꺼낸 다음, "여러분, 너무 예쁘지 않아요? 전 지금 소리를 지를 지경이에요!"라고 외치며 날아갈 듯한 기분을 이야기한다. 그리고 언제나 친절하게, 보여준 제품을 살 수 있는 곳을 링크로 달아둔다(프라이마크는 예외인데, 거기서 듣는 말이라고는 오직 그 유명한 "빨리 서두르세요! 전 어제 샀는데, 여러분도 손에 넣길 바라요!" 이 말뿐이다).

유튜브에 불어 닥친 하울이라는 거대한 현상을 확실히 알아보기 위해 자료를 찾다가 몇몇 숫자가 눈에 들어왔다.[82] 유튜브 영상을 시청하는 사람은 전 세계적으로 19억 명이다. 이는 세계 모든 인터넷 이용자의 3분의 1보다 많은 수치다. 그리고 매분 500시간의 영상물이 플랫폼에 업로드되고, 매일 영상을 보는 시간은 총 10억 시간 이상 된다. 하울은 영상 플랫폼에서 가장 성공적인 부문 중 하나가 되었고, 유튜브 이용자의 68퍼센트가 특정 제품을 사야 할지 결정하기 위해 하울이나 제품 광고를 본 적이 있다.[83]

얼마 전 유튜브는 몇 가지 수치를 발표했는데(아주 드문 일이다) 그중 하나는 매우 인상적이었다. 지난 몇 년간 지속 가능한 하울(sustainable hauls)의 수가 매년 190퍼센트씩 증가했다는 것이다.[84] 즉 어떤 상품이 좋고 무엇을 사야 하는지 말해주던 사람들이 이젠 지속 가능한 제품을 사는 것이 좋다고 이야기하고 있다. 왠지 눈 감고 아웅 하는 것 같은 이 현상은 좋은 소비로 가는 길에 있긴 하다. 하지만 왜 더 적게 소비하

---

https://mediakix.com/blog/most-popular-youtube-videos/?fbclid=IwAR1D
GvlzLfq2IL1vFiqRWzuoAvPap2oi0pdoekMz7cNVEKJ0jkgkK6Dxqr0

83   https://contentcareer.com/blog/100-youtube-stats/

84   https://www.thinkwithgoogle.com/marketing-strategies/video/
sustainability-video-trends/

고, 더 이상 제품을 사지 말라고 하지 않을까? 왜 모든 것을 친환경이나 그린 속에 집어넣고 흔들다가 결국에는 연결한 링크에서 구매하라고 하는 걸까? 그것을 과연 책임감 있는 소비라고 할 수 있을까? 그렇다면 왜 나에게 친환경 제품을 보여주면서 그것이 정말 맞는지 물어보는 사람이 많을까?

하울은 좋은 소비에 역행하는 모든 것을 상징하는 데 지나지 않는다. 그것이 암시하는 것은, 소비를 할 때 우리는 당장 모든 것을 소유할 수 있고, 그 즉시 아름답고 행복해지며, 사려면 제발 한꺼번에 많이 사야 한다는 것이다. 그것은 전력을 다해 절대로 놓치면 안 된다고 포모(FOMO) 버튼을 누른다. 하울 영상을 업로드하는 이들은 이중으로 도파민 중독 킥을 맛본다. 한 번은 옷을 소비할 때, 다른 한 번은 SNS에서 사람들이 '좋아요'를 눌렀을 때이다. 모든 것은 순식간에 진행되는데, 영상이 나가는 동안 시청자들은 제품 바로가기 링크를 클릭해 해당 제품을 주문하고, 다음날 곧장 집 앞으로 배송받을 수 있다. 소비연구가 프랭크 트렌트만은 디지털화 속에서 새로운 시간이 시작되었다고 보고, 3sat에서 방영된 한 다큐멘터리에서 이렇게 언급했다. "지금은 매일매일이 크리스마스다. 새로운 소비자 세대에게 소비재를 얻기까지 기다려야 한다는 것이 더 이상 익숙하지 않을 때, 이것이 어

떤 심리학적 결과로 이어질지 우리는 아직 모른다."⁸⁵

온라인 거래가 환경에 끼치는 영향은 심각하다. 운송 문제 하나만 봐도 엄청난 양의 택배 상자로 인해 생태학적으로나 사회적으로 심각한 해악을 끼친다. 온라인으로 구매한 상품의 탄소발자국은 1킬로미터를 이동할 때마다 커지고, 택배 노동자는 대부분 매우 열악한 노동 조건에서 일하고 있다. 그들은 소위 '자유 고용인', 다시 말해 자영업자인 경우가 흔하고, 회사는 이들에게 보험료를 지불할 필요가 없다. 그들의 임금은 오직 노동 시간으로만 지급되고, 몸이 아플 때면 문제는 더 심각하다. 이것은 우리가 지지할 만한 시스템이 아니다.

85 https://www.youtube.com/watch?v=4DFZM9-9A_4&t=18s

좋은 소비가 있다면 나쁜 소비도 있다. 정확히 무엇을 말하는가? 도대체 내 마음은 왜 이리 불편하고, 그러면서도 왜 나는 나를(그리고 다른 사람을) 위해 무엇이 좋은 소비인지 밝히려고 할까?

그 이유는 이렇다. 너무나 많은 상품이 생태학적, 사회적으로 매우 사악한 조건에서 생산되고 있고, 더욱이 전혀 사실과 다름에도 '좋은' 상품으로 팔리고 있다는 것이다.

예컨대 슈퍼마켓에서 우리에게는 좋고 더 나은 제품을 고를 수 있는 선택권이 있다. 동시에 환경과 동물 혹은 우리 자신에게 해로운 엄청난 양의 생활필수품도 나와 있다. 내 단골 슈퍼마켓의 냉동고 안에는 최소한 20가지 종류의 냉동피자가 들어 있다. 이 모든 피자 속엔 예외 없이 지구 반대편에서 끝없이 열대우림을 파괴하는 데 일조하는 팜유가 들어있다.[86]

---

86 문제는 팜유 하나만이 아니고 그 생산량에도 있다. 팜유는 헤아릴 수 없이 많은 가공식품 안에 함유돼 있고, 또 심지어―내 눈에는 매우 큰 스캔들인―연료 혼합기의 형태인 '바이오디젤'로 팔리고 있다. 그것은 어떤 바이오와도 하등의 관련이 없다.

신선한 달걀을 사려면 평사(축사 안에서 방목), 방사(야외에서 방목), 유기농 방사, 이 세 종류 가운데 하나를 고를 수 있다. 전통적 사육 방식인 평사는 1제곱미터당 키우는 닭이 9~18마리로, 공간이 꽤 비좁다. 달걀을 꼭 먹어야 하지만 가장 동물 친화적인 제품을 사고 싶은 사람은 오로지 유기농 방사 달걀만 집을 수 있다. 이 방식은 1제곱미터당 6마리를 키우는 것이다.[87] 그리고 지금 동물 학대적인 케이지 달걀을 먹지 않겠다고 생각하는 사람이 있다면 '안심'하길 바란다. 그것은 과자부터 마요네즈를 거쳐 빵에 발라 먹는 에그 스프레드까지 수없이 많은 가공식품 안에 들어가 있다.[88]

다른 예를 들면, 매우 많은 양의 과일과 채소가 여전히 포장된 채로 팔리고 있다. 대부분 유기농 제품인데 플라스틱 용기, 그물망 또는 상자로 에워싸여 있다. 여러 해 동안 내가 슈퍼마켓에서 일하는 지속 가능성 담당자들과 대화할 때마다 늘 빼놓지 않고 이야기한 것은, 소비자들이 바이오 제품

---

[87] 동물보호단체 피어포텐Vier Pfoten, 독일어로 '네 발'을 의미. 동물을 구조하고 보호하는 글로벌 동물복지 기구 중 하나로, 본사는 오스트리아 빈에 있다은 유기농 방사에 대해 이렇게 명시하고 있다. "최소한 축사 면적의 3분의 1은 깔짚으로 덮여 있고, 산란상과 횃대를 갖추고 있다. 축사 안 닭은 최대 3,000마리를 넘지 않는다. 예방적 차원의 약물 투여는 금지된다. 다른 모든 사육 형태와 달리 가장 큰 이점을 가진 것은 유기농법으로, 이 방식은 동물 사육 환경이 사육 단위 면적과 비례함을 뜻한다. 다시 말해 사육하는 동물 수는 수용 가능한 면적의 크기에 따른다."

[88] https://nachhaltigkeit.greenpeace.at/18-kaefigeier/

아니면 비포장 제품 사이에서 선택할 수밖에 없는 것은 매우 큰 좌절감을 준다는 점이었다. 그리고 내가 수년간 들은 답변은, 유감스럽지만 EU 측에서 유기농 제품은 일반 제품과 분리해야 한다고 말했다는 것뿐이었다. 이 말은, 둘 중 하나는 포장을 해야 하는데, 슈퍼마켓은 환경 문제에 관심이 많기 때문에 일반 제품보다 양이 적은 유기농 제품을 포장한다는 뜻이었다. 언젠가 나는 똑같은 답을 듣는 것을 그만두기로 하고, EU가 이에 대해 정확하게 뭐라고 말하는지 지침을 찾아보았다. 그리고 그것을 발견했을 때 세 번이나 읽고 또 읽어야 했다(그 이유는 법조문을 이해하는 데 시간이 좀 더 필요했다는 것에만 있지 않다).

"사업자는 오직 비친환경, 비유기농 작물의 혼합 또는 혼동의 모든 가능성을 차단할 수 있는 적절한 대비책을 마련하고 친환경, 유기농 작물의 식별을 보증할 수 있을 때만 수집 운송 절차에 따라 친환경, 유기농과 비친환경, 비유기농 작물을 동시에 가져올 수 있다."[89]

이 말은 유기농 제품은 운송 시 함께 운반하는 일반 제품과 섞이지 않게 명백히 포장해야 함을 의미한다. 거기엔 독

---

[89] https://eur-lex.europa.eu/LexUriServ/LexUriServ.do?uri=OJ%3AL%3A2008%3A250%3A0001%3A0084%3Ade%3APDF&fbclid=IwAR1acoOveVdm8XBbImzFouFqft-CGU_9-rXhlxQwxn334KWZ4BrQAzMEEYk

일어로 이렇게 잘 적혀 있다. "만약 같은 화물차에 전통 방식으로 재배한 사과와 유기농 사과를 운송하던 중, 경사면을 내려가다 차가 심하게 요동하며 공중으로 튀어 올랐을 때에도 사과들은 여전히 잘 분리돼 알아볼 수 있어야 한다." 유기농 사과는 매장에서도, 다시 말해 슈퍼마켓에서도 여전히 포장을 통해 분리되어야 한다는 내용에 대해서는 지침서 어디에도 정확히 나와 있지 않았다.

또한 그러한 주장이 기본적으로 유효하지 않다는 것을 현재 트렌드로 떠오른 포장의 자유가 증명한다. 갑자기 언제부턴가 슈퍼마켓에서 유기농 사과와 일반 사과를 함께, 그리고 플라스틱 포장 없이 담을 수 있게 되었다. 얼마나 놀라운 일인가! 하지만 아직도 포장은 너무 많다. 상인들이 유기농인지 비유기농인지 계산대에서도 분명히 구별할 수 있는 방법이 있어야 한다고 주장하는 것을 이해하지 못하는 건 아니다. 하지만 엄청난 양의 과일과 채소 포장에 대한 분노는 당분간 계속 이어질 것 같다.

떠오르는 예들이 아직도 많지만 이쯤에서 잠시 멈추려고 한다. 오스트리아 일반 슈퍼마켓에 납품되는 총공급량 가운데 유기농 제품이 차지하는 비율은 한 자리 수 이상을 넘지 않는데, 지난 몇 년간은 9퍼센트를 웃돌다 코로나19가 시작된 후 약간 상승했다. 비친환경 제품의 경우, 유화제 범벅인 누들이 들어 있는 즉석 누들에서부터, 동물을 학대한 사육에서 얻은 과잉 공급된 고기, 그리고 1월에 수확한 딸기까지 상당량이 환경을 해치는 주범이다. 이것은 우리 환경을 위해 절대로 좋은 소비가 될 수 없다. 슈퍼마켓이 환경 문제에 관심을 갖고 지속 가능한 것에 주의를 기울이는 일은 대단히 중요하다. 아, 이걸 누가 모를까.

알고 싶지 않은 사실

비친환경적인 것은 식료품 소비에서만 나타나는 것이 아니다. 우리는 자원을 지나치게 낭비하며 산다. 이미 많은 사람이 알고 있지만, 여기서 섬유 생산을 둘러싼 몇 가지 팩트도 밝힐 때가 되었다. 방글라데시를 비롯한 저임금 국가들에 사는 사람들이 우리가 입는 옷을 만들며 비참한 삶을 살고 있음을 알면서도 여전히 아무 것도 하지 않는다. 섬유 산업은 세계적으로 기후에 최악의 영향을 끼치는 주범들 가운데 두 번째 자리를 차지하고 있다. 전 세계 이산화탄소 및 유해 물질 배출량의 5퍼센트 이상이 새 옷을 제조하는 과정에서만 발생하는데, 이것은 비행기와 선박에서 배출되는 양을 모두 합친 것보다 더 많은 양이다.[90] 영국 엘렌 맥아더(Ellen

---

90 https://www.nature.com/articles/s41558-017-0058-9

MacArthur) 재단이 공개한 어느 연구에 따르면, 2050년까지 기후를 해치는 이산화탄소 배출의 4분의 1에 대한 책임은 모든 섬유 산업에 있을 것이라고 했다.[91]

▶ 2000년부터 2015년까지 전 세계 의류 생산은 두 배(!)로 늘었다. 2015년 생산된 의류량은 1,000억 개에 달한다. 이는 세계 모든 사람이 2015년에 각각 13벌의 옷을 구입한 양으로, 실제로도 그렇다면 이는 아주 공정하게 분배되었다고 할 수 있다. 하지만 사실은 놀랄 정도로 다르다.

▶ 팔리지 않고 남는 옷은 어떻게 될까? H&M은 먼저 보여주었다(그리고 내가 감히 추측건대 매우 많은 의류업체가 그대로 따라 했다). 지난 컬렉션에서 팔리지 않은 재고는 아주 간단히 소각된다. 일례로 2013년 이후 덴마크에서만 매년 평균 12톤의 옷이 잿더미가 됐다.[92] 모든 것은 순식간에 사라진다. 재고를 쌓아놓는 창고 가격이 신제품 생산가보다 훨씬 비싸기 때문이다(뭐, 살다 보면 이런 일이 한두 번일까).

당시 H&M이 내세운 말은, 창고가 수해를 당해 제품에 곰

91 https://www.ellenmacarthurfoundation.org/assets/downloads/publications/A-New-Textiles-Economy_Full-Report.pdf

92 https://kurier.at/style/hm-verbrennt-tonnenweise-neue-kleidung/292.998.788

팡이가 슬었거나 옷들이 유해 물질에 심하게 오염되어 소각이 불가피했는데, 이는 그린피스의 기준에 부응하기 위한 조치라고 했다. 그린피스는 H&M이 자체적인 디톡스 캠페인을 벌이기 전에, 공급망에서 환경에 유해한 독성 화학 물질을 제거하도록 지시했다. 그린피스의 커스틴 브로디(Kirsten Brodde)는 아주 단호한 말로 대처했다. "마치 클라이스트 하인리히 폰 클라이스트. 독일의 극작가이자 소설가로 실존주의 문학의 선구자로 평가받는다의 작품처럼 매우 긴, 휘황찬란한 지속 가능성 보고서를 발간하지만, 그 속엔 자신들이 수년간 수천 톤에 이르는 옷을 연기로 사라지게 했다는 말은 한 글자도 없는 모범 기업을 어느 누가 믿겠는가?"[93]

▶ 기독교 단체 로메로(Romero, 비영리, 비정부기구의 하나. 특히 섬유 생산 분야에서 매우 활발하게 활동한다)[94]의 한 연구 결과를 보면, 법적으로 허용된 주당 근로 시간은 정규 45시간 외에 추가적으로 '오직' 12시간만 가능한 최대 57시간이지만 프라이마크의 옷을 만드는 스리랑카 재봉사들의 노동 시간은 매주 80시간에 이른다. 그중 일부는 법적 최저 임금인 약 79 유로에도 못 미치는 임금을 받는다. 아시아 최저임금동맹

---

93 https://blog.greenpeace.de/artikel/skandal-um-hm

94 https://www.ci-romero.de/kritischer-konsum/produkte/kleidung/

(AFWA, Asia Floor Wage Alliance)의 계산에 따르면 스리랑카에서 생활하는 데 필요한 최소 비용은 296유로였다. 프라이마크 옷을 생산하는 공장에는 모두 노조가 없다.

▶ 면화 재배는 까다롭다. 목화는 매우 예민한 식물로, 어마어마한 양의 물이 필요할 때도 있고 한 방울도 필요하지 않을 때도 있다. 추정상 99.5퍼센트가 유전자 조작 종자이며 한해살이 식물이다. 즉 해마다 농부들은 새로운 씨앗을 사야 한다.[95] 전 세계 살충제 생산량의 30퍼센트는 목화 재배에 사용된다. 이렇게 해서 목화는 수확 전에 바싹 마르고 섬유질 많은 꽃봉오리는 더 쉽게 분리될 수 있다. 또 다량의 글리포세이트glyphosate, 제초제의 주성분를 함유할 수밖에 없다. 심지어 탐폰에서 글리포세이트가 검출된 일도 있다.

연구자들은 살충제 사용량이 총생산량(살균제와 제초제 포함)의 20퍼센트에 이를 것으로 추산한다. 목화 재배 면적은 농업에 사용되는 총면적의 약 2.5퍼센트에 달하는데, 여기에 전 세계에서 생산된 살충제의 20퍼센트가 살포된다. 이러니 면 제품은 얼마나 깨끗할까!

▶ 이런 면화 문제를 차치하더라도, 지난 몇 년간 섬유 총생산량에서 환경을 해치는 폴리에스테르의 비중은 꾸준히 증가

---

95 https://utopia.de/ratgeber/bio-baumwolle-wissenswertes/

해서 현재 60퍼센트를 넘는다.

▶ 어제 유행한 것은 하루만 지나면 쓰레기가 된다. 2019년 그
린피스의 의뢰로 나와 동료들은 오스트리아 국민의 의류
실태에 관해 설문 조사를 실시했는데, 결과는 충격적이었
다.

"오스트리아 사람들은 평균 85벌의 옷을 가지고 있다. 오
스트리아 전체 인구로 보면 최소한 5억 4,700만 개에 달한
다. 그리고 8벌 중 하나, 즉 오스트리아 전체에서 7,200만
벌은 거의 입지 않거나 아예 손도 대지 않는다. 그리고 응
답자의 절반이 상의나 바지가 아무 결함이 없더라도 더 이
상 마음에 들지 않으면 정리한다고 답했는데, 대부분은 쓰
레기통에 버려졌다."

우리는 이렇게 보도자료에 썼다.[96]

▶ 옷을 빠르게 소비하도록 부추기는 것은 프라이마크 같은
대기업만이 아니다. 모든 섬유 회사에게 똑같은 책임이 있
다. 섬유업체들은 환경과 노동자들을 희생시키며 대규모 생
산 체인을 가속화하고 있다. 과거에는 해마다 2개에서 최대
4개 혹은 5개의 컬렉션이 제작되었다면, 패스트 패션 브랜드

---

96 https://www.ots.at/presseaussendung/OTS_20190605_OTS0002/
greenpeace-umfrage-72-millionen-kleidungsstuecke-ungetragen-in-
oesterreichs-kleiderschraenkenm

는 일 년에 최대 50개의 새로운 컬렉션을 선보이고 있다. 이러한 속도는 소비자의 행동까지도 변화시켰다. 패스트 패션 품목은 재빨리 바뀌기 때문에 고객들은 더 자주 매장을 찾는다. 이번에도 뭔가를 놓칠 순 없다.

▶ 그 결과, 방글라데시 다카 근교에서 라나 플라자 붕괴 같은 참사가 일어났다. 건물 안에는 다수의 의류 공장들이 입점해 있었는데, 이 사고로 1,200명 이상 사망했고, 중상자를 포함해 2,500명이 넘는 사람들이 다쳤다. 사고 발생 하루 전날인 2013년 4월 24일, 수많은 봉제 노동자들은 (불법으로 두 배 증축한) 건물 안에서 일하기를 계속 거부했다. 벽에 생긴 균열이 점점 커지고 있었기 때문이다. 하지만 킥Kik, 독일의 대형 의류 체인점으로 주로 저렴한 가격의 옷들을 취급한다을 비롯한 수많은 패션 브랜드의 새 컬렉션을 완성해야 했기 때문에 공장주들은 무자비하게 일자리로 돌아가라고 다그쳤다.

참사 후에도 유럽과 미국 고객들은 달라진 게 없었다. 이곳 노동자들은 대학을 나와 자동차를 타고 다니는 사람도 아니고 오피스 시스템이 잘 갖춰진 노트북을 들고 회사로 일하러 가는 사람도 아니다. 몇 푼이라도 벌기 위해 자기 집이 있는 빈민가에서 몇 시간이라도 걷는 것을 감수하는 사람들이다. 당시 여러 번 사고 현장에 있던 어느 개발 지원 기관의 직원은 주변 공장들에 참사 때 다친 사람들의 이름이 적힌 '블랙 리스트'가 있었다는 이야기를 들려주었다. 즉 부상자들은 이제 생산 능력이 없고 정신적으로 장애가 있으므로 더 이상 고용해서는 안 된다는 말이었다. 라나 플라자 생존자 가운데 많은 사람이 더는 일자리를 찾을 수 없었다. 당시 전 세계의 많은 언론이 이 사고를 대서특필했고, 그중에는 《뉴욕타임스》도 있었다.

나는 그 이후로 지금까지 방글라데시에서 어떻게 옷이 생산되고 있는지 말하는 사람을 정말 한 명도 못 봤다. 마찬가지로 참사가 일어난 지 6년이 지난 후에도 그 어떤 집단적 사고의 전환도 찾아볼 수 없다.

▶ 옷을 버리는 대신 기부하는 것도 매우 심각한 문제다. 그 이유는 첫째, 기부 장소는 옷들로 넘친다. 둘째, 활용자 수가 지나치게 많다. 그들은 유럽에서 더 이상 팔기 어려운 옷들을 묶어 아프리카 여러 나라에 팔고, 그곳 사람들은 옷 꾸러미들을 열어보지도 않은 채 닥치는 대로 중고 시장에 내다 판다. 그 후폭풍은 이렇다. 한때 크게 번창하던 동아프리카의 섬유 산업은 곤두박질쳤다. 엄청난 양의 기부 옷(마찬가지로 점점 늘고 있는 중국에서 수입된 매우 값싼 옷들)과 더 이상 경쟁할 수 없는 지경에 이르렀기 때문이다.

우리는 완전히 관계를 잃어버렸다. 가장 저렴한 의류 매장에 간다는 것은, 십중팔구 할인하지 않아도 티셔츠를 2유로에 살 수 있다는 말이다. 만약 그 티셔츠가 면과 폴리에스테르로 만들어졌다면 재활용할 수 없다. 합성 섬유는 상품화 기술로 만들어진 후에는 두 번 다시 분리할 수 없기 때문이다. 2유로 중 1유로는 그러한 처리 과정을 위한 마진이다. 다음은 이 1유로가 어디에 쓰이는지 명시한 목록이다.

- ▶ 유전자가 변형되고 단 한 세대만 자랄 수 있는 목화 종자
- ▶ 목화 재배를 위한 살충제 및 글리포세이트
- ▶ 목화 농장
- ▶ 목화 재배로 생계를 유지하는 농부
- ▶ 목화를 방적, 직조, 염색하고 이것을 폴리에스테르 섬유와 새로 직조하는 인력
- ▶ 석유에서 추출하고 화학적 공정을 거치기까지 폴리에스테르 섬유를 생산하는 데 필요한 인력
- ▶ 봉제 노동자
- ▶ 목화 경작지에서(인도나 아프리카 나라들인 경우가 많다) 방직 공장을 거쳐(대부분 튀르키예), 습식 생산(원단의 염색 및 프린트를 말하며, 중국에서 이루어진다)까지의 운송, 제조(대부분 노동력이 가장 저렴한 나라인 방글라데시 또는 파키스탄), 그리고 마지막으로 전 세계 각지의 의류 매장으로 운송

이 모든 것이 정말 인간적으로 단 1유로라고?

정말 그렇다. 이 비현실성에 대해 말하자면 내게는 유니콘이라는 반려동물이 있는 셈이다. 훈련할 필요도 없이 아주 잘 길들여진.

내가 아주 존경하는 전 캠페인 동료 리사 케르네거(Lisa Kernegger)가[97] 언젠가 "친환경 옷은 만들어져선 안 된다"고 말한 적이 있다. 나는 이 말을 지금까지 수백 번 이상 반복해 음미하고 있다. 이것은 결국 무엇을 뜻하는가? 그때는 패스트 패션이란 것이 아직 등장하기 전으로, 그렇다고 베옷 입고 재를 뒤집어쓰고 누더기 차림으로 돌아다닌 것도 아니고, 무화과 잎으로 몸을 가린 채 다닌 시절도 아니다(한때 그런 적이 있지만 아주 먼 옛날 얘기다). 우리 대부분은 심지어 옷을 물려주고, 바꿔 입고, 직접 바느질해 만들어 입던(그리고 아주 많이 솔기를 덧대 몸무게가 늘면 단을 내어 입을 수 있게 바느질했던) 때가 있었다는 것을 기억한다. 아이들 옷은 지인끼리 서로 물려주어 입혔다. 옷장 하나면 모든 옷이 들어가기에 충분했고, 드레스 룸은 필요 없었다.

더 적게 사고, 특별한 품질을 갖추고, 수선 가능성을 유념

---

[97] 매우 놀라운 나의 두 번째 전 동료 하이디 포스트너(Heidi Porstner)도 빼놓을 수 없다. 그녀는 NGO 푸드워치(foodwatch)의 오스트리아 지부를 세운 장본인이다.

하고, 그리고 공정하고 친환경적으로 의미 있게 만든 제품을 사는 것, 바로 이것이 우리가 다시 가야 할 가장 좋은 길이다. 그리고 무엇보다도 끝까지 지켜야 할 것은, 옷의 수명을 가능한 한 오래 유지할 수 있게 관심을 쏟는 일이다. 만약 옷이 더는 마음에 들지 않는다면 중고 가게로 가져가거나, 아니면 vinted.de 같은 인터넷 물물교환 플랫폼에 광고를 내거나 거기서 새로운 제품을 구할 수도 있다. 중요한 것은, 처음부터 쓰레기가 될 운명으로 만든 옷의 생산을 막는일이다. 그런 옷의 품질은 말할 수 없을 만큼 형편없다.

소비자의 결정, 소비자의 죄책감

몇 달 전 나는 그 동안의 내 원칙을 깨고, 내가 오랫동안 애칭으로 '패션 스웨덴'이라고 부른 한 패스트 패션 체인점을 방문했다. 빈의 한 쇼핑가에는 이 의류 매장의 소위 플래그십 스토어, 다시 말해 다른 지점보다 훨씬 더 규모가 크고 화려한 매장이 입점해 있다. 이 브랜드 옷을 마지막으로 산지도 여러 해가 지났지만, 나는 궁금했고 새로 문을 연 그곳을 내 눈으로 직접 보고 싶었다. 쇼핑하려는 목적은 아니었고, 이 의류 브랜드가 '지속 가능하다'는 이미지를 심고자 대대적인 마케팅을 펼쳤기 때문이다. 혹은 더 나은 말로 표현하자면 지속 가능성을 '컨셔스(conscious)', 즉 의식했기 때문이다. 친구들이 내게 말해주기를, 심지어 그곳에는 자체적인 '컨셔스 코너'가 있어서 광고처럼 오직 지속 가능한 제품들만 진열해두고, 방금 구입한 스웨터에 수를 놓아주고, 찢어지거나 해진 옷은 수선해준다고 했다.

나는 컨셔스 코너를 진열대 뒤에서 바로 찾았다. 그 안에는 재봉틀 및 자수 기계가 놓여 있었고, 한 점원이 앉아 지루한 눈빛으로 자기 손톱을 들여다보고 있었다. 놀라운 일도 아니었다. 매장 전체가 손님들로 북적이는 데 반해, 그곳엔 좀처럼 사람들이 오지 않았다. 재봉틀 앞에 있는 선반에는 친환경 세제, 응급 수선을 위한 반짇고리 키트, 미세플라스틱 섬유 조각을 걸러주는 세탁망 구피프렌드(Guppyfriend)가 진열되어 있었다.

나는 살짝 의심쩍은 눈초리로 세탁망 앞에 섰다. 이것을 고안한 회사는 구피프렌드가 세탁 시 발생하는 폴리에스테르 섬유를 다 잡아낼 수는 없다고 스스로 밝혔는데[98], 이 점에서 나는 회사를 높이 평가한다. 하지만 이러한 정보가

---

[98] 그 웹사이트에는 글자 그대로 이렇게 써 있다. "구피프렌드 세탁망은 모든 미세섬유 문제의 해결을 위한 첫걸음입니다. 그 이상도 그 이하도 아닙니다. 우리의 과소비는 근본적으로 바뀌어야 합니다. 새로운 소재, 새로운 제조 공정, 더 좋은 세탁기와 더욱 효과적인 정화정치를 개발해야 합니다. 그날이 올 때까지, 구피프렌드 세탁망은 플라스틱으로 강과 바다가 오염되는 것을 줄이고 문제의 심각성을 알리는 실용적이고 효과적인 해결책입니다."

모든 고객에게 충분히 전달되지는 않았다. 어쨌든 고객 입장에서는, 좀 더 큰 섬유 조각이나마 빠져나가지 못하게 막을 수 있으니 세탁할 때 양심의 가책을 조금은 덜 수 있을 것이다. 그렇지만 이를 주제로 열린 온라인 토론에서 한 여성은 이렇게 의견을 표명했다. 자신은 세탁망을 완전히 훌륭한 제품이라고 생각하고, 그 안에 정말 일부 섬유 조각이 걸러진 것을 보았으며, 그래서 아주 간편하게 수돗물로 세척했다고 했다. 나는 글자 글대로 이 말을 걸러냈다.

여하튼 패션 스웨덴이, 옷에서 나온 미세플라스틱과의 투쟁을 알린 스타트업의 세탁망까지 판매하다니 나쁘지 않다는 생각이 들었다. 더 많이 전파될수록 더 많이 의식하는 법이다! 그러다가 나는 몸을 180도 돌렸다. 세탁망이 진열된 선반은 말하자면 내 등 뒤에 있었다. 내가 무엇을 보았는지 아는가? 매장을 터질 듯이 가득 채우고 있는 옷걸이대 중 하나가 눈에 들어왔다. 거기엔 디자인은 동일하지만 다섯 가지 색상의 블라우스가 빈틈 하나 없이 빽빽이 걸려 있었고, 가격은 9.99유로였다.

그리고 더 웃기는 것은, 블라우스는 '100퍼센트 폴리에스테르'였다. 3,000제곱미터가 넘는 대형 매장에 있는 옷걸이대 한 개에, 대충 세어봐도 족히 100개는 될 순도 100퍼센트 폴리에스테르 블라우스가 빽빽이 자리를 비집고 걸려 있었다. 매장 안의 나머지 옷들은 어떨지 충분히 가늠할 수 있었다.

그 순간 나는 무척 화가 났다. 나에게 수없이 많은 플라스틱 블라우스를 팔았던 똑같은 매장이(그리고 다른 대형 의류 체인점과 마찬가지로 총생산에서 폴리에스테르 비중이 지난 몇 년 새 눈에 띄게 증가한 매장이), 나에게, 말하자면 소비자에게 제발 책임 의식을 가지라고, 환경을 보호하라고, 내가 산 옷을 안티미세플라스틱 세탁망 안에 넣고 빨아야 한다고 이야기하고 있었다.

요컨대 폴리에스테르와 또 다른 화학 섬유를 사용하지 않거나 제한한다면 환경보호 문제에서 전 세계가 느낄 수 있을 만큼 막강한 영향을 끼치는 그 기업이, 나에게 최종 소비자로서 책임지라고 말한다고? 이제 와서? 폴리에스테르 블라우스를 산 내가 바다 오염에 책임이 있으니 이를 막기 위해 뭐든 해야 한다고? 패션 스웨덴과 다른 모든 패스트 패션 업체(결코 단 하나의 혐의자만 있는 게 아니다)가 온통 폴리에스테르 조각으로 넘치는 바다를 만들어놓고, 그럴듯하게 세탁망을 판다고 보여주기까지 하면서? 제정신인가?

유감스럽게도 나는 이러한 책임 전가를 오랫동안 보아왔다. 하지만 수많은 대기업이 서서히, 그러나 확실히, 마음을 얻고 만족시켜야 할 새로운 목표 집단으로 '비판적 소비자들'을 찾고 있다. 그들에게 제일 좋은 것은, 문제가 되지 않는 고객들을 잃지 않으면서 생산 방식과 공급망을 크게 바꾸지 않는 일일 것이다. 이대로 가다가는 매출액과 이익이 크게 떨어질 수도 있기 때문이다. 바이어스도르프Beiersdorf, 글로벌 코스메틱 그룹. 독일 함부르크에 본사가 있고 니베아, 아트릭스, 유세린, 라벨로, 라프레리 등의 브랜드가 있다와 같은 대기업의 경우 화장품 제조에 액체 미세플라스틱을 사용하고 있는데, '지속 가능한' 라인을 개발 중에 있다. 10년 전 삼성은 미래에는 환경에 매우 위험한 브롬계 난연제[99]를 더 이상 사용하지 않겠다고 밝혔다. 하지만 TV는 제외한다고 작은 글씨로 써놓았다. TV가 이 기업의 주력 제품 중 하나라는 점은 우연일까? 심지어 그 선언은 TV를 제외한 다른 제품에도 여전히 실행되고 있지 않다.[100]

이른바 패션 스웨덴은 지난 몇 년 내내 자랑스럽게 그들의 '컨셔스 컬렉션'을 선전해왔다. 하지만 친환경 제품에도 다시 폴리에스테르를 쓰고 있고, 어떤 옷은 아예 재활용이 안 된다. 그들은 충분하지 않은 정보로 고객을 끌어모으고 거리낌 없이 물건을 사게 만든다. 이 거대한 패션 기업은 정

---

99 이것은 매우 위험한 화학물질이다. 일례로 PVC(폴리염화비닐)와 브롬계 난연제 연소 시 아주 적은 양으로도 인간에게 치명적일 수 있는 독성 물질 다이옥신이 방출된다.

100 https://www.greenpeace.de/sites/www.greenpeace.de/files/publications/20171016-greenpeace-guide-greener-electronics-englisch.pdf

말이지 생산 방법이라든지 사업 모델을 효과적으로 변화시키는 데에는 좀처럼 관심이 없다. "그것은 당신 손안에 있습니다" 혹은 "환경보호는 당신으로부터 시작됩니다" 등의 강력한 말로 홍보하는 편이 소량의 제품을 조금 더 좋게 만드는 것보다 훨씬 비용이 덜 들기 때문이다. 이렇게 해서 기업은 아주 노련하게 책임에서 벗어날 수 있다. 그들은 우리에게 '좋은' 제품과 '나쁜' 제품 사이에서 선택권을 준다. 즉 생산자는 변할 필요가 없지만 소비자는 여전히 양심의 가책을 받는다.

나는 최근 몇 년간 자신의 소비가 환경에 어떤 영향을 미치는지를 깨닫고 이렇게 결심한 사람들을 자주 만났다. '밖에서 많은 것을 바꿀 수는 없지만 내가 소비하는 것만큼은 변화시킬 수 있다.' 이 또한 멋진 생각이다! 우리의 소비 결정으로 인해 우리는 어떤 회사가 이익을 내고 어떤 회사는 그렇지 않을지 영향을 미칠 수 있다.

문제는 이러한 소비자들의 신념을 이용하는 기업도 있다는 점이다. 이를테면 전기 자동차를 생산하는 기업이 그렇다. 이 자동차는 지속 가능성에서 결코 완벽하지 않다. 자동차 광고에서 비스듬하게 기울어진 세상이 모습을 드러내고 광고 속 사람들도 경사진 길을 걸어 다닌다. 바로 그때 젊고 섹시한 여성이 플라스틱으로 코팅된 사과 대신 포장되지 않은 사과를 손으로 집는다(성경을 기반으로 만든 이 믿을 수 없게 졸렬한 우화는 정말 아무런 의도는 없겠지?). 그러자 모든 것은 다시 제자리로 돌아오고, 영상 속 사람들도 익숙하게 똑바로 걸어간다. 당연한 말이지만 기울어진 세상에 있는 전기 자동차는 그런 상황에도 아랑곳하지 않고 침착하게 균형을 유지하고 있다. 그럼 그렇지. 다시 말하지만 그것은 잘 길들여진 반려동물 유니콘이나 다름없다.

그렇게 슬픈 일이 아니라면 그냥 웃어넘길 수도 있다. 하지만 그것은 모든 소비재 산업의 진정한 변화를 가로막을 뿐만 아니라 개인에게도 많은 불행을 야기한다.

내가 말하려는 것은 실제로 일어난 이야기다. 한 친구가 모닝커피를 담으려고 성능이 뛰어난 텀블러를 샀다. 이제 더 이상 스타벅스를 비롯한 다른 커피 전문점의 일회용 컵을 들고 다닐 필요가 없었다. 일하러 가는 길에 마시는 커피는 그녀가 포기할 수 없는 루틴이었다. 친구는 새로 산 텀블러를 매우 자랑스럽게 여겼고, 처음 며칠 동안 경험한 장점들을 내게 들려주었다. 짐작대로 그것은 내부가 플라스틱이 아닌 스테인리스로 된 보온컵이었다. 플라스틱의 경우 뜨거운 음료가 닿을 때 건강에 우려되는 불쾌한 연화제가 녹아나올 수 있다. 텀블러는 완전히 밀폐되어 커피가 반쯤 남았어도 가방 안에 넣고 손을 자유자재로 사용할 수 있었다. 또 커피를 집에서 직접 준비할 수 있어 돈도 절약되었다! 열변을 토하는 친구의 말은 끝없이 이어졌다. 나는 이러한 변화를 스스로 발견한 그녀의 모습을 보고 몹시 기뻤다. 그러던 어느 날 친구에게 전화가 왔다.

"누누, 나 지금 기분이 너무 안 좋아!"

"무슨 일이야?"

"오늘 아침 늦잠을 자서 집에서 커피 만드는 걸 깜빡했어. 난 아침에 커피를 안 마시면 좀비잖아. 그래서 길모퉁이에 있는 빵집에서 커피를 사서 마셨거든. 그런데 지금 기분이 너무 나빠. 내가 알면서도 환경을 오염시킨 셈이니까."

나는 잠시 웃을 수밖에 없었다. 처음에 그녀는 좀 당황한 눈치였다. 그래서 이렇게 말했다.

"세상에, 넌 지난 9일 내내 출근하면서 테이크아웃 커피 대신 텀블러를 들고 다녔어. 안 그래?"

"어 맞아."

"그 전에는 커피를 사서 마셨고."

"응 그랬지."

"그 말인즉슨, 지난 9일 동안 넌 일회용 컵으로 인한 플라스틱 쓰레기를 90퍼센트 줄였다는 얘기야!"

전화기 너머로 친구가 생각에 잠겨 있음을 확실히 느낄 수 있었다.

"그건 그렇지만, 오늘 그 일회용 컵은 꼭 필요한 건 아니었어. 환경을 오염시킬 테고, 그건 결국 내 책임이야. 어쨌든 커피를 산 것은 내 결정이었으니까."

"그래, 네 결정이었던 건 맞아. 하지만 오늘 실수를 했다고 하루 종일 죄책감에 사로잡혀 있는 게 다 무슨 소용이야? 그게 바람직한 일일까? 난 네가 스스로를 용서해도 좋다고 생각해."

내 말은 그녀를 완전히 설득하지는 못했다. 그럼에도 친구는 곰곰이 생각했고, 그녀의 하루는 그렇게 지나간 듯 보였다. 그 일은 나를 슬프게 했다. 그러는 사이 기업들은 정말 "그것은 당신 손안에 있습니다"라는 말로 기후 변화에 대한 모든 책임을 정서적으로 소비자들에게 돌리고 있다. 이는 필연적으로 내 친구의 경우처럼 사람들을 좌절시키거나 아니면 하루를 고스란히 망쳐놓는다. 소비자들은 기댈 곳이 없고, 하루 기분은 환경 문제와는 정말 아무 상관이 없다.

물론 환경 문제가 소비자 손에 달렸다는 주장은 정당하다. 그러나 우리의 영향력은 미미한 수준에 불과하다. 할 수 있는 한도 안에서 환경을 생각하며 소비하는 것은 바람직한 일이다. 하지만 막강한 영향력을 행사하는 대기업들은 책임에서 빠져나오기 위해 소비자를 이용하고 있다. 대단히 비열한 행위다.

패션 스웨덴을 방문하고 며칠이 지난 후 또 다른 분노가 나를 덮쳤다. 나는 페이스북에서 매우 화가 난 농부가 게재한 사진을 발견했다. 어떤 슈퍼마켓의 매대가 찍힌 사진으로, 두 가지 종류의 치즈 스프레드가 매대에 놓여 있었고 그 위에 글자 그대로 이렇게 적혀 있었다. "현재 공급 중지! 친애하는 고객 여러분, 공급업체 DMK Deutsches Milchkontor, 독일 최대 유제품 제조판매회사가 자사 브랜드 밀람(Milram)을 비롯한 여러 자회사 제품 가격을 대폭 인상할 것을 요구했습니다. 고객 여러분에게 이것을 그대로 떠넘겨야 하는 우리는 그 요구를 수용할 수 없습니다. 따라서 이 제품들의 공급을 중지합니다. 양해해주셔서 감사합니다."

처음에는 말문이 막혔다. 유제품 가격이 얼마인지, 농부의 수입이 얼마나 적은지 아는 사람이라면 이것 하나만으로도 격분할 수 있다. 언제 낙농가가 돈을 아주 많이 버는 직업이고 지난 몇 년간 수입이 확실히 증가했다는 말을 들어본 적이 있던가? 내가 아는 이야기는 오로지 (제조업자들에 관한 이야기로) 식품 소매업체, 즉 슈퍼마켓이 제조업자와 부분적으로 "하얀 것(우유)을 협상에서 치운다"[101]는 이야기뿐이다. 그리고 자신들은 식품 소매업체라며 순진하게 손을 높

—
101 한 신생 식품업체의 말을 그대로 인용했다.

이 치켜들고 말한다. "이거 참 유감입니다만, 친애하는 고객 여러분, 우리는 여러분에게 그렇게 할 수 없습니다!" 그래, 그렇다면 유감스럽지만 나는 주스로 바꿀 수밖에.

첫째, 그것은 냉정하게 소비자들의 결정일 수 있다. 둘째, 훨씬 더 중요한 것은 식품 소매업이 엄청난 수익을 올린다는 것이다. 식품 소매업은 몇몇 제품을 구매할 때 돈을 더 많이 지불할 여유가 있어서, 납품업자와 제조업체는 그 '하얀 것'을 자신들이 원하는 값대로 유지할 수 있다. 나는 무엇보다 공정한 경제의 측면에서 이에 대한 책임은 전적으로 식품 소매업체에 있다고 생각한다. 그들은 인상 가격을 고객들에게 떠넘겨서는 안 된다. 그러한 행위는 법도 관례도 아닌, 오로지 식품 소매업만의 판단과 계산에서 나온 것이다. 그들은 무엇보다 좀 더 현실적인 가격을 요구한 낙농업체의 이미지를 무참히 짓밟을 목적으로 고객들에게 특정 브랜드 이름을 언급해서도 안 된다.

내가 오스트리아 유기농 제조업체들에게 듣는 이야기는 사실 한결같았다. "유기농이나 특별히 친환경 제품을 생산한다는 말은 다 맞습니다. 하지만 슈퍼마켓을 찾은 고객들에게 중요한 것은 결국 가격이지요. 소비자들은 숨쉴 수 없을 만큼 계속 압박해요."

이는 식료품에서만 벌어지는 현상이 아니라 의류업계에

서도 흔히 볼 수 있는 일이다. 나는 그러한 주장을 수없이 들었다. 방글라데시 봉제 노동자들이 받는 급여는 최저생활임금에도 못 미친다. 이에 대한 의류업계의 변명은 뻔하다. 그러지 않으면 고객들에게 추가 비용을 떠넘길 수밖에 없어서 더는 옷이 팔리지 않는다는 것이다. 그러면 총체적인 시스템이 무너지고, 사람들은 일자리를 잃게 되는 등 모든 공포의 원천이 된다는 것이 그들의 주장이다.

몇 해 전 국제 노동단체 클린클로즈캠페인(Clean Clothes Campaign)은 작은 예를 들어 계산한 적이 있다. 어느 대형 패스트 패션업체가 이곳에서 일하는 모든 봉제 노동자들에게 하루 최저임금을 지불했을 때 드는 인건비를 계산해보았더니, 완성된 셔츠의 적정 가격은 50센트로 나타났다. 단돈 50센트! 이 금액이 누군가에게는 생활과 생존을 가르는 액수가 된다. 이쯤에서 앞서 이야기한 크림 스프레드 가격이 다시 좀 더 인하될 경우를 상상해볼 수도 있다. 슈퍼마켓을 비롯한 식품 소매업이 고객들을 가격의 덫과 가난에서 보호한다고? 참 어련하실까.

우리 지갑에는 힘이 있다

"너한텐 어찌 그리 간단한 일인지 말 좀 해봐." 오랜 친구 마틴은 소비에 대한 내 연구와 패션 스웨덴에서 경험한 폴리에스테르 블라우스 이야기를 듣고 이렇게 말했다.

"그래. 좋은 소비라고 할 때 분명한 것은 패션 스웨덴에서 사지 않는 거야. 그게 다야." 시중에는 친환경 소새로 만든, 공정하게 생산된 옷이 아주 많다는 마틴의 말에 나는 동의했다. 하지만 그의 말은 여기서 그치지 않았다. "네가 사람들에게 악덕 기업주와 정치가를 쇠스랑으로 건져 올려 도시에서 쫓아내야 한다고 주장한다면, 소비자 각자에게 있는 책임은 모두 사라질 위험이 있어. 소비자들이 무엇을 사느냐는 여전히 중요한 문제야. 따라서 모든 구매 행동은 정치적 행동이라는 주장은 시대에 뒤떨어진 말이 아니야." 마틴이 의견을 밝혔다.

다시 친구의 말이 옳다는 것을 부정할 수 없었다. 나 역시 그러한 위험을 보고 있다. 사람들이 개인적으로 플라스틱 컵을 쓰지 않고, 재활용률이 높은 보증금제를 재도입하는 일에 목소리를 높일 수 있다고 믿는다. 둘 다 가능하다. 그리고 당연한 말이지만 꾸준히 유기농 식품을 구입하는 것도 중요한 신호가 된다(우리 스스로를 위해서도 더 건강하다). 제조 방식을 눈여겨보는 것 역시 뜻깊은 일이다. 좋은 소비가 적은 소비를 의미하는 것이 분명하다면, 구매할 때 환경과 공정에 주의를 기울이겠다고 마음먹은 개개인에게 지원과 동기 부여는 반드시 필요하다.

하지만 우리는 '어떻게 올바른 소비를 할 수 있는가?'에만 머물러선 안 된다. 화장품의 동물 실험에 반대한다고 말하려는 사람이라면, 단지 더바디숍(The Body Shop) 제품을 구매하는 것만으로는 충분하지 않다. 매일 동물 실험을 일삼는 로레알(L`Oreal)에 항의도 해야 한다. 실로 격노할 만한 기막힌 예가 있다. 2006년 더바디숍이 로레알에 매각되었다. 로레알에서는 더바디숍 제품의 판매 수익을 동물 실험에는 사용하지 않을 것이라고 약속했다. 그럼에도 우리만의 소비 방식으로 신호를 보내려 했지만 우리의 한계는 여전했다. 그들이 판매 수익으로 무엇을 했든, 더바디숍에서 물건을 샀을 때 결국 이익을 보는 자는 누구인가? 여전히 동물 실험을 자행하고 있는 로레알이다. 다행스럽게도 2017년 브라질 국민 뷰티 기업 나투라(Natura)가 더바디숍을 인수했다. 나투라는 동물 실험을 하지 않는다.

그렇다. 우리의 지갑에는 힘이 있다. 우리에게 뭔가를 팔려는 자들이 모두 원하는 유일한 것은 바로 우리의 돈이기 때문이다. 돈은 우리 손에 매우 귀중한 열쇠를 쥐어준다. 하지만 분명히 알아야 할 것은, 이러한 힘은 끝이 있다는 것이다. 우리가 정말 뭔가를 변화시키고 싶다면 '다르게 소비하기'뿐만 아니라 더 많은 것을 실행해야 한다.

팜유가 문제일까

"누누, 팜유프리 반죽을 어디서 구하는지 알아?"

그린피스 소비자 대변인으로 일하던 시절에 나는 이런 질문을 끊임없이 받았다. 나는 이런 종류의 질문을 싫어했는데, 재빨리 만족할 만한 답변을 찾지 못했기 때문이다. 팜유는 한 가지 이상의 첨가물로 만들어진 가공식품이라면 어디에나 들어 있다. 인스턴트 피자, 컵수프, 너트 누가 크림, 비스킷, 시금치 크림, 페스토, 도우 등등 팜유가 함유된 제품은 매우 다양하다.

실제로 마트에서 판매 중인 가공식품 안에는 십중팔구 팜유가 들어 있다. 팜유는 저렴한데다 무미·무취하고, 용해점이 높고, 보존 기간이 길어서 재가공하는 데 이상적인 재료다. 이를 위해 동남아시아에서는 면적이 뉴질랜드만 한 열대우림 전체를 벌목하고 태운다. 또 기름야자 단일 재배를 위한 공간을 마련하기 위해 벌채를 멈추지 않고 있다. 지구의 초록색 폐는 인간의 좋지 못한 미각 체험에 희생되고 있다.

물론 이에 대한 다양한 캠페인을 통해 사람들과 식품 소매업 책임자들의 인식이 높아졌고, 팜유프리 제품들이 시중에 판매되고 있는 것은 좋은 현상이다. 하지만 나에겐 여전히 이 모든 이슈가 불편하기만 하다. 만일 전 세계 모든 인스턴트 피자에 팜유 대신 코코넛오일을 사용한다면 어떻게 될까? 지구의 하늘색은 똑같은 문제를 겪게 될 것이다. 이젠 코코넛야자 차례다. 원시 자연림은 벌채되고 그 자리에는 코코넛야자나무가 끝없이 늘어설 것이다.

고전적인 선과 악의 캠페인과 생활 방식의 실제 변화 사이의 차이를 이렇게 명확하게 볼 수 있는 주제는 없다. 물론 팜유를 둘러싼 환경 문제를 언급하고, 그 책임자들이 이런 일을 계속하지 못하도록 경고하는 것은 매우 중요하다. 사람들에게 지속 가능한 팜유 같은 것은 거의 존재하지 않는다는 것을 인식시키는 일도 필요하다. 그리고 팜유의 최대 수익자인 다국적 기업 유니레버(Unilever)가 공동 설립한 지속 가능한 팜유 생산을 위한 협의회(RSPO, Round Table for Sustainable Palm Oil)가 그린워싱greenwashing, 실제로 환경을 위해서가 아니라 친환경 이미지를 갖기 위해 관련 활동을 하는 기업의 행동에 가깝다는 사실을(내 눈에만 그렇게 보이는 게 아니다) 보여주는 것 또한 불가피한 일이다.

환경단체가 유니레버, 네슬레 같은 거대 기업들과 싸우는 것은 대단히 훌륭하고 용기 있는 일이다. 우리는 이것을 (미디어) 소비자로서 배웠다. 그들은 우리를 위해 싸움으로써 우리가 팜유프리 컵수프를 손에 넣을 수 있게 해야 한다. 사무실에서 고된 하루를 보내고 지칠 대로 지친 우리가 집에서 간편히 전자레인지에 돌릴 냉동 라자냐를 마트에서 집어 들

때 양심의 가책을 느낄 필요가 없게 해야 한다. 물론 우리는 우리의 구매로 인해 열대우림이 파괴되는 것을 원치 않으며, 올바른 선택을 할 수 있는 제품들이 공급되기를 바란다.

하지만 애석하게도 그것은 간단한 일이 아니다. 나는 사람들의 기대에도 불구하고 팜유에 대한 주제에 답변하는 일이 점점 어려워졌다. 말하자면 이 주제는 훨씬 더 복잡하다. 나는 어디에서 팜유프리 인스턴트 피자를 살 수 있냐는 물음에 답하고 싶지 않았다. 그보다는 왜 수십 개가 넘는 다양한 회사의 수없이 많은 종류의 냉동 피자가 필요한지에 대해 이야기하고 싶었다. 슈퍼마켓에서 10가지 각양각색 너트 누가 크림을 선택할 권리가 우리에게 있다고 말하는 자는 누구인가? 왜 이런 인스턴트 제품은 그토록 인기가 많아서 그 안에 들어 있는 팜유만이 문제가 아니라는 것을 우리는 간과하는 것일까? 이런 생각을 계속 따라가다 보면 가장 근본적인 물음에 도달하게 된다. 우리는 대체 어떻게 살기를 바라는가?

아침에 허둥대며 출근하고, 사무실 가는 길에 재빨리 커피를 사서 카페인 수혈을 하고, 직장에서는 미니 냉장고, 전기 커피포트, 전자레인지 및 개수대를 사용할 수 없으니 음식을 가져오거나 근처 식당에서 사 먹으라는 지시를 받는 것이 우리가 원하는 삶인가? 매일 저녁 7시 직전에 피곤한

몸으로 쏜살같이 마트로 달려가 10분이면 준비되는 인스턴트 음식을 사 먹고, 이어서 영혼을 달래줄 누텔라를 퍼먹는 게 우리가 바라던 것인가? 아니면 일하면서 우리 스스로를 보살피고, 우리가 먹는 음식에 신경을 쓰는 여유로운 삶을 살고 싶은가? "그런 삶을 누릴 여유가 있어야 한다." 이 말은 오만한 엘리트 의식을 가진 자들이 즐겨 하는 말이기도 하다.

그렇다. 현실은 대량 사육으로 얻은 고기가 지역 유기농 채소보다 훨씬 싸다. 생활의 질은 고스란히 우리가 가진 돈과 수입에 따라 달라진다. 여기에 미국에서는 또 다른 파도가 계속 밀려들고 있다. 그곳 사람들은 서너 가지의 일을 해야만 살아남을 수 있다. 회사는 점점 임금을 낮추고 있고, 요컨대 결과적으로 뼈 빠지게 일한다 해도 점점 더 많은 사람들이 불안정한 생활에 내몰릴 수밖에 없다. 적게 일해도 좋은 삶을 누릴 수 있다고 말하는 엘리트 의식을 가진 자들에게 내가 잠시 너무 많은 것을 기대했다.

상품들이 제값을 받는 시스템, 즉 환경에 끼칠 영향까지 모두 고려한 시스템, 그리고 우리의 몸과 건강이 원활하게 움직이는 경제체계의 근간이 되고, 국가가 조건 없는 기본소득이나 노동에 대한 세금을 현저히 낮추는 것을 고려한다는 것을 함께 인식하고 발전시키는 시스템, 이러한 시스템에서는 시간에 쫓기면서 재빨리 해치울 수 있는 (팜유가 들어 있는) 햄버거가 우리에겐 아무런 도움이 안 되고 햄버거 회사의 배만 두둑하게 채워 줄 뿐임을 알 수 있을 것이다.

인스턴트 피자에 팜유를 넣지 않기보다는 오히려 많은 사람을 생존의 위기로 내모는 합법적인 위장 자영업을 없애야 하는 것은 아닐까? 이것은 생활 방식의 문제이자 시간의 문제다.

나에게 인스턴트 피자가 문제라면, 저널리스트인 카트린 하르트만(Kathrin Hartmann)에게는 그녀가 독일의 봉지 수프라고 부르는 컵수프가 그렇다. ""지금 나에게 봉지 수프는 실존적 구토를 야기시킨다. 나는 이것이 질 낮은 삶을 준비하는 상징이자 세계 광기의 농축물이라고 생각한다. 이 가루는 가장 저급하다고밖에 할 수 없는 내용물인 지방 덩어리와 녹말에 인공 향료와 색소를 첨가해서 만들었다. 신자유주의와 소비지상주의의 영향을 받은 사회 모델이 인공적이고 비참한 상황에 지나지 않는 것과 마찬가지로, 봉지 수프 또한 식사와 향유에 똑같이 비참한 상황을 제공한다. 봉지 수프는, 요리할 여유가 없는 근로자들이 폐점 직전에 슈퍼마켓으로 달려가 간편히 먹고 다음날 일하러 나갈 수 있게 즉시 에너지를 공급한다. 황당하기 짝이 없는 다양한 맛을 제공하며 우리에게 선택할 권리가 있다고 속인다. 그리고 이를 위해 숲을 없애고, 사람들을 내쫓고, 심지어 일부는 죽이기까지 하는 등 철저하게 그것만의 혐오스러운 논리를 갖고 있다. 우리는 '더 좋은 팜유'로 '더 좋은 봉지 수프'를 만드는 '더 좋은 기업'이 필요하지 않다. 우리에게 필요한 것은 더 이상 봉지 수프가 들어설 자리가 없는 주체적인 생각과, 다른 사람과 중요한 문제를 토론할 수 있는 여유롭고 더 좋고 덜 일하는 일자리와, 소비의 천박한 행복을 대체할 새롭고 강한 연대다. 우리는 이 세상을 구하러 온 봉지 수프의 구원론을 감상하는 일을 멈추어야 한다. 심지어 그것과 싸워야 한다."[102]

팜유에서 혁명까지 모든 것은 눈 깜짝할 사이에 일어날 수 있다. 하지만 이제 심각하게 받아들여야 할 것이 있다. 분명 좋은 소비란 단지 팜유프리 밀가루 반죽을 사지 않는 것만을 의미하는 게 아니다. 손수 이것을 만들기 위해 천천히 시간을 갖는 것까지 말한다. 피자도 마찬가지다. 그것은 가능한 일이지만 이 말이 자동적으로 특권을 가진 이의 주장이 되어서는 안 된다. 인스턴트 제품을 사 먹는 것보다 스스로 음식을 요리하는 것이 비용을 더 아낄 수도 있다. 이것을

---

102 카트린 하르트만, 『통제된 남벌(Aus kontrolliertem Raubbau)』, Karl Blessing Verlag, 2015

신자유주의적 주장이라고 잘못 이해해서는 안 될 것이다. 현재 가공제품이 훨씬 더 저렴한 것은 사실이다. 그럼에도 직접 요리해서 먹는 것이 더 싸진 않을까 하는 실용적인 생각이 결코 생각만으로 그쳐서는 안되고 시스템 비판으로 이어져야 한다. 컵수프 하나에 1유로, 이것은 부조리하다.

친환경 기업의 본모습

그런데 '더 좋은 팜유'로 만든 '더 좋은 봉지 수프'가 여전히 슈퍼마켓 선반에서 사라지지 않는 이유는 뭘까? 대답은 간단하다. 바로 그린워싱 때문이다. 소비자들의 주의 집중 시간은 그리 길지 않다. 기업들은 친환경적이고 지속 가능하고 자연에 가까운 봉지 수프가 얼마나 좋으냐며 우리를 설득하고, 우리는 이에 대해 전혀 차분히 생각하지 않는다. 우리는 이미 그것으로 만족해한다. 왜냐하면 우리의 무의식은 기업이 설마 거짓말을 할까, 하는 믿음에서 출발하기 때문이다. 우리가 사실을 분명히 알고 있다 해도, 컵수프가 놓인 진열대 앞에서 '이 수프가 '천연 재료'로 만들어졌다니 정말 좋은데' 하고 감탄하지 않을 사람이 누가 있으며, 반대로 '그럼 다른 회사 수프는 뭐로 만들었지?' 하고 묻지 않을 자가 어디 있겠는가?

다만 내가 반복해서 말할 수 있는 것은, 좋은 소비로 가는 길 자체는 결코 어렵지 않다는 것이다. 우리는 더 적게 사야 하고, 산다면 제발 공정하고 지속 가능한 것을 사야 한다는 것이다. 그렇게만 될 수 있다면 정말 좋겠다. 그리고 우리가 진짜 그렇게 해낼 때마다, 저렴한 요거트의 유혹을 이겨내고 두 배 더 비싼 재활용 용기에 담긴 유기농 요거트를 집어 들 때마다 스스로 기쁠 것이다. 이 세상이 좀 더 나아지도록 하는 데 적극적으로 일조했기 때문이다. 다소 아이러니하게 들릴 수도 있지만, 친환경적 소비를 할 때 느끼는 기쁨은 사실이다. 그리고 바로 이것을 수많은 기업들은 무자비하게 이용한다. 제품에 친환경 이미지를 연출하는 것은 판매를 촉진시키기 위해서다. 동시에 이러한 제품은 실제로 비싼 가격에 팔리고 있다. 이윤적인 면에서 볼 때, 친환경 제품이라는 인상은 그것만으로도 매우 중요하다. 그것이 정말 지속 가능한 제품이라면 마진은 거의 남지 않을 것이다.

이러한 일은 끊임없이 일어난다. 다음은 이와 관련해 잘 알려진 몇 가지 예들이다.

▶ 명품 가방 및 의류 브랜드 루이비통은 비닐(플라스틱)이 함유된 합성면과 함께 동물에서 얻은 재료, 즉 가죽을 아주 많이 사용한다. 첫째, 이 기업은 제조 시 가죽의 출처 및 중금속 화학물질 크롬의 부작용에 대해 제품 라벨이나 홈페이지 어

디에도 밝히고 있지 않다. 둘째, 분명히 말하면 비닐은 연화제 투성이로, 이런 합성면은 친환경도 아니고 비닐 코팅이 되어 있어 재활용이 불가능하다. 이미 오래전부터 자체 생산망 안에서 개선 방안을 마련할 기회는 매우 많았으나 여전히 상황은 나아지지 않았다. 루이비통은 제품 재료에 주의를 기울이기보다는 2011년 당시 아주 큰 인기를 끌었던 꿀벌 구조하기 운동에 뛰어들었고, 파리 시내에 있는 집 지붕마다 벌집을 설치했다. 이렇게 근사하게 그린 이미지(green image)를 심었지만, 이는 그들의 핵심 사업과는 전혀 무관하다.

▶ 2009년 맥도날드는 세계적으로 유명한 회사 로고의 빨간 배경을 녹색으로 바꾼 다음, 이 색깔 교체는 "환경을 존중한다는 고백으로 평가"할 수 있다고 했다.[103] 나는 어디부터 시작해야 할지 진짜 모르겠다. 이 기업은 고통스러운 사육 방식으로 키운 동물로, 건강에 해로운데다 매우 기름진 싸구려 식육 가공품을 일회용 포장지에 팔고 있다. 만일 매장 앞에 회사 주유소까지 차렸다면 이보다 더 비친환경적이기도 힘들 것이다.

▶ 이와 마찬가지로 열대우림을 위한 음주도 유명하다. 독일 맥주 양조업체 크롬바커(Krombacher)는 맥주 상자를 구입할 때마다 WWF(World Wide Fund for Nature, 세계자연기금)에 증

---

103 https://www.diepresse.com/523492/mcdonalds-logo-wird-grun

214   물욕의 세계

앙아프리카의 열대우림을 1제곱미터씩 보호하는 데 일정 금액을 기부하겠다는 광고를 끊임없이 내보냈다. 최소한 처음에는 그랬다. 하지만 그것은 순전히 돈을 WWF에 뿌린 이미지 캠페인이었고, 독일 사람들은 말 잘 듣는 아이처럼 고분고분 1제곱미터씩을 위해 연일 마셔댔다.

독일의 또 다른 맥주 회사 바르슈타이너(Warsteiner)는 자체적으로 지속 가능성을 모색하다가 몇 년 뒤 이 방법을 알게 되었다. 그렇다고 이것이 바르슈타이너에게 해가 된 것은 아니었다. 당시 바르슈타이너의 홍보 담당자였던 프란츠-요셉 바이라우흐(Franz-Josef Weihrauch)가 독일 일간지 《타츠(taz)》에서 인터뷰한 것을 인용하면 이렇다. "맥주 양조자에게 성공은 판매고가 말해준다. '우리 회사는 유행을 거슬러 시장에서 성장했다'고 바이라우흐 씨는 말한다. '또 진실, 공감, 신뢰라는 면에서 우리의 가치는 눈에 띄게 상승했다.' 팬더에서 맥주로의 이미지 전환은 제대로 성공했다. 그 덕에 2011년부터 지금까지 인도네시아에서 프로젝트를 꾸준히 진행 중이다. 그곳은 기후 보호가 시급하게 필요하고 물가는 눈에 두드러지게 낮다. 여기서 맥주 한 병당 1제곱미터씩 기후 보호를 할 수 있다."[104] 이 기사를 보고 나는 온몸에 소

---

104 https://taz.de/Greenwashing-mit-Krombacher/!5085828/

름이 돈았다.

▶ 그린워싱을 자행하는 자들에게 인기 있는 방법은 단체를 설립하는 것이다. 일례로 베터 코튼 이니셔티브(BCI, Better Cotton Initiative)가 그렇다. BCI는 2005년 아디다스, 이케아, H&M을 비롯해 WWF[105] 같은 몇몇 NGO에 의해 설립되었다. BCI는 그 이름이 말하는 대로 '더 좋은 면'을 얻기 위해 수고를 아끼지 않겠다고 선언했다. 하지만 그들이 유전자 변형 종자에도 개방적이었음이 BCI의 기준에 명백히 나타났다. 속보를 말하자면, 유전자 기술로 얻은 면은(현재 시장에 나온 면의 거의 99퍼센트를 차지한다) '더 좋은 면'이 아니다. 그것은 일년생으로 증식이 불가능하다. 그러지 않아도 기후 변화와 세계 경제의 압력 덕에 생활고에 시달리는 농부들은 매년 새로운 목화 씨앗을 구입해야 한다.

이밖에 사용해선 안 되는 살충제 목록이 존재하지만, 유기농 목화의 경우와 달리 화학합성 살충제 살포를 금지한다는 말은 어디에도 나와 있지 않다. 최고의 하이라이트는, BCI의 조치들을 모두 고수할 필요는 없고, BCI 상품으로

---

105 여기서 이 단체의 이름을 볼 수 있다는 것이 이상하지 않은가? 환경에 관한 일은 수많은 관점에서 살펴봐야 한다고 생각하기 때문에, WWF를 비판하는 것은 매우 조심스럽다. 하지만 비판에 대한 이유는 이미 존재한다. 이에 대해 더 자세히 알고 싶은 독자는 빌프리트 후이스만(Wilfried Huismann)의 책 『WWF 흑서(Schwarzbuch WWF)』(Gütersloher Verlagshaus, 2012)에서 많은 정보를 얻을 수 있다.

면을 팔기 위해 꼭 필요한 것만 준수하면 된다는 것이다. 중요한 것은 오직 끊임없는 개선의 증명이 아닐까? 말하자면 이케아에서는 이론상 완전히 관습적이고 환경 파괴적으로 생산하는 곳의 면을 구입할 수 있다는 것이다. 참으로 실용적인 행태다. 그러면서 그들은 BCI와 함께하기를 바라고, 엄격하게 이곳의 면을 고객들에게 '더 좋게', 따라서 '더 지속 가능하게' 판매하기를 원한다고 말한다.

위키피디아는 이렇게 적고 있다. "원산지, 즉 수확물과 가공 방식을 고려하지도 않는다. 이로써 BCI 인증을 받은 상품들이 '친환경', 다시 말해 '깨끗한' 면으로 팔리는 동안, 아동 및 강제 노동은 효과적으로 묵인될 수 있다.[106]

게다가 여전히 어려운 문제는, 완곡하게 말하면 그들은 막대한 자본을 쥔 시스템과 함께 일하고 있다는 점이다.[107] 즉 제조업체들은 그들이 BCI에 주문한 면 일정량만 받도록 약정할 수 있고, 나머지는 완전히 전통적인 방식으로 재배한 면화를 사용할 수 있다. 그들의 제품에는 로고도 부착할 수 있다. BCI 인증 상품은 단지 정의상 생산자가 '더 좋은' 면

---

106 https://de.wikipedia.org/wiki/Better_Cotton_Initiative

107 https://www.ispo.com/maerkte/id_79693094/better-cotton-initiative-fuer-nachhaltige-baumwolle.html

을 수급하는 것을 의무로 해서 만든 제품을 의미하기 때문이다. 하지만 이 모든 것을 고객에게 낱낱이 설명할 기업이 있을까? 고객들은 BCI 인증 마크를 보고 생각한다. '와우, 이건 정말 철두철미하게 친환경 제품이야!' 요약하자면 대기업은 규칙을 스스로 정하고 우리에게 그것이 지속 가능하다고 이야기한다. 하지만 사실과 다르다.

▶ 이와 똑같은 예로 MSC라고 불리는 파란색(원래는 바다색) 로고의 해양관리협의회(Marine Stewardship Council)를 들 수 있다. 이 로고를 모르는 사람은 없다. 슈퍼마켓 냉동고 안의 생선 제품에서 파란색 배경에 하얀 물고기가 그려진 로고를 볼 수 있다. MSC도 마찬가지로 기업이 세운 단체이고[108], 또 그들의 기준도 BCI처럼 매우 관대하다. 여기서도 인증을 받으려는 의지 선언이 성사되었다. 다시 말해 수산 자원이 위태롭다고 간주된 어로 구역에서 고기잡이를 해서 잡은 물고기도 '지속 가능하다'는 MSC 인증 마크를 받을 수 있다.

또 5년 후에는 그곳에서 더 이상 고기잡이를 하지 않겠다

---

108 여기서 또다시 WWF가 설립 멤버로서 은밀히 개입하고 있다. 심지어 나도 경우에 따라 그들이 당시에 정말 그러한 단체가 좋을 것이라고 생각했다고 받아들일 정도다. 왜냐하면 전통적인 영역에서 개선점을 마련할 수 있기 때문이다. 하지만 MSC의 기준을 자세히 들여다보면, 그것은 그들에게서 많이 벗어났다고 말할 수밖에 없다.

고 말하면, 어떤 규제도 받지 않고 그것으로 끝이었다. 나는 2019년 중반까지 그린피스에서 MSC에 항의하는 캠페인에 참여했다. MSC는 머뭇거리면서 "우리 기준을 개선하도록 하겠다"는 말로 반응했다. 그 유명한 개선된 기준(거기 적힌 다음 내용은 공개하지 않았다)을 이렇다. 2019년 이후 어선 한 척 및 이와 유사한 어선은 MSC 인증 어종과 그리고 종래의 어종을 더 이상 포획해선 안 된다. 와, 와우, 우와!

▶ 내가 아주 사랑했던 그린워싱 기업, '패션 스웨덴'을 언급하지 않고서는 이 목록이 완전하지 않을 것이다. 2020년까지 모든 제품을 '더 좋은면'(!)이나 아니면 리사이클 폴리에스 테르와 같은 다른 '지속 가능한' 소재를 사용해서 만들겠다는 그들의 인상적인 공지는 그사이 잠잠해졌다. 대신 소위 '컨셔스 컬렉션(Conscious Collection)'이 그 자리를 대신하고 있다.

여느 때처럼 환경을 해치며 생산한 어림잡아도 50개는 될 듯한 컬렉션 가운데, 기껏해야 한 개 혹은 좋다, 하나 더 추가해 두 개인 시범 컬렉션마저 지속 가능한 소재로 만든 것이 아니다. 가끔은 텐셀과 같은 정말로 친환경적인 혁신 소재가 보이지만, 여전히 [애벌레를 죽이지 않아도 되는 터서 실크(tussah silk) 대신] 기존의 실크나 폴리에스테르를 사용하고 있다. 이는 완전히 잘못된 행태로, 2019년 노르웨이 소비자보

호단체는 컨셔스 컬렉션을 가리켜 "현혹시키는 표시"라며 H&M을 강하게 비판했다.[109]

이 모든 것은, 기업이 스스로 친환경적이라고 내세우며 깨끗한 환경에 대한 소비자들의 바람을 이용해 매출액을 끌어올리려고 벌이는 일들이다. 우리는 아주 사소한 것에서 기업의 사고방식을 알아차릴 때가 많다. 나는 2019년 오스트리아 기업이 포장, 플라스틱 및 환경에 관한 주제로 개최한 행사에 참가한 적이 있다. 프로그램은 매우 흥미진진했고, 훌륭한 단체들이 많이 보였으며, 강연자들도 호기심을 끌었다. 앉는 자리마다 안내 책자가 놓여 있었다. 나는 그것을 열어보고 내 눈을 의심했다. 거기엔 이렇게 적혀 있었다.

▶ 개별 포장된 세탁세제 1회분(잡지 안에 붙어 있는 경우가 많다)

▶ 볼펜(셀로판 용지에 낱개 포장됨)

▶ 여행용 미니 샴푸(친환경적이지 않고, 포장 용기 역시 어떤 형태로든 분해될 수 없다)

---

109 https://www.diepresse.com/5671621/greenwashing-vorwurf-gegen-hm

이것은 지어낸 말이 아니다.[110] 그 행사에 참여한 또 다른 남성도 100퍼센트 플라스틱프리 슈퍼마켓이라는 주제로 강연을 했다. 그리고 대부분 기업 대표로 이루어진 청중석에서 질문이 나왔다. "당신은 왜 소비자들의 책임은 없다고 보십니까? 소비자가 잘못 처리했을 때, 플라스틱은 결국 바다로 모이게 되지 않습니까?" 나는 내 귀를 의심했다. 그들은 정말 그렇게 생각했을까? 매일 일 분(!)마다 화물차 한 대분의 플라스틱 쓰레기가 바다에 도달한다. 이는 대부분의 나라에 제대로 된 폐기물 관리 시스템이 없기 때문이며, 여전히 샤워젤과 치약 안에 가득 들어 있는 미세플라스틱 때문이다. 또 폴리에스테르 옷이 점점 더 많이 팔리고 우리는 이것을 세탁해야 하기 때문이다. 소비자들이 다 잘못하고 있고, 산업은 플라스틱과 관련해 아무런 잘못이 없다는 태도에 나는 할 말을 잃었다. 무엇보다 산업계에 이러한 태도가 널리 퍼져 있기 때문이다. 기업은 본모습을 드러냈다. 그들은 자신의 책임을 인지하지 못하고, 그 책임을 손쉽게 고객

---

110 이 행사에서 매우 인상적인 프로그램이 있었는데, 어느 초대형 세탁세제 기업의 대표가 나와서 플라스틱을 재활용하는 것이 얼마나 중요한 일이고, 그때 어떤 도전들이 있는지에 대해 강연했다. 그러자 청중석에서 질문이 이어졌다. "그렇지만 당신도 플라스틱 용기 보증금제도를 진지하게 생각하지 않으시잖아요!" 이 말이 끝나기가 무섭게 대표는 단호하게 말했다. "그렇습니다!" 우리는 왜 환경보호에 관한 일에서는 아무 일도 일어나지 않고, 왜 기업은 끊임없이 그린워싱에 노출되는지 이상하게 여긴다. 누군가 쓰레기 같은 제품을 만들었다면, 제발 그것을 계속 비싼 값에 사려고 해선 안 된다.

들에게 떠넘긴다.

소비자 개개인이 자신이 구입한 상품의 생산 방식에 대해 세세히 알 수는 없다. 상품을 생산하는 기업들조차 대부분 알지 못한다. 오히려 상품의 출처를 가급적 적절히 은폐하는 데에 공을 들인다. 그들은 소비자에게 환경오염에 대한 책임을 전가할 뿐만 아니라, 깨끗한 환경을 바라는 우리의 소망까지 마케팅과 광고를 통해 인정사정없이 이용하고 있다. 나의 구매 행위에 대한 책임이 나에게 있다는 것에 이의를 제기하진 않겠지만, 내가 산 셔츠가 정말 '더 좋은' 면으로 '꽤 공정하게' 생산된 것인지 어떻게 알겠는가? 내게 이것을 말해줄 사람은 아무도 없다. 다시 말해 내가 아는 것은 단지 완성된 제품과 가격뿐이다. 제품의 재료를 보고 그것이 친환경적으로 생산되었는지 그렇지 않은지 구별할 수 없다. 기업은 고객들이 세부 사항까지 자세히 알지 못할 것을 예측하고 상품을 만든다.

그러는 사이 우리는 비닐봉지가 나쁘다는 것을, 무엇보다 슈퍼마켓의 일회용 비닐봉지가 유해하다는 것을 배웠다. 하지만 종이봉지 역시 유해하다는 사실은 모른다. 종이봉지를 만들려면 비닐봉지의 여덟 배에 달하는 에너지가 소요되고, 더욱이 그것은 수명도 짧다. 그렇지만 우리는 연갈색의 무표백 종이를 떠올리며 자동적으로 환경보호 제품이라고 생각한다. 바로 이것이 우리의 소망을 이용하는 행태다. 몇 달 전 한 오스트리아 슈퍼마켓 체인점은, 고객들이 종이봉지를 택함으로써 개인적으로 환경보호에 기여할 수 있다는 홍보를 했다.[111] 그렇지 않다. 진짜 환경보호라면 집에 있는 천가방을 가져와야 한다. 하지만 이 말은 슈퍼마켓이 내게서 매출을 20센트 손해본다는 뜻이다.

이미 그린워싱이란 개념의 유래부터 (나에게) 중요한 적절성과 책임 전가를 보여준다. 그린워싱이란 말은 1980년대에 환경활동가 제이 웨스터벨드(Jay Westerveld)가 고안한 용어로, 그는 한 논문에서 당시 호텔 산업의 실상을 비판했다. 그 무렵 호텔들은 수건을 재사용하려면 걸어놓고 세탁할 것은 바닥에 두라고 요청한 안내문을 욕실마다 비치해놓았다. 그렇게 해서 투숙객들이 물과 세탁세제와 에너지를 절약하는 데 적절한 기여를 할 수 있다는 것이다. 에어컨을 비롯한 전기 잡아먹는 하마부터 대형 호텔에서 발생하는 어마어마한 양의 음식 쓰레기까지, 호텔에서 지출되는 다른 경비와 비교해볼 때 그것은 새 발의 피다. 하지만 호텔 투숙객들의 반응은 달랐다. '정말 훌륭하군! 호텔이 환경보호까

---

111 한편 이 슈퍼마켓 체인의 또 다른 지점은, 앞으로 과일 및 채소 코너에 비치된 세탁 가능한 재활용 백을 매우 유감스럽지만 판매하지 않겠다고 공지했다. 내가 재활용 백을 1.70유로에 살 때 그 백은 바로 공짜 일회용 봉지 옆에 걸려 있었다.

지 신경쓰다니, 나도 뭔가 일조할 수 있겠군.'

아무렴. 선량한 마음을 이용해 큰돈을 벌어들일 수 있다.

죄책감 비용

이왕 말이 나왔으니 양심과 좋은 느낌에 대해 이야기해
보자. 이는 분명 쇼핑하는 데 큰 동기 부여 요인으로 작용한
다. 또 업계가 자신들의 이익을 위해 우리의 구매 행동을 어
떻게 이용할지 잘 알고 있다는 것도 분명하다. 하지만 지난
몇 년 동안 관찰한 바에 따르면 화려하게 반짝거리는 소비
의 세계가 서서히, 하지만 확실히 정도를 벗어나고 있다. 우
리의 구매 속도가 점점 빨라지면서 많은 사람이 일정한 궤
도에 내던져졌다. 어떤 이는 재정적인 어려움으로 더 이상
구매 능력이 없어지고, 어떤 이는 상황이 더 심각해서 '소
비자 신용(consumer credit)'[112]이라는 이름의 올가미에 걸
려든다. 또 누군가는 간단히 손을 뗀다. 최근 들어《플로우
(Flow)》라든가《해피네츠(Happinez)》같은 소위 '마인드스
타일(Mindstyle) 매거진'이 독일어권에서 가장 많이 팔리
는 출판물에 포함된다는 것이 전혀 놀랍지 않다. 무엇보다

---

112 통장 잔고가 마이너스라면 모두 소비자 신용 이자가 초과 인출 이자보다 더 낮지는 않
은지 거래 은행에 한번 문의해보기를 권한다. 대부분 그런 경우가 많다.

가장 성공을 거둔 주제는 요가가 아닌 자연으로, 스트레스로 지친 도시인에게 낭만적인 슬로우 라이프를 꿈꾸게 해준다. 한 예로 시골 및 전원생활을 다룬 잡지 《란트루스트(Landlust)》는 발행 부수가 거의 100만 부에 이른다.

나는 이 잡지들이 궁금해서 근처 서점을 찾았다. 보통 그곳에서는 내가 원하는 것이면 무엇이든 다 구할 수 있었다. 그런데 《란트루스트》는 이미 매진이었다. "출고 후 이틀이면 다 나가요." 내가 그 잡지를 찾자 서점 점원이 말했다. "그럼 《플로우》는요?" "그것도 다 나갔어요! 일주일 후에 다음 호가 나올 거예요!" 하고 점원은 귀띔해주었다. 그리하여 나는 《해피네츠》를 사기로 하고 거금 6.70유로를 지불했다. 이게 꿈은 아니지? 그러니까 내가 정말 사적인 영혼의 정화를 위해 세 배나 되는 돈을 내고 이걸 샀단 말이지? 스타들의 셀룰라이트를 열 배나 크게 확대해서 보여주고, 그 유명한 C양의 늘어났거나 줄어든 온갖 킬로그램에 대해 논평하고, 시시껄렁한 잡담이나 늘어놓은 이 종잇조각을? 그것은 꿈이 아니었다.

집에 오자마자 나는 오래된 연식에 비해 여전히 '지속 가능'하게 사용 중인 전기포트로 홍차를 끓여 마시며 잡지를 한장 한장 넘겼다. 시선을 사로잡는 요란한 사진과 인용 문구로 채워진 처음 몇 장을 대충 훑어본 후, 자신의 꿈을 실현한 어느 여성에 대한 글을 읽었다. 그녀는 영국에 있는 오두막집으로 이사해 그곳에서 요리하는 삶을 즐기며 살고 있다. 그리고 요리책을 출간할 정도로 성공했다. 물론 그것은 요리책을 소개하는 기사는 아니었고, 전적으로 자신의 꿈을 실현했을 때(그리고 재빨리 영국에서 오두막 한 채를 살 수 있는 돈이 수중에 충분히 있을 때) 인간이 얼마나 행복할 수 있는가를 보여주는 게 다였다.

그다음 잡지 중간에는 "당신의 소명을 위한 워크북: 당신의 왜를 발견하라"는 글이 좀 더 거친 질감의 종이에 인쇄되어 있었다. 난 이미 페이지를 넘길 때 눈치챘다. '아, 이제부턴 뭔가 진지해지겠군.' 그리고 그것은 나를 한계로 몰고 갔다. 그 속에서 달 코치라는 사람은 이렇게 말했다. "가야 하는 것이면 다 가도 좋고, 와야 하는 것이라면 다 와도 좋다." 아무렴. 정 그렇다면야! 달 코치가 잡지 웹사이트에 단독으로 올린 명상을 다운받을 수 있었다. 그런데 불쾌감은 점점 더 커졌다.

나는 에너지를 다루는 일에 추호도 반대하지 않고, 내면을 느낄 뿐 아니라 그곳에 머무르고, 또 이를 위해 좋은 방법을 찾는 일이 얼마나 중요한지 잘 안다. 하지만 그럼에도 불구하고 여기에서 '누가 더 잘 알아채는가?'라는 이름의 광고에 강요당하고 있다는 느낌이 들었다. 그것은 클래식한 패션 잡지를 볼 때 알 수 있는 일종의 압박감이었다. 패션지를 보면 내 모습이 초라해짐을 느낀다. 내 몸 사이즈가 그곳에 찍힌 전형적인 모델들보다 족히 두 배는 크기 때문이다. 그것은 불만이라는 감정이다. 그리고 잡지를 읽는 동안 내 처지에 대해 너무 많은 것을 발견하게 된다. '만약의 경우를 대비해 내 별자리에 해당하는 크리스털을 사는 게 좋겠어'라고 나는 생각했다. 어쩌면 그것이 내 마음을 진정시킬지도 모른다.

하지만 나를 처음으로 기절초풍하게 만든 것은 그다음 기사였다. "마음챙김. 최고의 나를 위한 21가지 아이디어." 나는 더 이상 읽을 수 없었다. 마음챙김은커녕 화가 치솟았다. 이건 정말 뭐지? 나, 나, 나, 나? 감정적으로 나를 내내 설득하는 자기 최적화는, 수년간 광고와 잡지에서 최고의 가격으로 팔리고 있는 육체적인 자기 최적화나 관련 제품들과 똑같은 원칙을 따르고 있었다. 나는 결코 기쁨이 넘치는 얼굴로 환하게 웃고 있는 잡지 속의 그 열 명처럼 될 수 없다.

그다음 장들은 "올빼미는 내 영혼의 전령사"이고 "향, 우리의 감정으로 들어가는 고속도로"라고 이야기하고 있었다. 그리고 좀 놀랍게도 바로 이어진 파리에 대한 글은 정말로 매우 흥미로웠다. 하지만 애석하게도 바로 그 뒤엔 또다시 의미 찾기와 "우리의 고유한 힘과 연결된 공간"을 창조하는 코코아 의식을 위한 팁에 관한 내용이었다. 이건 정말 모를 얘기였다. 내가 코코아를 즐겨 마실 때는 친구와 함께 인생을 이야기하며 껄껄거릴 때이다. 삶에 대해 고민하기보다는 일어나는 대로 내버려 두거나, 아니면 다음에 이어지는 인터뷰 기사는 뭘까 하면서 마신다. 아닌가?

그리고 드디어 쇼핑 목록이 나왔다! 여러 장에 걸쳐서 주문 가능한 상품들 사진이 펼쳐졌다. 크리스털을 비롯해 튀르키예 하맘 접시, 여러 향들을 혼합한 '빛, 사랑, 에너지', 요가 매트, 미니 제단이나 하트 차크라 목걸이(아주 싸게 199유로)를 살 수 있었다. 맨 마지막 장에서는 편집장이 노자의 말을 인용한 글을 볼 수 있었다. "무위를 행하라. 모든 것이 잘될 것이다." 아하, 알겠다! 그렇다면 나는 당신들이 여기에 제공한 이 모든 것을 사지 않겠다.

그러는 동안 내가 마시던 홍차만 쓰디쓰게 변한 게 아니라 잡지가 남긴 뒷맛도 씁쓸했다. 지금도 여전히 그렇다. 내가 힘들게 일해서 번 돈으로 산 잡지는, 원래 중요한 것은 소비의 자유와 비물질적 가치여야 한다는 문화를 빙자해 나에게 어떻게 하면 행복해질 수 있고, 이를 위해 어떤 제품이 필요한지를 이야기한다. 내가 아는 것과 학문적 지식에 따르면 참된 행복은 새로 산 크리스털 두 개를 창틀 위에 놓고, 하트 차크라 목걸이를, 그것도 십중팔구 중국에서 환경을 파괴하며 만든 목걸이를 목에 거는 데에 있지 않다. 명상, 요가도 다 매한가지다. 나는 '제대로 만든' 요가 패션을 구입함으로써 이런 행복을 얻고 싶지 않다. 이런 자기 최적화는 뼛속까지 신자유주의적이다.

이들 잡지의 공통점은 무엇인가? 그들은 단순한 삶에 대한 욕망을, 잿빛 콘크리트 사막 대신 자연에 대한 욕망을, 그리고 지루한 사무실 일보다 진정한 성취에 대한 욕망을 부추긴다. 내가 끊임없이 부조리하다고 생각하는 게 있다. 마음챙김 운동은 외적인 것에 둘러싸이는 것이 아니라 내면에 집중하는 것이며, 몸과 마음에 효과적인 명상이나 요가, 그 밖의 기술을 강조하고, 자연 속에서 많은 시간을 보내는 것이 목적이다. 스트레스 많은 일상에서 지칠 대로 지친 마음에 이보다 더 유익한 것은 없기 때문이다.

하지만 문제는 기본적으로 이 모든 것을 위해 아무것도 살 필요가 없다는 것이다. 당연히 조야한 색들로 조합된 다채로운 만다라 그림으로 뒤덮인 잡지도 필요 없다. 솔직히 말하면 그런 것들에 너무 화가 난다. 우리는 쏟아져 나오는 상품들에 둘러싸여 '과잉 쇼핑' 상태에 있다. 모든 것이 숨가쁘고 현란하고 요란하다. 출퇴근 시간이면 발 디딜 틈 없는 지하철을 견뎌야 한다. 그래서 한 번씩 숲속 한가운데에 있는 적막한 나무집으로 떠나고 싶어 한다. 하지만 큰 사회 변화를 위해 적극적으로 뭔가를 하기보다는 현실을 견디기 위해 단지 상상의 세계로 몸을 피한다.

그러나 중요한 것은 시스템을 바꾸려는 동기다. 물론 우리는 시스템에 적응할 수도 있고, 과도한 스트레스에서 요가나 명상으로 다시 기운을 차릴 수도 있다. 하지만 중요한 것이 오로지 나뿐이고 수동적으로 지켜보고만 있다면, 이런 비인간적인 자본주의 게임에 계속 동참하는 것이나 다름없다.

나는 이렇게 불편한 감정을 느끼는 사람이 나 혼자일까 생각하다가 그렇지 않다는 것을 아주 빨리 발견했다. 그 점에서 하르트무트 로자는 완전히 내 편이다. 이 저명한 사회학자 역시 호황을 누리고 있는 현대의 마음챙김 운동을 비정치적이라고 본다. 그녀는 점점 빠르게 변하는 노동 환경에서 여전히 사라지지 않는 문제를 사회가 개개인에게 떠넘기고 있다고 말한다. "마음챙김 운동은 이미 트렌드가 되고 있다. 당신이 충분히 마음챙김을 연습하고 당신과 다른 사람의 마음을 충분히 알아차린다면, 그리고 사물과 세계에 충분히 주의를 기울이기만 한다면 모든 것이 다 잘될 것이라고 말한다. 성공적으로 세상과 관계를 맺는 문제에 대해서는 전적으로 개인의 성격적 특성에 달려 있다고 여긴다. (중략) 실제로 사람들도 그것을 경영인 혹은 성공한 엘리트들이 찾고 실천하는 것으로 생각하고 있다. 극단적인 예로

'사람들을 해고하고 양심의 가책과 많은 어려움을 겪은 뒤 마음챙김을 수행하고 훨씬 편안해졌다'고 말하기도 한다. 즉 사람들이 보는 것은 마음챙김 논리의 기능화다."[113] 우리는 이 모든 마음챙김 소란 덕에 인간 상호 간의 책임감 있는 교제를 윤리적으로 잊어버렸다.[114]

샌프란시스코 대학교 비즈니스 스쿨 경영학 교수인 로널드 퍼서(Ronald Purser)는 더 극단적으로 본다. 그는 저서 『마음챙김의 배신(McMindfulness)』[115]의 서두에서 바로 설명하고 있다. "나는 회의적이다. 우리가 사는 불공평한 사회에서 이를 변화시키려는 노력 없이 성공을 보여주는 것은 혁명적이지 않다. 단지 그것을 다루는 사람에게만 유익할 뿐이다. 하지만 이는 상황을 악화시킬 수도 있다. 우리 삶에 영향을 끼치는 정치, 경제적 기본 조건에 과감한 조치를 요구하는 것이 아니라 고통의 원인이 우리에게 있다고 말하는 것이기 때문이다." 이어 퍼서 교수는 이렇게도 말한다. "사람들은 마음챙김을 그만둬선 안 되고, 이것에 관심을 갖는

---

113 https://www.deutschlandfunk.de/kritik-an-der-achtsamkeitsbewegung-von-innen-ruhig-nach.886.de.html?dram:article_id=373136

114 바로 이 주제를 다룬 굉장히 재미있는 소설이 있다. 카르스텐 두세, 『명상살인(Achtsam morden)』, Heyne Verlag, 2019

115 로널드 퍼서, 『마음챙김의 배신』, 서민아 옮김, 필로소픽, 2021

사람이 모두 세속을 벗어났다고 말할 수도 없다. 물론 목표는 언제나 개인의 스트레스나 고통을 줄이는 것이다. 또 마음챙김과 요가를 통해 이를 달성하는 것도 좋다." 훌륭한 말이다! 다만 개인의 스트레스는 대개 사회적 원인에서 비롯되는 경우가 많으므로 사회와 정치 시스템에서도 시작되어야 한다는 것 역시 알아야 한다.

산업이 마음의 평안을 원하는 인간의 바람을 이용하는 것은 마땅히 비난받을 만하다. 우리가 살고 있는 시스템은 부조리하다. 우리가 쇼핑하는 것은 우리 자신이며, 자신을 증명하려면 돈이 필요하다. 그런데 임금은 점점 줄어들어 우리는 일을 더 많이 할 수밖에 없다. 더 많은 돈을 벌기 위해서는 점점 이기적으로 변할 수밖에 없다. 진실은, 우리 모두 고통받고 있다는 사실이다.

업계에서는 그것이 오롯이 우리 책임이며 완전히 혼자 힘으로 비참한 상황에서 빠져나올 수 있다고 설득한다. 이를 위해 향 혼합물을 사서 피우고 복식호흡을 해서 해결할 수 있다면 인생은 얼마나 간단할까? 마음챙김의 방법들은 대부분 불교에서 유래했다. 하지만 지금은 불교 승려들조차 매우 언짢게 생각한다. 미국 승려 빅쿠 보디(Bhikkhu Bodhi)는 불교가 의심 없이 소비주의를 받아들였다며 이렇게 경고했다. "날카로운 사회 비판 없이 이루어지는 불교 수행은 현재 상태를 정당화하고 안정화시키는 데 이용될 수 있다. 이렇게 해서 손쉽게 소비자본주의를 강화할 수 있다"[116]

나는 정말 소름이 돋았다. 진정 우리가 모두 잘 살기 위해서는 이제 '나'만의 관점에서 빠져나와 공동체를 생각하고, 좀 더 인도적이고 공정한 경제 시스템을 위해 노력해야 하지 않을까? 주관적이 아니라 객관적으로? 정치학자 웬디 브라운(Wendy Brown)은, 연대감 없는 개인화로 인해 정치적 통합은 더 이상 없고 오직 "개인 사업가와 소비자 집단"만[117] 존재하는 결과를 낳는다고 꼬집었다.

어쨌든 나는 마음챙김 매거진을 두 번 다시 사지 않는다. 그보다는 이러한 잡지를 비판한 사람들의 탁월한 글을 읽는다. 독일 일간지 《프랑크푸르터 알게마이네 차이퉁(FAZ)》의 안드레아 디너(Andrea Diener)만큼 내 생각을 잘 표현해주는 사람은 없을 것이다. 이 저널리스트는 잡지 《해피네츠》의 자매지인 《플로우》를 비평한 적이 있다. "창간호를 가리켜 '그 이야기 속도는 흡사 문학과 같다'고 편집주간 지냐 쉬테(Sinja Schütte)가 말했다. 나는 그렇지 않다고 반박했다. 텍스트를 읽는다는 것은 마치 밥 로스(Bob Ross)가 그림

---

116 앞의 책
117 앞의 책

그리는 모습을 지켜보는 것과 같으며, 누군가를 무의미한 무의식 상태에 빠져들게 한다. 어쩌면 그것은 마음챙김 같은 것이 아닐까. 사람들은 친구와 함께 나무에게 입힐 뜨개옷을 만들고 싶은 생각이 들 때까지 아주 오랫동안 숨을 들이마신다. 나는 그러고 싶지 않다. 단추를 꿰매는 모험을 해서 사람들에게 칭찬받고 싶지 않다. 나는 학습 장애가 있는 내 여동생처럼 취급받고 싶지 않다. 나의 페미니즘적 동력은 주로 바보 취급을 당하지 않으려는 욕구 때문인데, 애석하게도 이 잡지는 정확히 그 카테고리 안에 들어간다. 이 잡지는 나와 내가 처한 문제를 진지하게 받아들이는 대신 깨끗이 지우려고 한다. 그것만으로 이미 화가 날 만한 일이다. 꽃무늬 도자기와 무드보드보다 창의적인 생산성을 높이는 최고의 동력이 무엇인지 아는가? 그렇다. 바로 분노다."[118]

곤도 마리에의 성공

쓸데없는 물건들을 정리했을 때 느끼는 개운한 기분을 우리는 잘 안다. 나는 규칙적으로 정리 발작이 일어나면 집 안에 있는 것을 사정없이 내다 버린다. 나에게 정리란 지금 책

---

118 https://www.faz.net/aktuell/feuilleton/medien/magazin-flow-lasst-uns-einen-baum-umhaekeln-13541888.html

상 서랍과 선반에 있는 상자들 속에 도대체 무엇이 들어 있는지, 내가 소유한 것을 전체적으로 관망해보고 싶은 바람을 말한다. 얼마 전에는 집안 정리를 하다가 부모님의 그 유명한 크리스마스 타임캡슐을 발견한 적도 있다. 2014년에 만든 것으로, 그 안에는 100유로가 들어 있었다. 최근에는 작년 겨울에 신었던 두껍고 따뜻한 팬티스타킹을 몇 주 내내 찾았는데 두세 개가 아니라 여섯 개나 된다는 걸 알고 있었다. 이 스타킹들은 겨울이면 꼭 있어야 할 나의 기본 장비다. 그런데 사라졌다. 만일 버렸다면 쓰레기통에서 찾아올 적어도 사흘이라는 시간이 있었다. 그리고 나는 정말 그것을 하나하나 모두 손에 넣었고, 다시 버리거나 새로 정리했다.

물건을 정리하면 안좋은 점도 있다. 언제 이렇게나 많은 잡동사니가 생겼는지, 어지럽게 널브러진 광경에 끔찍한 기분이 든다. 그러면 어찌할 바를 모르겠고, 치워도 치워도 끝날 것 같지 않다. 가끔 놀랄 일도 일어난다. 16살 때 오빠의 단골 음식점에서 훔친 재떨이가 마지막 세 번의 소탕 작전 후 등장했으며, 유효기간이 2년이나 지난 당면이 책상 서랍 안에서 발견되기도 한다.

하지만 다 마치고 나면 기분은 이루 말할 수 없이 좋다. 다 정리되었다. 모두 제자리를 찾았다. 책들은 색깔별로 꽂혀 있고, 가방은 크기에 따라 분류되었다. 세상 어떤 가게도 이곳처럼 순식간에 모든 것이 채워졌다가 사라지는 곳도 없을 것이다. 선반에는 빈 공간이 생겼고, 심지어 책상 서랍은 두 군데나 비었다. 소파에 앉아 나만의 왕국을 둘러보며 만족스러운 한숨을 내뱉고, 이제 드디어 다시 나의 소유물을, 내 인생(!)을 통제할 수 있다고 느낀다. 그리고 갑자기 집중도 더 잘 된다. 가벼운 마음으로 책상에 앉아 글을 쓴다. 스트레스를 받은 뇌도 혼돈 없는 평화로운 광경에 긴장을 풀 수 있다.

바로 이러한 과정과 느낌을 사람들에게 설명해서 대성공을 거둔 사람이 있다. '곤도 마리에'라는 일본 여성이다. 그녀는 '정리의 기술'에 대한 책을 세 권 출간했고, 27개 언어로 번역되어 700만 부 이상 판매되었다. 책의 주제는 매우 흥미롭다. '당신의 물건에 가치를 부여하라. 그것들은 모두 당신에게 의미가 있고, 그 진가를 인정받아야 한다. 모든 것을 하나하나씩 손으로 만져보고 생각해보라(혹은 마음속으로 느껴보라). 지금 당신 손안에 있는 물건은 당신에게 정말 필요한가? 그것은 당신에게 부가가치를 부여하는가? 아니면—곤도 마리에의 말을 그대로 옮기자면—당신 안에 설렘을 불러일으키는가?[119] 그렇다면 계속 가지고 있어도 좋

---

119 영어로는 'See if it sparks joy'라고 한다. 그 사이 'spark joy(기쁨을 일으키다, 설레다)'는 독일어권에서도 자주 사용하는 관용어가 되었다.

다. 만약 설레지 않는다면 버려라. 그리고 남은 것은 잘 정리하라. 가장 좋은 방법은 모든 것을 주제별로 분류해 다양한 상자 안에 보관하는 것이다.'

2018년에서 2019년으로 해가 바뀌었을 때 넷플릭스에서 그녀의 시리즈가 방영되었고, 곤도 마리에의 인기는 하늘 높이 치솟았다. 작고 가녀린 체구의 이 일본 여성은 전형적인 미국 가정을 방문해 물건을 정리하고 버리는 기술을 알려주었다. 몇몇 장면은 좀 낯설기도 했다. 이를테면 쌓아둔 책을 두드리면서 책들을 '깨워야 한다'는 대목이 그렇다. 하지만 시리즈는 전 세계를 강타했다. 처음 방영된 1월에는 유명한 스웨덴 가구 전문점마다 사람들이 몰려와 북새통을 이루었고, 곧바로 물량 부족으로 실망한 고객들은 온갖 형태와 크기의 수납 상자, 보관 용기들을 신청했다.

나는 버리기와 정리 방법에 대해 충분히 공감한다. 하지만 책장에 단 30권의 책만 필요하다는 말을 듣고 시청을 멈췄다. No, no, no! 미안하지만 그건 아니다.

어쨌든 곤도 마리에와 그녀의 성공은 미니멀리즘의 장점을 훌륭하게 보여준다. 선반을 비우는 것 이상의 영향을 주는 매우 적합한 접근법임이 틀림없다. 개인의 자유로움과 소유는 서로 관련이 있고, 무엇보다 소유는 우리를 정의한다. 자신이 필요한 것보다 더 많이 가졌다는 것을 정확히 알면서도 무기력하고 만신창이가 된 기분을 모르는 사람은 없을 것이다.

곤도 마리에 시리즈가 막 세상에 나왔을 때, 나는 당시 에든버러에 살고 있던 친구 슈테프를 방문 중이었다. 우리 둘은 중고 가게를 샅샅이 터는 일에 큰 재미를 붙인 뒤, 근처 채러티숍charity shop, 기증받은 물품들을 팔아 자선기금을 모으는 중고품 가게들이 줄지어 있는 대학교 주변을 걷기로 했다. 아, 영국의 채러티숍. 나는 그곳들을 사랑한다. 그곳에서는 물건을 크게 분류하지 않고 가게에 들어오는 족족 그대로 손님들에게 판다.[120] 상점마다 진열장에 게시물이 걸려 있다. 영업시간 외에는 물건을 놓고 가선 안 되고, 이는 소방 경찰에 의해 금지되었다는 내용이 적혀 있었다(그것은 정말 위험하다. 단 한 사람이라도 꺼지지 않은 담배꽁초를 옷 더미에 던질 경우, 순식간에 건물 절반을 태우는 끔찍한 사고가 발생한다). 슈테프와 나는 소비사회를 비웃으며 다시 이야기를 나눴다. 통 크게 기부하는 사람들이 이렇게나 많다니 당혹스러울 지경이었다. 이는 전혀 놀랄 일이 아니다. 끊임없이 새 물건을 산더미처럼 쌓지만 이상하게도 집은 커지지 않으니 말이다.

---

120 싸고 좋은 물건을 찾아다니는 사람들을 위해 따끈따끈한 고급 팁을 알려주겠다. 런던에 가면 고급 주택가로 가서 그곳의 중고 가게들을 둘러볼 것을 추천한다.

나는 이틀 동안 계속 똑같은 거리를 걸어다녔다. 그때는 가게들이 문을 닫은 저녁이었고 주위는 컴컴했다. 상점 앞마다 옷과 '소품'이 가득 담긴 커다란 쓰레기 봉지가 두세 개씩 놓여 있었다. 몇몇 봉지는 너덜너덜 찢어져 있었는데, 방금 이곳을 지나가던 행인들이 눈에 불을 켜고 공짜로 좋은 물건을 확보하려 했기 때문이다. 스코틀랜드풍의 장대비가 쏟아지는 상황에, 이토록 어리석은 생각이라니. 남은 물건은 더 이상 사용할 수 없었다. 상점의 지침은 철저히 무시되었고, 버려진 물건은 엄청났다.

다시 빈으로 돌아와 신문을 읽었는데, 빈에 있는 중고 상점들 역시 기부로 인해 넘치는 상황이었다. 빈의 카리타스 캠프를 이끌고 있는 엘리자베트 밈라(Elisabeth Mimra)가 기고한 글을 보니 "이례적으로 많은" 사람들이 정리한 물건을 가져왔다고 적혀 있었다.[121] 일반적으로 기부를 많이 하는 시기는 크리스마스 휴가철인데, 올해는 1월 6일 이후에도 끊이지 않는다고 했다. 심지어 주말에도 가구며 가재도구며, 옷이나 책을 기부하려는 사람들의 줄이 길게 이어졌다. 밈라도 분명히 알고 있었다. 그것은 곤도 마리에 효과였다.

---

121 https://kurier.at/chronik/wien/wien-mistet-aus-second-hand-geschaefte-gehen-ueber/400387178

기부 열풍을 보며 나는 버려진 물건들이 대체 어디로 가는가 하는 의문이 끝없이 들었다. 많은 사람이 기부라는 좋은 일을 했다고 생각하겠지만 사실은 그 반대다. 특히 옷들을 쌓아둔 캠프는 온갖 봉제물로 터지기 일보 직전이지만, 몇 년이 지나도 이런 기부 열풍은 끝나지 않을 것이 불 보듯 뻔하다. 질 낮은 옷은 더 이상 팔 수 없기 때문에, 그 책임은 이제 옷을 가능한 한 저렴한 값에 처리하거나 폐기하는 옷수집가들에게 있다.

곤도 마리에는 미니멀리즘과 버리기, 그리고 우리를 정말 행복하게 만드는 것은 무엇인지에 대한 질문의 대변자다. 어찌됐든 대단히 멋진 일이다. 하지만 몇 년 동안 내 안에서 사라지지 않고 끈질기게 이어지는 생각은 그녀가 트렌드를 일으켰다는 것이다. 트렌드의 특성이 무엇인가? 순식간에 열풍이 불어 수없이 많은 사람들이 휩쓸렸다가 다시 빠른 속도로 그 중요성을 잃어버린다. 충분한 고려 없이 발생할 경우에 트렌드는 심지어 정반대 방향으로 바뀔 수 있다. 물론 곤도 마리에[곤도 마리에의 이름은 '곤마리하다(to konmari)', 즉 '정리하다'의 뜻으로 통용될 만큼 유명해졌고, 이와 함께 그녀의 정리수납법은 '곤마리'라고 불린다] 방식으로 정리한 순간부터 평생 그렇게 미니멀리즘하게 줄이고 정리하며 사는 사람들도 없지는 않다. 하지만 감히 확신하건대, 그녀의 책을 읽고 시리즈를 시청한 사람들 대다수는 이러한 삶의 방식을 지속적인 습관으로 만들 수 없다. 유튜브에서 말끔하게 치운 자신의 빈 서가를 보여주며 감격해하는 수많은 젊은 여성들을 보면, 자신이 확보한 빈 공간을 새로운 상품으로 채울 생각에 무의식적으로 행복해하는 것은 아닌가 하는 생각이 든다. 자원을 축적하려는 생물학적 욕구와, 소비를 통한 정체성의 발견은 빈 선반을 다시 빠른 속도로 채우게 만든다. 이렇게 소비의 바퀴는 계속 활기차게 돌아간다.

그런데 전혀 예상하지 못한 일이 일어났다. 곤마리 방식으로 물건을 정리하고 많은 공간을 얻었던 바로 그 사람들이 그곳을 다시 채워 넣을 기회를, 그것도 친히 곤도 마리에를 통해 얻었다. 2019년 겨울, 그녀는 자랑스럽게 자신의 온라인 숍을 세상에 공개했다. 거기서 사람들은, 아주 당연히 그녀의 책뿐 아니라 각양각색의 보관 상자를 살 수 있었다. 그 외에도 왜 필요한지 정말 알 수 없는 다양한 상품이 있었다.

▶ 티 통(tea tin). 좋다. 필요할 수도 있다. 그런데 하나 가격이 200달러? 그 안에 차도 들어 있지 않은데?

▶ 여러 가지 크리스털과 부속품으로 크리스털을 두들기는 작은 소리굽쇠, 각각의 크리스털은 저마다 고유한 음파를 가지고 있다. 실은 하릴없이 누워 있는 용도로 고안된 두 개의 물건일 뿐이다. 게다가 가격은 75달러!

▶ 양초 85달러, 미니 비누 조각 22달러. 제정신인가?

▶ '플라워 부케 토트'. 이건 특별히 내 마음에 들었다. 이게 뭐냐고? 면으로 만든 너무나도 평범한 쇼핑 가방이다. 이걸 들고 낭만적으로 시장에 가서 구입한 꽃다발을 면 가방 안에 넣어 집으로 온다. 다시 반복하지만 너무나도 평범한 면 가방의 경이로운 판매가는 42달러! 어떤 드럭스토어에서든 2유로면 살 수 있다.

"200달러라니, 이해할 수 없어. 그래 봤자 고작 티 보관통이야. 황금으로 만든 것도 아니고." 이렇게 친구에서 메시지를 보냈다.

"왜냐하면 특별히 설레서? 내가 보기엔 아주 좋은데. 신비주의 쓰레기를 팔아넘기는 것이 늘 나의 플랜 B였거든." 친구가 답장했다.

"아 그래, 그럼 나도 오늘부터 뜨개실로 웰니스 행주를 뜰게." 나는 대답했고, 그녀의 의견은 감격스러웠다.

"우리가 거기에 에너지를 집어넣은 다음 200유로에 파는 거야!" 친구는 문제의 핵심을 찔렀다.

내 안의 모든 냉소적인 유머는 완전히 어이없을 때 나오는 대처 전략이다. 그 온라인 숍은 너무나 터무니없어서 실소가 나왔다. 그리고 자기가 쓴 책들과 영상물로 백만장자가 된 한 여성의 끝없는 욕심이 어이가 없었다. 그것도 사람들에게 자신의 버리기 철학을 팔아 부자가 되었다는 것(그리고 그것으로 소비의 악순환이 된 것)은 완전히 부조리하다. 아니, 이제 그녀는 사람들이 쇼핑을 좋아한다는 사실을 눈치챘다. 미안한 말이지만 그래서 완전히 정신 나간 것들을 터무니없는 가격에 팔고 있다. 또다시 탐욕이 시장을 지배한다.

정리하기 트렌드가 단지 또 다른 소비를 부추길 뿐이라는 나의 의혹은 증명됐을 뿐만 아니라, 더욱이 정리의 여왕에 의해 선동되기까지 했다. 아니면 진정한 미니멀리즘적 삶을 위해 가로세로 10×12cm의 150달러짜리 황동 거울이 필요한 사람이 있을까?

갑자기 빈 서가가 유행이어서 새로운 공간을 만들기 위해 모두 내다 버리는 것이 아니라, 우리의 집단적 사재기 심리와 그 유형을 다룬다면 미니멀리즘은 매우 흥미진진한 개념이다. 하지만 모든 진정한 미니멀리스트도 결국엔 소비로 자신이 누구인지를 보여준다. 다시 말해 비소비를 통한 자기 증명이나 소비를 통한 자기 증명이나 매한가지다.

블랙 프라이데이와 아무것도 사지 않는 날

이왕 말이 나왔으니 의식적인 비소비에 대해 이야기해보자. 미국에서 추수감사절(Thanksgiving)은 매우 큰 축제인

데, 그 직후에 오는 금요일이 바로 그 전형적인 쇼핑의 날이
다. 그날은 항상 징검다리 연휴로, 모든 판매자들이 돈을 쓸
어 담는 날이기도 하다. 얼마 지나지 않아 그 금요일을 블랙
프라이데이(Black Friday)[122]라 불렀다. 사람들이 전자제품
매장에 몰려들어 플라즈마 TV를 세 대씩 들고 나오는 모습
이 보도된 것도 블랙프라이데이부터였다. 그러다 반대 운동
으로 '바이 낫싱 데이(Buy Nothing Day, 아무것도 사지 않는 날)'
가 생겼다. 미국에서 이날은 전통적으로 블랙프라이데이 다
음날인 토요일이고, 유럽에서는 그 당일인 금요일이다. 소
비 비판적인 단체들은 이미 1990년대 초부터 쇼핑 광기에
저항하는 신호로 블랙프라이데이 하루 동안 정말 아무것도
사지 않을 것을 호소했다.

　추수감사절은 본래 아름다운 전통임에도 불구하고 오늘
날까지 유럽에서는 빛을 보지 못하고 있는 데 반해, 이어지
는 블랙프라이데이는 대단히 성공적이다. 문제는 상업이 이
것을 이용할 수 있다는 점이다. 물론 사정을 모르는 것은 아
니다. 내 주위 사람들은 이렇게 말한다. "난 정말 블랙프라
이데이가 아니면 살림에 필요한 것을 살 수 없어요. 그날이

122　참고로 이날은 인종주의와 아무 관련이 없다. 블랙프라이데이라는 이름은 필라델피아
　　　경찰에 의해 만들어졌다. 1950년대에 수많은 상품이 쏟아져 나왔고, 도시가 쇼핑하는
　　　사람들로 인산인해를 이루면서 경찰들이 과중한 업무에 시달렸다.

오기만을 손꼽아 기다려요." 하지만 이런 사람들은 과반수를 넘지 않고 무엇보다 판매자들의 목표 집단도 아니다. 블랙프라이데이는 물건을 싸게 하나하나 사들이면서 지갑을 비울 수 있는 날로 받아들여진다. 하지만 알고보면 싸게 사는 것이 아니다. 최근 발표된 한 연구에 따르면 첫째, 블랙프라이데이에 정상가를 파격 할인가라고 팔 수 있도록 수많은 상품의 가격을 미리 더 올려놓는다.[123] 둘째, 물건을 저렴하게 구입할 수 있다는 데 들뜬 사람들이 불필요한 것을 너무 많이 사재기한다.

특히 패션 분야의 경우 블랙프라이데이에는 매장에 빈 공간을 만들지 않는 게 불문율이다. 왜냐고? 쇼핑으로 무아지경에 빠진 사람들은 입지 않을 옷까지 한가득 쓸어 담는다. 모두는 아니어도 구입한 옷 가운데 최소한 몇 개는 그렇다. 이렇게 블랙프라이데이에 단돈 몇 푼에 살 수 있도록 인권침해 환경에서 만들어진 그 옷들은 아무 쓸데없이 옷장에 고스란히 누워 있고, 그 부작용은 바로 그 몇 푼만큼 줄어든 통장에 나타난다. 대체 무엇을 위해서인가?

그보다는 저항의 의미에서 그날 하루는 의식적으로 절대

---

123 https://www.derstandard.at/story/2000111592155/black-friday-bei-der-rabattaktion-gibt-es-kaum-preisnachlass

아무것도 사지 않는 편이 더 낫지 않을까? 또 언제든 주중에 임의적으로 하루를 정해 실험해보는 것은 어떨까(그것이 꼭 11월 마지막 금요일일 필요는 없지 않은가)? 그것은 우리의 눈을 뜨게 하고 우리의 지갑도 여유롭게 해준다.

지난 몇 해 동안 나는 어이없게도 몇 차례나 그것에 실패했다. 그 일은 매번 식료품을 살 때 벌어졌다. 꼭 카운터에서 계산을 마치자마자 오늘이 무슨 날인지 전광석화처럼 스쳤다. 그런 다음 내 머릿속의 변명은 '적어도 불필요한 것은 없다'였다. 그 순간 온몸이 후끈했고, 내 변명이 마음에 들지 않았다. 하지만 작년 11월에 나는 아무것도 사지 않는 날이 내 머릿속에 얼마나 견고히 자리잡았는지를 증명했기 때문에 기뻐할 수 있었다. 바로 이것이 아무것도 사지 않는 날의 의미다. 소비 행동에 대한 이날의 상징적 가치와 반성은 실제 경제적 효과보다 훨씬 더 큰 영향을 끼친다.

우리가 아무것도 사지 않는다면

나는 하루가 아니라 일 년 동안 아무것도 사지 않은 적이 있다. 나의 큰 약점이던 패션 분야에서였다. 2012년 한 해 동안 나는 그 어떤 새 옷, 새 신발, 새 장신구, 새 가방, 새 액세서리를 사지 않았다. 물론 먹는 것은 제외였다. 당시 내 결심은 친환경적 혹은 사회적인 배경과는 전혀 관련이 없었다. 단지 내가 일관된 태도를 유지할 수 있는지 증명해보고 싶었다. 아무것도 사지 않기로 결심한 후 처음으로 이런 생각이 들었다. '그럼 이제부턴 내가 산 물건들이 어디서 오는지 자세히 알아보자!' 나는 즉시 실행에 옮겼고, 의류 생산과 소비를 바라보는 내 시선은 완전히 바뀌었다. 나는 옷장 속의 옷들이 어떻게 만들어지는지 알아보는 데에만 그치지 않고, 패스트 패션을 대체할 수 있는 새로운 것은 무엇인지 함께 연구했다.[124] 그 이후로 지금까지 새 옷을 살 땐 될 수 있는 대로 그것이 친환경 소재이고 공정한 생산 방식으로 만들어졌는지 유의한다. 하지만 유감스럽게도 가끔은 불가능할 때도 있다. 얇은 양말, 스포츠 의류, 기능복, 브래지어와 신발은 어려움을 겪는 종류다. 특히 신발의 경우, 나는 투박한 전형적인 에코슈즈 룩을 좋아하지 않는데다 선택의 폭도 매우 제한적이다. 어쨌든 가급적 새 신발을 적게 사는 것이 중요하다. 이는 무엇보다 내가 교환과 중고의 세계를 발견했기 때문에 가능했다.

그때부터 패스트 패션 매장에 가서 옷을 살 때면 부끄러움을 느꼈다. 그 옷들이 어떻게 생산되는지를 잘 알면서도 샀다는 게 부끄러웠다. 동시에 그 옷이 내 마음에 꼭 들었다고

---

124 나는 이에 대해 쓴 책도 있다

생각하는 나 자신을 발견했다. 그럼에도 부끄러움은 컸다.

놀라운 소녀 그레타 툰베리^{Greta Thunberg, 2003년생의 스웨덴 환경운동}가로, 2019년에 유엔 본부에서 열린 기후 행동 정상회의에서 연설하여 세계적으로 유명해졌다와 전 세계 '미래를 위한 금요일(Fridays for Future, FFF)'이라는 단체를 중심으로 '플라이트 셰임(flight shame)'이 널리 확산되고 있다. 비행기를 타는 부끄러움. 비행기가 다른 교통수단에 비해 월등히 환경을 해치기 때문에 느끼는 감정이다. 좋아, 그렇다면 소비의 부끄러움은? 플라이트 셰임 운동이 일어났을 때 곧바로 이런 생각이 들었다. 결국 우리의 소비야말로 기후 변화의 가장 큰 원인이기 때문이다. 최신 연구에 따르면 소비가 바로 그 주범이다. 오스트레일리아, 영국, 스위스 출신의 과학자들로 이루어진 한 연구팀은, 꾸준히 증가하는 소비 때문에 기후 변화에 맞서 싸우는 모든 기술 발전이 사라졌음을 밝혀냈다. 그들은 '녹색' 혹은 지속 가능한 경제 성장과 같은 것이 존재할 수 있는지 의심한다.[125]

몇 달 후 나는 처음으로 소비의 부끄러움에 대해 쓴 글을 읽었다. 하지만 터무니없는 내용의 글이었다. H&M 그룹 회장인 카를 요한 페르손(Karl-Johan Persson)은 한 인터뷰에

---

125 이 모든 연구 결과는 웹사이트에서 찾아볼 수 있다. (https://www.nature.com/articles/
s41467-020-16941-y#auth-4)

서 소비의 부끄러움은 "처참한 사회적 결과"를 낳을 수 있다고 말했다. 그는 그 이유에 대해 H&M의 옷을 만드는 방글라데시 사람들이 더 이상 일자리를 얻을 수 없기 때문이라고 설명했다.

다시 한 번 천천히 글을 옮겨보자면, 스웨덴에 있는 한 남성은 거대한 기업을 소유하고 있고 막대한 부를 가진 대부호다. 그는 옷을 만든다. 그것도 방글라데시, 튀르키예, 베트남과 에티오피아처럼 노동력이 싸고 노동법이 잘 준수되지 않는 나라라면 어디서든 만든다. 그렇게 만든 옷을 대부분 서양에서, 쇼핑센터와 쇼핑 번화가가 있는 곳이면 어디서든 판다. 그가 왜 그렇게 부자냐고? 그의 아버지는 이미 1990년대 초부터 세계화를 간파하고 염가 생산에 투자한 1세대 인물이었다. 그의 회사는 지난 30년간 상당히 많은 일을 저질렀다. 한편으로는 의류 생산에 막대한 화학물질을 사용했고, 생산국들의 환경 안전 기준에 대한 낮은 인식으로 인해 엄청난 양의 폐수를 방출해 수질을 오염시켰다. 다른 한편으로는 하루 종일 일해도 수없이 많은 사람이 가난에 허덕이고 있다.

그러다가 10여 년 전부터 사람들은 그의 회사와 생산 방식을 공개적으로 비판하기 시작했다. 그가 가난한 이들의 희생을 대가로 얼마나 많은 이익을 취했고 동시에 얼마나 많은 환경 파괴를 저질렀는지에 대한 비판이었다. 이에 대한 반응으로 페르손은 2018년까지 모든 노동자에게 최저생활임금(subsistence wage)을 지급하겠다고 발표했다. 그것은 노동자들이 그들의 고국에서 인간다운 생활을 할 수 있는 임금이다. 최저생활임금은 그들이 사는 나라의 법적 최저임금(minimum wage)을 훨씬 상회한다. 페르손은 또 자신이 친환경 사회적 기업을 이끌지 못했다는 것을 분명히 밝히려는 시도도 여러 차례 했다. 하지만 팔리지 않은 신상품을 소각하라고 지시한 사실이 밝혀지는 등 연이어 스캔들이 터졌다. 기업 이미지는 계속 손상을 입었다.

그러던 중 그에게 새로운 아이디어가 떠올랐다. 그는 허심탄회하게 죄책감을 이야기했다. 이로써 사람들은 계속 매장에 와서 옷을 구입했다. "여러분이 우리 매장에서 옷을 사지 않으면 수많은 사람이 굶어 죽습니다." 페르손은 이렇게 말했다. 아마도 눈 하나 깜짝하지 않고.

카를 요한 페르손 씨, 당신을 위해 옷을 만드는 사람들도 굶주리고 있다. 높은 매출로 이익을 보는 유일한 사람은 당신뿐이다. 이젠 어떤 책임 전가도 결코 도움이 되지 않는다. 게다가 내가 조사한 바에 따르면, 당신을 위해 일하는 노동자들은 2020년까지도 여전히 최저생활임금을 받지 못했다.

소비의 부끄러움. 그것은 또다시 업계에서 뻔뻔하게 사람들의 죄책감을 이용하는 접근 방식이 될 수 있다. 사람들이 더 적게 소비한다는 의미라면 좋지만, 나는 여전히 좋은 소비로 나아가는 지속 가능한 길이라고는 여기지 않는다.

이로운 삶

'좋은 소비로 가는 길은 놀라우리만큼 쉽다!' 어느 날 커
다란 쇼핑 번화가를 산책하며 진열창을 들여다보다 문득 이
런 생각이 들었다. 우리는 점점 더 불공평해지는 세상에서
너무 많이 사들이고 있다. 오스트리아같이 잘사는 나라에서
도 불안정한 삶을 사는 사람들이 꾸준히 증가하는 동시에
여유 있는 사람들의 욕심도 끝없이 늘고 있다. 이들에게 중
요한 것은 언제나 더 많이 구입하는 것이다. 소비의 어떤 측
면을 들여다봐도 항상 소비를 늘리는 것이 중요하다. 자신
이 구입한 것으로 정체성을 드러내도록 사회화가 되든, 무
의식에 바로 영향을 끼치는 시장의 유혹에 넘어가든, 스트
레스에 치이고 불행한 삶에서 벗어나 잠시 생화학적 만족감
을 얻으려고 하든 다 똑같다. 모든 것은 늘 더 많이 사는 것
을 중심으로 돌아간다.

　불현듯 2008년 뉴욕에 체류하던 때가 떠올랐다. 그즈음
친한 친구 한 명이 그곳으로 거주지를 옮겨서 그의 집을
방문하게 되었다. 화려한 전광판들이 하늘을 찌를 듯 반짝
거리던, 맨해튼 한가운데 위치한 타임스 스퀘어 주위로 차

들이 지나가고 있었는데, 차종이 대부분 허머(Hummer)와 스트레치 리무진이었다. 그사이에 낀 노란색 택시는 그야말로 콩알처럼 작아 보였다. 나를 둘러싼 수없이 많은 건물 위에서는 광고들이 송출되었다. 어디서나 완벽한 피부의 여성, 운동선수처럼 탄탄한 몸을 가진 서퍼, 행복한 가정, 명품 시계, 다채로운 컬러의 립스틱을 볼 수 있었다. 그것들은 화려하고, 요란하고, 귀청이 터질 듯 시끄러웠다. 곳곳에서 고래고래 소리치고 있었다. "나를 사세요!"

관광객들은 황홀한 눈빛으로 광고판을 올려다보았다. 하지만 내 눈은 자동차들을 따라갔다. 아주 기다란 흰색 스트레치 리무진이 타임스 스퀘어 광장을 가로질러 가자, 인도에 있던 사람들 시선이 일제히 리무진을 향했다. 그리고 그곳, 바로 근처 대형 완구점 입구에서 그리 멀지 않은 곳에 노숙자가 앉아 있었다.

그는 보행자들에게 투명 인간이었다. 사람들을 사로잡은 광고들은 매우 유혹적이고, 매우 화려하고, 매우 시끄러웠다. 노숙자는 그를 둘러싼 이 휘황찬란한 세계의 그림과는 어울리지 않았다. 그래서 사람들 눈엔 보이지 않았다. 그는 더러웠고, 옷은 남루했고, 신발은 다 해어졌다. 빈에서는 본 적이 없을 만큼 그의 모습은 머리부터 발끝까지 가난에 절어 있었다. 애석한 일이지만 오스트리아에도 노숙자가 많다. 하지만 타임스 스퀘어에서 본 것 같은 모습은 아니다. 나는 때에 찌들어 온통 암회색으로 변한 그의 얼굴이 지금도 잊히지 않는다. 사회는 그를 포기했고, 그 역시 자기 자신을 포기한 듯하다. 그 광경을 보고 마음이 처절하고 쓰렸다. 나는 그에게 다가가 달러 몇 장을 주고 따뜻한 커피를 대접해도 좋겠냐고 물었다. 그는 계속 나를 훑어보았다. 나에게 타임스 스퀘어는, 모든 것이 오로지 소비에만 그리고 소비할 능력이 있는 사람의 성공에만 집중될 때 사회 관계망이 얼마나 허술할 수 있는지 보여주는 상징이 되었다.

이후 끊임없이 그 상황이 떠올랐다. 나는 나(ego)가 우리(we)를 넘어서면 안 되는 경우도 많다는 사실을 그보다 더 적나라하게 보여주는 것을 알지 못한다.

그것은 적은 소비와 어떤 관련이 있을까? 나는 뭔가를 포기하는 것이 우리 모두에게 이로울 수 있다고 본다. 브레이크를 밟고 가만히 앉아 정말로 무엇이 필요한지를, 또는 사람들은 왜 무조건 뭔가를 사려고 하는지를 곰곰이 생각해보자. 이미 집에 이중 삼중으로 가지고 있는, 아무 의미도 없는 물건을 계속 축적하는 것이 과연 타당한 일인지 생각해보자. 물론 그것이 특권이라고 주장할 수도 있다. 하지만 잘 생각해보면 아무것도 살 수 없는 사람도 많다. 그들에게 소비는 기본적인 사회 참여를 위한 중요한 도구다. 이곳 오스트리아에도 최저 생활을 하거나 그보다 못한 사람들이 존재한다. 다음에는 무엇을 살까 고민하는 사람은 그것을 살 여유가 없는 사람들을 보지 못한다.

이렇게 '보지 못하는' 사람에 대해 이야기해보자. 저널리즘에는 간단한 규칙이 있다. 불행한 사건이 발생한 장소가 먼 곳일수록, 이에 대한 뉴스가 나갈 때 사망자는 더 많아질 수밖에 없다. 정서적으로 '이웃'은 우리에게 중요한 존재지만, 멀리 있는 이웃은 파악하기가 어렵다. 이에 대해 카를 틸레센은 『소비(Konsum)』에서 이렇게 썼다. "우리는 '이웃' 사랑에 대한 낡고 고루한 생각 뒤에 숨어 인도주의적 의무를 회피하고 있다. 좋은 사람이 되기 위해 가까운 곳에 있는 사람들을 사랑하는 것은 지난 2000년으로 충분할지 모른다. 하지만 오늘날에는 (상품 계약을 통해) 직접적으로든 (우리의 소비 행동을 통해) 간접적으로든, 지구 반대편에 있는 사람들의 생활 조건을 결정할 정도로 전 세계적인 경제적 유대는 매우 긴밀해졌다. 세계화는 우리 앞에 '이웃' 사랑의 과제로서 새롭고 매우 긴급한 도덕적 과제를 부과하고 있다. 우리는 멀리 떨어져 있는 사람들, 즉 우리의 '먼 이웃들'에게도 인간처럼 대하는 것을 배워야 한다."[126]

---

126 카를 틸레센, 앞의 책

하지만 무엇보다 환경의 관점에서 이제 피할 길이 없다. 좋은 소비를 하려면 더 적게 소비해야 한다. 이것이 바로 누구나 삼키고 싶어 하지 않는 쓴 약과 같은 불편한 진실이다. 하지만 기후 변화가 상당히 빠른 속도로 진행 중이라는 사실만큼이나 과학적으로 합의된 사실이기도 하다. 각 가정마다 다수의 전자제품이 연결되어 있는 한, 우리는 에너지 전환에 대해 얼마든지 이야기할 수 있다. 내가 무엇을 말하려고 하는지는 조금씩 분명해지고 있다고 생각한다.

휴대전화 케이블부터 제빙기, 대기 중인 TV에서 이중문 달린 냉장고, 커피 머신부터 수많은 다른 기기까지, 물건들은 계속 늘어나고 있다. 또 스쿠터에서 자동차까지 e-모빌리티가 해결책이라고 믿는 한, 우리는 에너지 전환을 함께 고민해볼 수 있다. (유감스럽게도 먼 미래의 일이지만) 물, 바람, 태양과 같은 재생 가능한 에너지로의 완전한 전환은 오직 에너지 효율 증가와 결합될 때에만 제기능을 발휘한다.

개인의 에너지 소비뿐만 아니라 모든 이용 가능한 상품의 총생산에 동원되는 에너지 소비 역시 문제가 된다. 이는 자원의 문제다. 청바지 한 벌이 의류 매장에 진열되기까지 목화밭의 급수부터 최종 세척 과정까지 8,000리터의 물이 소비된다.[127] 비교해보면 욕조에 물을 가득 채운 양이 평균 약 150리터다. 다시 말해 단 한 벌의 청바지를 만드는 데 필요한 물은 집에서 기분 좋은 욕조 목욕을 할 때 사용하는 물의 53배가 넘는다. 일 년에 매주 1회씩, 그리고 생일에 한 번 더 목욕할 때(아름다운 몸이 욕조에 들어가면 물이 넘치기 때문에 이보다 훨씬 더 많이) 소비되는 양이다. 우리는 잘 모르고 있지만 패션 잡지 《인스타일(InStyle)》에 따르면 우리 옷장 속에 있는 청바지는 평균 8벌이다. 이 청바지들에 일 년 365일과 추가로 2개월 이상 욕조를 가득 채울 수 있는 물이 사용된다는 말이다.

우리가 소비하는 자원은 어마어마하이다. 만약 온 세계 모든 사람이 오스트리아 사람처럼 산다고 할 때 소요되는 자원은 지구 1.7개, 거의 지구 두 개가 필요한 양이다.

내가 보기에 특히 문제가 되는 것은 소비를 당연하게 여기는 사람들이다. 아마도 그들의 옷장 속엔 8벌이 넘는 청바지가 있을 것이다. 그들에게는 결코 특별한 일이 아니다. 그들의 취미는 '쇼핑하기'라고 말할 수 있다. 그들은 스트레스 받는 일상에서 기분 전환을 위해 쇼핑하고, 또 그럴 여유가

---

127 https://www.nachhaltigleben.ch/mode/virtuelles-wasser-eine-jeans-hat-wasserverbrauch-von-8000-litern-2729

있는 사람들이다. 하지만 경제적으로 여유가 있다 해도 전적으로 최고의 상품을 아주 만족스러운 가성비로 낚아채는 것이 해결책이 아닐 수 있다. 또 기본적으로 소비를 완전히 지속 가능한 상품으로 전환하는 것도 충분하지 않다. 어쩌면 간단히 소비를 개인적으로 줄이는 것이 중요할 수 있다.

하지만 무엇보다 중요한 것이 있다. 그것은 바로 왜 소비하는지를 이해하고, 마찬가지로 기후 변화에 매우 큰 영향을 끼치는 다른 사람들이 있음을 인식하는 일이다. 이들은 언제나 우리를 최선 혹은 최고의 소비 결정을 할 수 없게 만든다. 몇몇 사람은(예컨대 기업 회장과 정치가 같은) 누구보다도 세계의 현 상황에 많은 책임이 있다. 그럼에도 결국 책임감 있는 행동의 시작은 어느 정도 우리 스스로에게 있다.

알지만 실천하기 어려운

이렇게 해서 나의 연구가 시작된 이래 계속 제기되었던 질문이 이어진다. 많은 사람이 좋은 소비가 어떤 것인지 잘 알면서도 왜 실행에 옮기지 않을까?

내가 사는 집 근처에 고가의 품목을 취급하는 대형 슈퍼마켓이 있다. 매장의 측면 거의 한가득, 온갖 형태의 육류와 소시지를 진열해놓은 초대형 냉장 쇼케이스가 단독으로 자리잡고 있다. 심지어 슈퍼마켓 중앙에는 따로 점원을 둔 육류 및 소시지 판매대가 설치되어 있다. 냉장 쇼케이스를 따라 걸으면 족히 20미터는 될 것이다. 유기농 고기와 소시지가 진열된 쇼케이스는 폭이 1.5미터도 안 된다. 누군가 육류 판매대에서 유기농 고기를 찾는다면 "그건 매우 드물어요. 대부분은 유기농이 아니에요"라는 말을 들을 것이다. 하지만 내 귓가엔 지인들의 말이 계속 맴돌았다. 그들은 이렇게 말했다. "나는 고기를 거의 먹지 않아요. 하지만 먹을 땐 유기농을 먹어요." 하지만 이 말은, 슈퍼마켓에서 '유기농'과 '일반' 식료품을 구분한 것을 보면 전혀 사실이 아니라는 생각이 든다.[128]

설문지에서 늘 발견하는 것은, 사람들이 공정한 방식으로 생산된 제품을 사기 위해 몇 퍼센트 더 비싼 가격을 치를 수 있다는 응답이다. 또 내가 중고등학생과 대학생들에게 패스트 패션 소비가 방글라데시나 파키스탄에 있는 동일한 연령의 학생들에게 어떤 영향을 미치는지를 이야기할 때에도 반응은 언제나 똑같다. 그들은 다시는 패스트 패션을 사지 않겠다고 말한다. 또 탄소발자국과 관련해, 몰디브행 비행기

---

128 2019년 오스트리아농산물시장(AMA)의 조사 결과에 따르면, 평균적으로 슈퍼마켓에서 판매하는 모든 생산품에 대한 유기농 제품의 비율은 약 9퍼센트에 달했다. 이것은 지난 12년 동안 1퍼센트 증가한 수치로, 당시 같은 기관의 연구를 보면 그 비율은 8퍼센트도 채 되지 않았다.

를 딱 한 번 타는 것만으로 평생 해온 쓰레기 분리 배출이며 자전거 타기, 비건 식사 등 모든 게 물거품이 될 수 있다고 말하면 사람들은 비행기라는 교통수단이 환경에 그렇게 나쁜지 몰랐다며 소스라치게 놀란다. 그러면서도 주말을 이용해 비행기를 타고 파리에 간다.[129] 사람들이 양심과 윤리에 따라 다른 방식으로 소비를 할 것이라고, 또 실제로 실행한다고 확실하게 증명한 연구는 지금까지 하나도 없다.[130]

이런 모순과 인지부조화는 어디서 오는 걸까? 그 답은 다시 뇌의 생화학 작용에서 찾을 수 있다. 우리는 본래 기분 좋은 것을 찾는다. 그리하여 소위 '가치-행동 격차(value-action gap)'라는 것이 발생한다. 우리는 빈 병 보증금 반환 제도가 환경을 위해 매우 좋다고 생각하지만, 계산대 앞에 있는 500밀리리터짜리 플라스틱 병에 든 물을 산다. 빨리 갈증을 해소해줘서 간편하기도 하고, 마신 후 처리를 크게 신경쓰지 않아도 되기 때문이다. 우리가 물건을 사는 이유는

---

129 명백히 말하자면 나도 예외는 아니다. 나에게도 그런 모순적 상황이 벌어질 때가 있다. 뿐만 아니라 서구 사회에서 자가당착 없이 순전히 지속 가능한 삶은 내가 보기엔 더 이상 가능하지 않다.

130 나에게 이것은 다소 정치 여론조사를 상기시킨다. 선거 전 여론조사에서 오스트리아 녹색당은 항상 선두를 차지했지만 실제 선거 결과는 달랐다. 극우 정당 자유당(FPÖ)의 경우는 정반대다. 사람들이 자신은 완전히 친환경적인 사람이라고 말할 때 이는 긍정적으로 작용한다. 하지만 결과적으로 기표소 안에서 일어나는 일은 눈에 보이지 않고, 사람들이 실제로 어디에 한 표를 행사했는지는 누구도 알 수 없다.

그것이 우리에게 좋은 기분을, 도파민 킥을 주기 때문이다.

　방금 언급한 모순을 아주 잘 설명해주는 예가 있다. 1월에 마트 과일 코너에서 볼 수 있는 그 유명한 딸기가 그것이다. 딸기는 멀리, 사람들이 단 한 번도 가본 적 없는 남아메리카의 어느 나라에서 오는 경우가 많다. 딸기를 1월에 멀리 떨어진 나라에서 사가지고 오는 것을 정신 나간 일이라고 여기는 사람도 많다. 여름이면 이 땅에서 수확할 수 있는데, 굳이 플라스틱 용기에 셀로판지에 둘둘 말아서까지 들여와야 하냐며 못마땅해 한다. 하지만 마트에 나온 딸기를 보자마자 입 안 가득 풍미를 맛보고 싶어지고 한겨울에 여름의 정취를 조금이나마 느끼고 싶은 사람도 있다. 그들은 겨울에 운전자들이 추위 때문에 정차 중 자동차 엔진을 끄지 않는 것을 보고 화를 내는 사람일 수도 있다.

　이러한 인지부조화는 매일 일어난다. 사람들은 대부분 끊임없이 해명하고, 무엇보다 스스로 납득시키기 위해 내적으로 다그친다. 두 가지 행동이 서로 모순이라는 것을 인정하고 싶지 않아 이렇게 말한다. '딸기를 산 것은 예외다, 단지 여름을 느껴보고 싶어서다, 어찌됐든 딸기는 사라고 있는 것이니 상하기 전에 사야 하지 않느냐'라고 해명한다. 눈 깜짝할 사이에 그 자리를 합리화가 차지한다.

　많은 사람이 합리화하는 것은 당연하기도 하다. 우리가

사는 행성을 위해 그리고 우리 자신을 위해 무엇이 더 나은 선택인가를 항상 염두에 두어야 한다는 것은 매우 고된 일이다. 특히 너무나 쉽게 계속 나쁜 선택을 할 때 그렇다. 1월에 먹음직스러운 여름 과일이 마트에 나왔을 때처럼 말이다. 딸기를 사지 않으면 한겨울 발효유 안에 넣은 감미로운 딸기를 맛볼 때보다 확실히 뇌에서 도파민이 분비되지 않는다.[131]

개인적으로 1월에는 절대 딸기를 사지 않겠지만 인정해야 할 것이 있다. 가끔씩 깊이 생각하려 하지 않고 단순히 물건을 싸게 샀다고 기뻐하는 사람들을 나는 이해한다. 모든 것은 정말 지나치게 복잡하다. 매일 하루도 빠짐없이 체감하는 것은 육류 생산, 팜유 채취, 아보카도 재배, 헤이즐넛 경작, 목화 농사, 양털 깎기가 얼마나 환경을 해치는지 알리는 새로운 탐방 기사와 뉴스가 나온다는 것이다. 언젠가는 사람들이 지칠 수 있다는 것도 나는 이해한다. 환경을 위해 무언가 긍정적인 일을 하려 해도 문제는 끝이 없어 보인다.

그리고 바로 이런 과중한 부담 때문에 '가치-행동 격차'가 발생한다. 우리는 어떻게 행동해야 할지 알고 있지만 그대로 행동하지 않는다. 왜냐하면 도파민이, 지나친 부담이, 더 많이 소유하려는 삶의 방식이 우리의 선택을 빼앗으려

---

131 고급 팁: 여름에 지역 특산 딸기를 1킬로그램 더 사서 냉동실에 두고 먹으면 된다.

하기 때문이다. 좋은 소비로 가는 길에서 바로 이러한 '가치와 실제 행동 간의 차이'는 가장 큰 개인적 장애물 중 하나가 된다.

교환하기, 나누기, 빌리기

"만일 네가 좋은 소비에 대해 쓴다면 소비에 대한 좋은 대안은 무엇인지도 쓰면 좋겠어." 좋은 친구 에바가 말했다.

"어?" 나는 물었다. "그게 무슨 말이야? 돈 대신 시간, 생산보다는 더 많은 체험, 뭐 이런 거?"

"응, 그것도 맞아. 그런데 내가 말하는 건, 무엇보다도 교환하기, 나누기, 빌리기야!"라고 에바는 답했다.

친구 말이 맞다. 지금 좋은 소비로 가는 길이 아무리 확고부동하다고 해도, 반드시 소비의 감소를 거쳐야 한다. 하지만 살면서 치마를 하나 만들어보고 싶어서 재봉틀이 필요하다면 어떻게 해야 할까? 친구나 이웃에게 재봉틀을 빌려줄 수 있냐고 물어볼 수 있다. 아니면 온라인에서 몇 번 클릭만 하면 다음날 저렴한 재봉틀이 문 앞에 와 있다. 이제 어떤 것이 지속 가능한 선택인지 계속 설명할 필요는 없을 거라고 본다.

집에서 자료를 찾던 중 나는 우연히 '욕구의 구매 단계(Buyarchy of Needs)'라는 것을 발견하고 열광했다. 매슬로의 욕구 피라미드[132]를 차용해 캐나다 일러스트레이터 사라 라자로비치(Sarah Lazarovic)가 고안한 것이다. 우리의 소비 방식과 관련한 '욕구의 구매 단계'는 다음과 같다.

1. 사용하기: 이미 가지고 있는 것을 써라!

2. 빌리기: 없는 것은 빌려 써라!

3. 교환하기: 물건을 서로 바꿔 써라!

4. 중고품 사기: 중고를 사서 써라!

5. 스스로 만들기: 필요한 것을 직접 만들어라!

마지막 피라미드 꼭대기에는 작은 글씨로 'buy'가 써 있다.

다시 말해서,

6. 구매하기: 그것을 사라!

나는 첫 번째 단계 전에 한 가지를 추가하고 싶다. '생각하기: 그것이 정말 필요한지 생각해보라!'

그리고 비록 새것을 사는 마지막 단계에 오더라도 좋은 소비를 위한 차별화는 가능하다. 바람직한 것은, 그 제품

---

132 미국 심리학자 에이브러햄 매슬로는 인간의 욕구가 위계적으로 형성된다는 것을 발견했다. 가장 낮은 단계에서는 음식, 수면, 번식과 같은 생리적 욕구가 나타나고, 그다음 안전 욕구, 사회적 욕구(친밀감, 소속감 등)가 뒤따른다. 이러한 욕구가 모두 충족되어야만 모든 개인적 욕구 및 자아실현을 위해 전념할 수 있다.

이 어디서 어떻게 생산되었고, 운송을 포함해 그것이 환경에 어떤 영향을 끼칠 수 있는지 주의를 기울이는 것이다. 새것을 살 때에도 더 나은 대안을 찾을 수 있다.

그런데 안타깝지만 거기서도 우리를 어렵게 만드는 함정이 있다. 물건을 빌릴 때 우리의 호르몬은 또다시 문제를 일으킨다. 간단히 말하면 물건을 빌릴 때 우리 몸의 화학 공장은 새 물건을 구매할 때와 달리 도파민을 거의 생산하지 않는다. 카를 틸레센은 책에서 이렇게 쓰고 있다. "그 이유는 단 하나다. 빌린 물건을 거의 소유한 것처럼 사용할 수 있다고 해서 소유한 물건만큼 기쁨을 준다는 의미는 절대 아니다. 어떤 물건을 임시로 빌려 쓰면 직접 구입해 오롯이 혼자 소유하는 것만큼 자랑스럽고 행복하지는 않다. 어떤 물건을 남들과 나눌 때에는 그 물건을 장만하고 관리해온 비용과 수고도 함께 나눠야 한다. 마찬가지로 그것을 소유할 때 분비된 도파민까지 남들과 나눠야 할 것이다."

하지만 동전은 다른 면을 가지고 있다. 틸레센에 따르면, 우리를 지속적으로 행복하게 만드는 것은 물건을 사는 것뿐만 아니라 그것을 정말 자주, 의미 있게 사용할 때다. 또 그것을 더는 사용할 수 없을 때까지 진정으로 (공동으로?) 소비할 때다. 이것이 우리를 진정한 소비자로 만들 수 있다. 이 점을 염두에 두고 빌리기와 구입하기 중 어떤 것이 더 의미가 있을지 신중히 판단해야 할 것이다. 환경을 위해 빌려 쓰고 나누는 것은 제품을 생산할 때 발생하는 이산화탄소 문제에서 언제나 더 나은 해결책이 된다.

온라인 쇼핑의 방해

좋은 소비로 가는 길목에서, 내게도 언제나 큰 도전이 되는 것이 있다. 다름 아닌 온라인 쇼핑이다. 일단 대단히 편리하다. 재빨리 검색 창에 원하는 제품을 입력한 다음, 어디에서 가장 좋은 가격에 살 수 있는지 살펴보고 바로 주문하면, 다음날 문 앞에서 받아볼 수 있다. 온라인 쇼핑이 우리 삶을 매우 편리하게 만들었다는 것은 의심의 여지가 없다. 한정된 영업 시간, 특정 가게에서 특정 물건 구하기, 구입 불가능한 다른 나라 제품, 이런 말들은 다 옛날 얘기다.

한밤중 잠자리에 들기 직전, 문득 드라이버 세트를 주문해야 한다는 것을 깜빡했을 때에도, 온라인에서 수천 가지 드라이버 가운데 하나를 골라 특급 배송으로 주문할 수 있다. 그뿐만이 아니다. 온라인 쇼핑은 퇴근 직전에도 가능하다. 이를테면 너무 피곤해서 슈퍼마켓에 가기 힘들다면, 식료품을 집으로 직접 배달시킬 수 있다. 주문한 지 두 시간도 채 안 되어 집 냉장고가 빼곡히 찬다. 또한 에메랄드빛의 완벽한 벨벳 드레스를 입고 싶을 때에도 며칠 동안 검색할 수 있고, 그때 선택의 폭은 무궁무진하다.

이처럼 선택의 폭이 넓다는 것은 대단히 편리한 일이다. 나의 경우, 상점을 직접 방문할 기회가 두 번 있었다. 한 번은 얼마 전에 있었던 일로 우리 집 라디에이터의 공기를 배기하는 데 손잡이가 아주 작은 드라이버가 필요했다(그 난방 장치는 매우 불편하게 설계되었다). 나는 먼저 집에서 지하철로 몇 정거장 떨어진 대형 전자제품 전문점에 갔다. 하지만 허탕만 쳤다. 그래서 인터넷으로 빈에서 드라이버를 살 수 있을 만한 곳을 검색해 건축 자재 시장 한 곳을 발견했다. 그곳은 그리 멀지 않은 곳에 있었고 대중교통으로 이동이 가능했다. 먼저 전화를 걸었다. 하지만 애석하게도 내가 찾는 드라이버는 없었다. "음, 유감스럽지만 주문하실 경우 대량 주문만 가능합니다." 그래서 결국 온라인으로 주문할 수밖에 없었는데, 그때 복잡미묘한 기분이 들었다. '그거 하나를 이 도시에서 살 수 없다니 말도 안 돼.' '차 타고 나갈 필요도 없이 이렇게 편리한데.'

다른 한 번은 새 샤워관이 필요해서였다. 맨 처음 방문한 가게에서는 필요한 길이의 샤워관이 없어서 그냥 왔다. 고백하자면 나는 휴대전화에서 '주문하기' 버튼을 누르기도 했다. 하지만 바로 다음날 건축 자재 전문점 근처에서 약속이 있다는 생각이 스쳤다. 그곳에 내가 찾는 물건이 있었고,

게다가 온라인보다 가격도 저렴했다. 기분 좋게 매장을 방문해 사 왔다.

온라인 쇼핑은 환경적으로나 국민 경제 면에서 단점이 매우 많다. 상품은 전 세계로 날아가고, 휴대전화 케이스는 개별 포장으로 중국에서 곧장 배달되는가 하면, 미국 원주민이 손으로 직접 짠, 헌옷으로 만든 양탄자는 다시 한 번 비행기를 타고 대서양을 건너야 한다. 이렇게 양탄자를 판 돈은 원주민들의 주 수입원이 된다. 일상용품들의 생태발자국_{자연 자본에 대한 인간의 수요}은 세계화 '덕'에 이미 어마어마한 수준에 이르렀다. 여기에 개개인이 남기는 발자국도 이산화탄소 저감에 큰 도움이 되지 않는다.

우리는 뭐든 편리하게 집에서 받아볼 수 있는 온라인 주문을 좋아한다. 하지만 택배 상자에서 보지 못하는 것이 있다. 한 예로, 아마존 같은 기업은 유럽에서 벌어들인 수익에 비해 부과 세금이 극히 미미하다.[133] 이 거대 기업은 디지털세를 적용하려는 시도조차 대수롭지 않게 여기고, 추가 비

---

133 "2016년 아마존은 유럽에서 216억 유로의 매출을 달성했다. 하지만 아마존 룩셈부르크 법인은 5,960만 유로라고 증명하면서 세금으로 1,650만 유로를 냈는데, 이는 매출액의 0.07퍼센트에 해당하는 액수다."(https://www.attac.at/ziele/ein-gutes-leben-fuer-alle/amazons-welt-steuertricks-ausbeutung-klimazerstoerung)

용을 생산업체들에게 전가해야 한다고 말했다.[134] 수백억 유로를 벌어들이는 이 기업은 유감스럽지만 그것을 감당할 여력이 없다고 했다. 물론 그러시겠지. 거대 기업 가운데 교활한 회사 조직망과 세금 속임수를 통해 막대한 양의 돈을 쓸어 담고 있는 곳은 비단 아마존만이 아니다. 그 돈은 국가에서 빠져나간 세금이다. 국고로 들어갔다면 건강과 교육, 돌봄, 환경보호나 사회 보장을 위해 사용되었을지도 모를 수백만 유로다.

온라인 쇼핑은 우리의 도시 모습에도 영향을 미쳤다. 온라인에서만 물건을 구입하는 사람은 자신이 사는 곳 주변 상점들이 교체되거나 정체불명의 국제적인 체인점으로 바뀌어도 별반 놀라지 않는다. 자기 가게가 있는 판매자들은 그 자리에서 도시 경관을 아름답게 만들 뿐만 아니라 가게 자체가 삶의 터전이다. 사람들이 그곳에서 물건을 사지 않으면 상인들은 생존할 수 없고, 그 책임은 결국 아주 빨리 우리 모두를 향하게 된다. 나는 그런 광경을 빈의 여러 길목에서 목격하고 있는데, 시내에서도 이런 트렌드를 확연히 느낄 수 있다. 그곳엔 글로벌 거대 기업이나 요식업체 체인점

---

134 https://www.diepresse.com/5668531/amazon-will-franzosische-gafa-steuer-an-anbieter-weitergeben

이 자리잡고 있다. 그 결과, 유럽의 쇼핑가는 모두 교환 가능
해졌다. 어디서나 똑같은 물건을 살 수 있는 똑같은 상점이
있다. 이는 암스테르담, 베를린, 런던, 로마, 빈, 어디든 그렇
다. 다채롭던 도시 풍경은 사라졌다.

주목해야 할 온라인 상거래의 세 번째 영향은 택배 회사
들이 처한 불안정한 상황이다. 탐사 보도로 유명한 전설적인
언론인 귄터 발라프(Günther Wallraff)는 몇 년 전 위장 취재
후 이를 "시스템에 따른 인간 학대"라고 명명했다.[135] 몇몇
대형 배송업체는 수직적 시스템 속에서 하청업체를 통해 책
임을 택배 노동자에게 떠넘김으로써 리스크를 최소화한다.
택배 기사들은 계약서도 없이 하청업자로 고용되는 경우도
적지 않아 자영업에 수반되는 사업적, 재정적 위험으로부터
보호받지 못한다. 작업 환경은 그야말로 참담하다.[136] 그 표
준은 2020년 2월에 나왔다. "그들은 일주일에 6일, 한 번에
최대 16시간 일한다. 이렇게 해서 한 달 실수령액은 1,600에
서 1,700유로를 넘지 않는 것으로 나타났다."[137]

135 https://www.derstandard.at/story/1336698345711/mitten-in-deutsch-land-
wallraff-stoesst-bei-gls-auf-moderne-sklaverei

136 https://helpv2.orf.at/stories/1750080/index.html

137 https://www.derstandard.at/story/2000114777492/16-stundentag-fuer-1600-
euro-der-arbeitsalltag-der-paketzusteller

택배 기사들은 제시간에 택배물을 인도해야 하고 엄청난 배달 물량으로 인한 압박 때문에 화물차에 과잉 적재하고 제한 속도를 위반할 수밖에 없다. 한편 독일 최대 우편·물류 서비스 기업인 DHL(원래 도이체포스트(Deutsche Post)의 자회사로 일부 국영화되었다)은 우편 요금 계약을 지키지 않아도 되는 개별 회사 49개를 설립, 도이체포스트가 수십억 유로에 달하는 이윤을 남기는 데 기여했다.

여러분도 이미 겪었을지 모르지만 최근 내게도 배송 관련 사고가 일어났다. 물건 하나를 주문했는데(그것은 온라인에서만 구할 수 있는 제품이었다), 약속된 배송일에 물건이 배송되지 않았고 초인종 위에 쪽지 하나가 붙어 있었다. 수취인 부재로 온라인에서 다시 새로운 배송 날짜를 정하라는 내용이었다. 나는 그렇게 했다. 그것도 세 번씩이나. 이유는 이렇다. 나는 그 세 번 모두 집에 있었다. 첫 번째 배송일 후 나는 택배 상자를 이웃집에 놓고 가도 좋다는 말까지 미리 전달했다. 그럼에도 수령하지 못하자 몹시 화가 난 나는 주문을 취소하고 이에 대한 배송비도 지불하지 않겠다는 이메일을 보냈다. 그러자 갑자기 주문한 물건이 문 앞에 나타났다. 내가 처음에 택배 기사에게 화가 난 것은 당연한 일이다. 아닌가? 초인종을 찾지 못하는 바보가 어디에 있나? 그리고 어차피 왔는데, 어째서 택배물이 아닌 미배송 쪽지만 남기고

갈까? 택배 기사가 나를 놀리는 건가? 이런 상황이 되니 나역시도 대부분의 사람처럼 똑같이 반응했다. 택배 기사에게무척 화가 났다. 수취인이 집에 없었다니 어찌된 일일까? 초인종 한 번 누르지 못할 만큼 성의 없는 사람일까?

하지만 정신 나간 것은 그가 아니라 시스템이다. 정작 우리가 화를 내야 할 대상은 배달원이 아니다. 그들은 정말 불쌍한 사람들이다. 그들은 거의 불가능한 시간 내에 택배 상자를 배달해야 한다는 압박을 위로부터 받고, 수입은 오로지 배달 건수당 받는 경우가 대부분이다. 결국 재정적 위험을 떠안는 사람은 택배 기사들이다. 반면 택배업체는 편히앉아서 배달이 되든 안 되든 상관없이 돈을 긁어모은다.[138]이러한 시스템은 온라인 쇼핑의 증가와 함께 더욱 거대해지고, 확장되고, 착취적으로 변해간다(미국에서 아마존은 주문 후몇 시간 이내 배달하는 당일 배송을 실시했다. 그 후 압박이 어떨지는말하지 않아도 상상할 수 있다).

하지만 온라인 쇼핑의 편리한 서비스는 시간에 쫓기는 우리에게 도움을 주는 것이기도 하다. 저렴한 배송비에다 기존의 쇼핑에 비해 시간을 절약했다는 뿌듯한 기분, 수없이 많

---

138 https://www.diepresse.com/762079/arbeitsbedingungen-auch-in-
osterreich-prekar

은 선택의 폭 등이 매력적으로 다가온다. 온라인 쇼핑은 앞으로도 사라지지 않을 것이다. 우리는 이미 빠른 시간 내에 그것에 익숙해졌고, 심지어 요구 사항도 많아졌기 때문이다.

그렇다면 그것이 좋은 소비와는 어떤 관련이 있을까? 온라인에서도 좋은 소비는 가능할까? 온라인에서 모든 것을 아주 손쉽게 처리 수 있다는 사실 앞에서 어떻게 좋은 소비를 할 수 있을까? 흔히 그렇듯 나는 완전한 보이콧은 비현실적이라고 본다. 아마도 그것은 매우 완강한 몇몇 사람에게나 가능한 일일 뿐, 소비 세계를 의미 있게 변화시키는 데 필요한 임계점에는 결코 도달하지 못할 것이다. 그보다는 대안이 훨씬 더 쉽게 사람들에게 다가갈 것이다.

애석하지만 쓰디쓴 진실은 우리가 소비의 바퀴를 되돌릴 수 없다는 것이다. 편리한 온라인 소비는 더 이상 논박할 수 없는 사실로, 그 장점은(간혹 미심쩍을 때도 있지만) 월등히 많다. 인터넷에서 단 몇 번의 클릭만으로도 해결되는 이때, 사람들에게 물건을 사기 전에 오랫동안 알아보라고 한다든지, 온 도시를 부지런히 발품 팔아서 구입해야 한다는 말은 이젠 더 이상 통하지 않을 것이다. 따라서 좋은 소비는 대안적인 사회 기반 시설을 온라인, 오프라인에 모두 구축하는 일이라고도 할 수 있다. 이로써 우리는 다시 좋은 구매 결정을 내릴 수 있는 더 많은 선택권을 갖게 될 것이다.

모든 것을 멈춰야 할까

이제부터는 좋은 결정에 대해 이야기해보려고 한다. 우리는 완전히 공급 과잉 속에 살면서 매일 '올바른' 구매 결정을 내리도록 요구받고 있다. 자본주의의 비판적 저자 카트린 하르트만은 다큐멘터리 영화 〈녹색 거짓말(The Green Lie)〉에서 슈퍼마켓에서 팔리고 있는 환경친화적이지 않은 제품들의 과잉 공급에 대해 이렇게 정확히 묘사했다. "중요한 질문은 '우리는 무엇을 사야 하는가?'가 아니라 '기업은 왜 그렇게 생산해도 좋은가?'이다." 동일 영화에서 과학자 겸 활동가인 라즈 파텔(Raj Patel)은 한층 더 신랄하게 표현했다. "물론 나는 공정무역 커피를 구매한다. 그 대안이라면 망할 놈의 커피, 어린이들을 착취하는 커피일 것이다. 이것을 원하는 사람은 아무도 없다. 그런데 이것이 왜 선택일까?"

하, 문법적으로 옳은 문장에 살포시 삽입된 욕은 확실히 내 관심을 끈다. 마트에는 망할 놈의 커피뿐 아니라 망할 놈의 사과, 망할 놈의 봉지 수프와 망할 놈의 소시지가 있다. 명백히 더 나은 선택을 할 수 있는 경우도 있다. 어떨 땐 단골 슈퍼마켓에서 바로 해결되고, 때로는 다른 슈퍼마켓이나 여러 곳을 더 들러야 할 때도 있다.

그럼에도 불구하고 한 가지 생각이 머리에서 떠나지 않는다. 이러한 에코 소비, 오직 올바른 유기농법으로 재배되고 친환경적이면서 공정하게 생산된 제품만을 사는 것과, 이렇게 고지식하지만 그럼에도 여전히 줄지 않는 소비는 그저 소비주의라는 동전의 또 다른 모습이 아닐까?

사람들은 이런 방식으로 계속해서 너무 많은 것을 소비한다. 더 품질이 좋고 더 비싼 제품을 저렴한 가격으로 살 수 있으니 실용적이기도 하다. 우리는 달리 어찌할 도리가 없고, 행동을 바꿀 필요도 없다. 하지만 우리는 '더 나은' 소비를 할 수 있다. 나는 오로지 대중교통과 자전거만을 이용해 시내에 갈 수 있다. 마트에서는 유기농 제품만 살 수 있고, 채식을 할 수 있다. 재활용 제품인지 눈여겨볼 수 있으며, 새 전자제품을 살 땐 에너지 효율을 살펴볼 수 있다. 당연한 말이지만 플라스틱 병에 든 탄산수를 무더기로 사서 집으로 끌고 오는 대신 소다수 제조기로(물론 유리병을 사용해) 직접 만들 수도 있다. 또 모든 구매 행동에서 최고의 친환경 제품을 선택하기 위해 충분한 시간을 들여서라도 알아보겠다고 결심할 수 있다. 이 모든 것은 의심할 여지 없이 나 스스로 기준을 정하고, 환경을 개선하는 데 미미하게나마 기여할 수 있는 중요한 발걸음이 된다. 하지만 진실을 말하면, 그것은 매우 특권적이고 신자유주의적인 접근이다. 나는 그럴 여유가 있기 때문에 그렇게 할 수 있는 것이다. 스스로 탄산수 제조기와 유기농 제품, 자전거를 살 만할 경제적 여유가 있기 때문이다.

탄산수 제조기를 살 80유로가 없어서 1.5리터 한 병당 22센트 하는 탄산수 12개 묶음을 집으로 끌고 오는 사람은 나쁜 사람인가? 혹은 어떤 지역에서는 정말 수돗물 질이 너무 좋지 않은데, 그래도 수돗물을 마셔야 할까? 비싼 냉장고를 살 돈이 없어서 에너지 효율이 낮은 저렴한 새 냉장고를 사는 사람은 모두 사악한 환경 파괴자일까?

그럼 어느 대형 마트의 할인 가판대에서 우연히 발견한 유기농 면 양말은 어떤가? 그것이 정말로 유기농 면인 것을 어떻게 알 수 있는가? 카트린 하르트만은 책 『그것은 녹색이 아니다』에서 이 점을 잘 요약했다. "사실은 이렇다. 산업은 윤리적 소비에 대한 욕구를 감사히 받아들여 슈퍼마켓마다 다양한 녹색 제품들을 제공함으로써 소비자들이 스스로 책임감 있는 시장 참여자로 느낄 수 있게 하는 틈새를 발견했다. 하지만 진실은 이렇다. 소비자들은 자신의 구매 결정이 실제로 친환경적으로 얼마나 장점이 있거나 해로운지 알 수 없으며, 원료부터 운송 및 생산을 거쳐 보관과 처리까지의 과정도 확인할 수 없다."[139]

현재의 세계화된 생산 방식에서는 확인이 불가능해 보인

---

139 카트린 하르트만, 『그것은 녹색이 아니다(Grüner wird's nicht)』, Blessing, 2020

다. 밭에서 나온 목화솜으로 어떻게 양말 한 켤레가 만들어지는지 우리는 알 수 없다. 슬픈 사실은, 이 면 양말이 친환경적이지 않고 공장에서 인권을 침해하면서 생산된 것이라는 가정에서 출발해야 한다는 것이다. 하지만 회사에서 믿음직스럽고 신빙성 있는 품질 표시를 통해 친환경적이고 공정하게 생산되었음을 증명한다면 돈을 더 주고라도 양말을 살 준비가 되어 있다. 하지만 이때도 마찬가지로 다시 몇 가지 어려움이 따른다. 첫째, 품질 표시에 대해 잘 알아야 하고, 둘째, 비싼 양말을 살 수 있으려면 무엇보다 경제적으로 여유가 있어야 한다.

과거 인터뷰에서 내가 종종 한 말이 있다. "개인의 구매 행동 변화의 시작은 정보에 있고, 그것은 스스로 찾아야 한다." 하지만 시간이 흐르면서 이런 주장에 나 스스로 몹시 화가 났다. 소비자 개인으로서 나는 왜 내가 소비하는 모든 상품이 어떻게 생산되는지를 알아야 하는가?

우유가 젖소에서 나온다는 것을 아는 것만으로는 왜 충분하지 않을까? 우유를 얻기까지 취해지는 동물 학대 모습은 제품 광고에서 (당연한 말이지만) 은폐된다. 비좁은 축사에서 이제 막 출산으로 쇠약해진 젖소와, 영양가 많은 우유를 다 먹지 못하도록 어미 젖소에게서 떼어놓는 새끼의 모습을 나는 볼 수 없다. 소비자인 내가 광고에서 보는 것은 햇살 가득

한 풀밭 위에서 한가롭게 웃고 있는 젖소의 모습이다. 동물을 존중하며 살아가는 영세농이 믿을 수 없을 만큼 낮은 우유 가격으로 생존을 위해 싸우는 모습과, 동물복지에 전혀 관심이 없는 대형 목장의 실상을 나는 보지 못한다. 나는 또 프라이마크에서 4유로에 살 수 있는 스웨터가 노동권과 인권을 지키는 공장에서는 만들어질 수 없다는 것도 알고 있다. 그렇다고 돌연 계산하기 직전에 급히 방글라데시로 날아가, 스웨터가 생산되는 공장을 찾아내는 일은 불가능하다. 나는 묻는다. 도대체 나는 왜 이런 것을 모두 알아야 하는 것일까?

내 돈을 원하는 기업들은 모두 법적인 처벌은 고사하고 일말의 죄책감도 없이 계속 인권을 유린하고 환경을 파괴할 수 있는데, 도대체 왜 나는 세계의 정의와 건강에 대한 모든 책임을 지갑 속에 넣어둬야 할까? 카트린 하르트만의 생각도 비슷하다. "우리가 매일 사용하는 제품들이 대부분 자연 파괴, 인권 침해와 연결되어 있다고 해서 (중략) 해로운 것을 모두 다 포기한다는 것은 거의 불가능하다. 이를 위해 먼저 (물을 과도하게 소비하는) 아보카도에서 시작해, (봉제 노동자들을 착취하는) 옷과 (분쟁 광물(conflict minerals)을 사용하는) 스마트폰, 태블릿, TV로 계속 이어 나가고, (플라스틱과 전기를 사용하는) 전동칫솔에서 멈춰야 할 것이다. 포기는 우리의 일상에서 당연하게 여기는 거의 모든 제품과 관련될 수 있다. 그리고 아마 그것조차 세계적으로 인지 가능한 결과는 거의 없을지 모른다."[140] 웹사이트 Handelsdaten.de가 2019년 조사한 바에 따르면, 우리가 소비하는 제품의 90퍼센트 이상이 불공정한 방식으로 생산되었다. 다시 말해 우리가 선택할 수 있는 것은 정말 더 이상 없다.[141]

그렇다면 진정 비판적인 소비란 무엇인가? 그것은 어느 정도까지 실현 가능할까? 당연한 말이지만 나는 개인으로서 단지 나 자신에서부터 시작할 수 있다. 하지만 계속 이런 구매 시스템에 빠져 있다면 이 시스템이 유지되도록 돕는 것은 아닌가? 또 내가 먹는 햄버거 속 소고기가 살살 다정스런 손길로 도축된 것이든 아니면 대부분의 경우처럼 순식간에 해치운 것이든 아무 상관없을까? 물론 나는 햄버거를 먹지 않을 수 있다. 하지만 이런 상황에서 중요한 것은 더 이상 수요와 공급이 아니라 분명 매우 불공평한 권력 관계가 아닐까?

나는 매우 인상적인 숙고를 다시 카트린 하르트만에게서 찾았다. "물론 책임에서 자유로울 수 있는 사람은 아무도 없

---

140 카트린 하르트만, 앞의 책

141 https://www.handelsdaten.de/handelsthemen/fairer-handel

다. 또 일 년에 세 번 휴가를 떠나라고 강요당하는 사람도 없다. 하지만 공동의 정치적 행동에 대해 지나치게 자기 책임을 강조하는 것은 신자유주의와 소위 소비자 민주주의라는 이념의 결과이기도 하다. 그 속에서 저항하고 반대하는 시민은 정치를 변화시키지 못한다. 단지 소비자는 자신의 지폐가 상점 계산대에서 표를 던지는 투표 용지가 된다는 것을 깨울 뿐이다. 그렇지만 커다란 전체는 결코 개인의 수많은 구매 및 포기 결정이 아닌 기껏해야 개인의 양심으로 이루어진다. (중략) 그때 정치가 규제하지 않고 면제한 기업의 자발적 책임은, 다시 금지라는 성가신 일을 당하지 않기 위해 '윤리적 소비자들'이 보탠 자기 책임과 손을 잡는다. 양쪽 다 생산 방식을 변화시키지 못했지만 특권을 보호했다. 이렇게 해서 투자은행가가 등장한다. 그는 여가 시간에 빈 유리 용기들을 들고 리필 코너에 가서 한 병당 7유로를 주고 샴푸를 채운다. 비록 그의 본업은 리필 샴푸를 살 수 있기 위해 세계를 파괴하는 데 조력하는 일이지만, 스스로 세계 구원자라는 기분을 느껴도 좋을 것이다."[142]

바로 이것이, 내가 소비가 환경에 미친 영향을 설명하는 데에만 그치지 않고, 우리에게 이로우면서 쇼핑 중독에 빠

---

[142] 카트린 하르트만, 앞의 책

지지 않게 하는 소비가 무엇인지 깊이 생각해보기로 결심한 이유다. 그리고 기업의 약속에 속지 않고, 무엇보다 환경을 해치는 것을 사지 않으면서, 사회적이고 생태학적으로 의미 있는 구매 결정을 할 수 있는 방법에 대해 정말로 진지하게 고민해보기로 한 이유다. 간단히 말해, 나는 무엇이 더 나은 지 모르기 때문이다.

좋은 소비란 일관성 있는 의식이기 때문에 나는 소비하는 걸까? 완전한 포기(어떻게든 가능하지 않다)가 좋은 소비일까? 아니면 나는 세계 경제라는 기계의 아주 미미한 톱니바퀴조차 움직일 수 없을 만큼 작은 존재이기에 아무래도 상관없는가(샤워관조차 움직이지 못하는 내가 감히 어떻게 세계 경제와 다툴 수 있단 말인가)? 소비의 미로 속에서, 소비가 우리에게 어떤 영향을 미칠 수 있는지 고려하면서 좋은 결정을 내릴 수 있는 길을 어디에서 발견할 수 있을까?

소비의 부끄러움

"뭐, 네가 고기를 먹는다고?? 그건 정말 꿈에도 생각하지 못했어."

"어째서?"

"봐, 넌 옷을 살 때 지속 가능성을 따지고 까다롭게 굴잖아. 그건 정말 말도 안 돼."

"넌 고기 먹어?"

"그럼. 나는 환경보호자도 아니잖아."[143]

아하. 그러니까 나는 지속 가능한 행동의 중요성을 실천해서 '환경보호자'이고, 따라서 두 번 다시 고기를 먹어선 안 된다?

나의 고기 소비는 몇몇 예외를 제외하고 엄마가 밥 먹으러 오라고 부를 때 엄마 기분을 상하지 않게 하는 경우에 국한된다. 나는 이것을 굳이 말하지 않는다. 나는 집에서 고기 요리를 하지 않는다. 가끔 일어나는 일인데, 밥상을 차리면서 '오, 비건이군!' 하는 생각이 들 때가 있다. 나는 이것을 굳이 말하지 않는다. 왜냐하면 이건 내 문제이기 때문이다. 나는 내 선택에 대해 정당성을 설명해야 하는 것이 싫다.

한동안 위와 같은 대화를 일주일에 한 번은 나눴다는 기분이 든다. 이것은 나 혼자만 겪는 일이 아니다. 환경주의자와의 공감의 의미로 사람들은 뭔가 눈에 띄고 온라인 매체에서 끝까지 읽을 만한 사람들의 프로필이 필요할 뿐이다. 더 나은 표현을 하자면 그것에 대한 논평이 필요하다. 채식주의자들은 패스트 패션을 입으면 비난받는다. 더 이상 비행기를 타지 않겠다고 선언한 사람은 어쩌다 렌터카를 이용해도 공

---

143 대화에서 정확히 그렇게 말했다.

격당한다. 이곳에서 아동의 권리 강화를 주장하는 사람은 아프리카 아이들의 형편이 훨씬 나쁘니 제발 그들을 위해서나 일하라고 힐책을 받는다. 이러한 예는 끝없이 많다.

그리고 과거에 나 역시 그러한 공격에서 안전하지 못했음을 고백한다. 언젠가 지인이 내게 말하기를, 자신은 명품 패션업계에서 더 이상 플라스틱 병을 나눠줘선 안 되고 텀블러가 새로운 '잇템'이 되어야 한다는 데 동의한다고 했다. 나도 이 말을 듣고 맨처음 떠오른 생각은 이랬다. '뭐지? 그것으로 세상을 구하겠다고?' 하지만 진심으로 그것을 받아들이고 적극적으로 실천에 옮기는 열정적인 그녀의 모습을 보았다.[144] 나는 지인과 나눈 대화에서 깨달았다. 지속 가능한 소비 문제에서 그녀가 아직 충분히 알지 못하는 것도 많지만 그것은 전혀 문제가 되지 않는다. 중요한 것은 그녀가 얼마나 진정성 있게 행동하는지, 얼마나 많은 것을 배울 자세가 되어 있는지다. 그리고 내가 그녀에게 얼마나 많은 것을 배우는지는 실로 놀라웠다.

문제는 사람들 대부분이 자신의 소비를 재고하기 시작하면서 스스로를 기준으로 삼는다는 점이다. 스스로 다르게 행동하기 시작하면서(예를 들어 플라스틱 병 안에 든 물을 더 이

---

144 https://www.ybitm.com – Your Bottle Is The Message를 참조하라!

상 사지 않으면서) 이렇게 행동하지 않는 사람을 모두 어리석은 환경보호자라고 확신한다. 스스로 포기한 편리함을 남들도 포기해야 한다고 여기는 것이다. 그리고 아주 많은 사람이 자기가 환경에 대한 신념을 갖게 된 이유를 설명하면서 자신의 행동이 발리에서 열리는 요가캠프에 비행기를 타고 가는 것을 상쇄시켜 준다고 말한다.[145] 적어도 이것이 지난 몇 년 간의 여러 토론에서 받은 강렬한 인상이다.

다만 내가 할 수 있는 것은, "어떤 단계라도 좋다. 적절성과는 상관없이 우리 몫의 책임을 질 각오가 되어 있다는 것을 보여주면 된다"는 말을 반복하는 것뿐이다. 하지만 속보를 전하면, 단 며칠 만에 사울에서 바오로가 되는 사람은 없다. 그리고 다른 사람의 소비 개선 시도에 대해 판단할 권리는 우리 가운데 아무도 없다. 누구나 그럴 때가 있고 누구나 시작이 중요한 법이다. 지속 가능한 소비와 비교하며 남을 망신 주는 행위는 아무 의미가 없다. 확실한 것은 이 시도가 재빨리 해치울 수 있는 종류의 일이 아니라는 것이다. 행동의 변화는 언제나 긍정적 동기에서 시작되어야 한다. 그러지 않으면 결코 오래 지속될 수 없다. 그럼에도 첫걸음을 내

---

145 그것은 아무 효과가 없다. 우리는 살면서 쓰레기통에 버려지는 매우 많은 양의 유기농 채소가 낭비되는 것을 피할 수 없고, 설사 이것을 주워 담는다 해도 단 한 번의 발리 비행만을 상쇄할 뿐이다. 노를 저어 집으로 돌아올 순 없다.

디딘 사람들에 대한 비판은 널리 퍼져 있다.

내가 쇼핑 다이어트 중일 때 일 년 동안 새 옷을 한 번도 사지 않았다는 생각이 처음으로 떠올랐다. 나는 자신이 살 수도 있었지만 사지 않았다는 것을 기어코 내게 증명하고 싶어 하는 사람들과 끊임없이 마주친다. 그리고 다음과 같은 이야기를 한 번도 아니고 여러 번 들었다. "네가 이 스웨터 입은 모습을 한 번도 못 봤어. 그건 요즘 핫한 거잖아. 그거 새 옷이지? 너 쇼핑했지?"

"아니야. 이건 쇼핑 다이어트를 한 해에 산 게 아니라 그 직전에 샀어."

"그럼 신발은? 완전히 새것처럼 보이는데!"

"비밀을 말하자면, 난 정기적으로 스니커즈를 세탁기에 넣고 손빨래 코스로 돌려. 가죽 운동화도 그렇고. 이 신발은 3년 전에 샀고 세탁한 지 얼마 안 됐어. 이걸 새것이라고 생각하다니 기분 좋은데!"

어떤 이들은 좀처럼 믿으려 하지 않았고, 내가 끝까지 굽히지 않자 짜증을 내기도 했다. 내가 생생하게 증거를 제시할 뿐 아니라, 오랜 비소비 후에도 여전히 누더기를 걸치지 않고 돌아다녀서 말이다. 나는 마음 편하게 생각하기로 했다. 누군가 나에 대해 말하는 것은 그렇게 말한 당사자에 대해 많은 것을 보여준다는 것을 언젠가 배웠기 때문이다. 어쩌면 그는 행동을 변화시키겠다는 결심을 할 수 없는 사람이고, 바로 이 점이 그를, 그의 양심의 가책을 자극했을지도 모른다. 또는 기후 변화같이 붙잡을 수 없는 일들에 대한 그의 무의식적 불안을 자극했거나. 어쩌면 사람들은 마치 아무 일도 아닌 것처럼 행동하길 바라는지도 모른다. 하지만 소비 행위에서 모든 의식적인 변화는 그들도 뭔가 할 수 있다는 뜻이다. 친구들이 베를린에서 파티를 하고, 재빨리 알렉산더플라츠에 있는 프라이마크에 가서 새 옷을 한 가득 쌓아두고 이것을 담을 가방을 10.99유로에 산 다음 주말 내내 스시만 먹을 때(그것도 거의 매월 셋째 주 토요일마다), 나도 주말에 편하게 비행기를 타고 베를린에 가는 건 정말 괜찮을지 모른다는 생각을 가끔 해보기도 한다.

그런데 아니다. 전혀 괜찮지 않다. 그 대가는 너무 크고 예측은 빗나간다. 말 그대로 지구는 지난 수천 년간 우리 인간을 대접해왔다. 그럼에도 불구하고 어떤 이들에겐 좋은 소비에 대한 생각은 뭔가 숨 막히는 것이다. 왜냐하면 아주 많은 대가를 치러야 하는데 그럴 바에야 차라리 시작하지 않는 게 더 낫다고 생각하기 때문이다. 나는 그것을 이해한다.

모두가 세상을 구해야 하는 것은 아니다

"잠깐, 그러니까 네가 기업을 비판하는 건 그들이 하는 일도 거의 없으면서 자기들이 지속 가능한 양 세상에 선포하기 때문이라는 거지? 그래서 화를 내는 거고." 지속 가능성 문제에서 꾸물거리는 사람을 보면 흥분할 때가 있듯, 내가 다시 그 일로 흥분하자 친구 에바가 말했다.

그 말은 완벽했다. 그렇다. 친구 말이 맞다. 직원들이 먹을 과일 바구니를 탕비실에 갖다 놓고, 각 부서마다 쓰레기를 분리배출할 것을 요청했다는 이유로 자신들이 지속 가능한 행동을 하고 있다고 말한 기업에 나는 화가 치민다. 심지어 그들이 전 세계 유통 체인에서 내뿜는 이산화탄소는 회사 전 직원이 비행기를 타고 휴가를 떠날 때 배출하는 양보다 더 많다. 그들은 기업으로서 막강한 힘을 갖고 있기에 지속적으로 큰 영향을 끼칠 수 있다. 기업 규모가 클수록 움직일 수 있는 것도 더 많다. 하지만 모든 것이 하루아침에 바뀌기를 기업에게도 기대할 수는 없다. 설사 그들이 올바른 결정을 내린다 해도, 가능한 한 전속력으로 해치워야만 하는 길이 여전히 그들 앞에 놓여 있다.[146]

그런데 바로 그러한 길과 속도에 대한 비난을 받는 것은 개인이다. 그 이유는 매우 다양하다. 다만 어떤 경우에도 좋

---

146 그때 기업이 어떻게 소통하는가가 큰 차이를 만든다. 자신이 무엇을 행할 것이고 이로써 미리 세상을 향해 "나는 매우 녹색이다!"라고 외친다면, 그것은 그린워싱이다.

은 소비로 나아가고자 하는 개인에게 비난은 도움이 안 된다. 그리고 사람들이 뭔가를 완전히 올바르게 하고 싶을 때 발생하는 심한 압박은 아직까진 그리 많지 않다.

미디어 플랫폼 버즈피드(BuzzFeed)의 비디오 채널 중 하나는 전적으로 음식만 다루는데, 종종 비건에 대한 영상도 볼 수 있다. 이 프로그램의 프로듀서 겸 진행자 메를 셰인 오닐(Merle Shane O´Neal)은 항상 새로운 비건 레시피를 소개한다(정말 만들기 쉽다. 여러분을 위해 나도 흔쾌히 테스트해보았다). 한 영상에서 메를은 비건이 되기로 결심한 이유와 그렇게 결심하기까지 겪었던 고충을 이야기했다. 그녀는 절대 실수하면 안 된다는 압박감을 심하게 느꼈다. "한 번이라도 실수하면 모임에서 배제되는 듯한 기분이었다"고 메를은 말했다. 이어 "비건으로 살며 가장 힘든 일은 사방에 있는 극단의 문화"라고 토로했다. 처음에는 사람들이 보기에 난 '비건인가' 아니면 '비건이라고 하기에 충분하지 않은가' 하는 생각을 끊임없이 했다고 한다. 그녀가 말한 이러한 문화가 많은 사람들의 더 나은 소비(이 경우 비건)를 방해한다는 건 참으로 유감이다. 나는 메를의 말을 이해할 수 있다. 그것이 제로 웨이스트든, 공정한 옷이든, 매우 다양한 분야에서 일어나고 있음을 잘 알기 때문이다. 어쩌다 한번 플라스틱 용기에 포장된 산딸기나 혹은 나이키 운동화를 사면, 금세 사람들 기대에 부합하지 못했다는 기분이 들면서 불편하다. 그것은 외부로부터 느끼는 압박감 때문만은 아니다. 어쩌면 우리 스스로 자기 자신과 남들에게 너무 엄격해서가 아닐까?

영상에서 메를은 자신의 생각을 정확히 표현했다. "그것을 100퍼센트 지킬 수 없거나 심지어 전혀 원치 않아도 당신은 나약한 사람이 아니다. 남들보다 가치 없는 사람이 아니다. 당신은 최선을 다했을 뿐이다. 결국 자신에게 맞는 현실적인 목표를 세우는 것이 정신 나간, 이룰 수 없는 목표보다 낫다. 비현실적인 목표는 당신을 절망하게 할 뿐이고 포기하게 만든다."[147]

폐부를 찌르는 말이다. 남들이 당신에게 요구하든 당신 스스로 그러든, 당신은 지금 당장 모든 것을 100퍼센트 올바로 하지 않아도 좋다. 그리고 속보를 말하면 당신은 결코 그렇게 할 수도 없다. 비윤리적 행동 방식이 산적한 이 세계에서, 모든 것을 100퍼센트 올바르게 한다는 것은 더 이상 불가능하다. 플라스틱 용기에 포장된 산딸기를 집어 드는 순간은 늘 어디서나 존재할 것이다. 한 번에 모든 것을 올바로 하기를 원하는 것은 과도한 요구다.

하지만 주의할 것은 너무 일관성 없는 행동이다. 한두 번

---

147 https://www.youtube.com/watch?v=aC-hCRo_0HM

실수를 겪으면 댐이 무너질 위험이 있다. 이것을 철학자들은 규칙을 무시할 때, 또 남들이 이것을 모방할 때 나타나는 효과라고 말한다. 그렇게 악순환은 시작되고 사람들은 생각한다. '그래, 뭐 때문에 그래야 하는데. 난 노력했어. 하지만 그건 너무 힘든 일이고, 더군다나 남들도 그렇게 안 하는데 뭐.' 그러면 좋은 소비로 행동을 바꾸려는 모든 계획은 물거품이 된다. 물론 계속 노력해야 한다. 하지만 모든 세세한 부분까지 집중할 필요는 없다.

나는 젊은 심리학자 칼라 보르스윅(Carla Borthwick)에게서 내 마음을 표현하는 데 딱 들어맞는 말을 발견했다. "나는 고기를 먹지만 물고기를 보호하기 위해 스테인리스 빨대를 사용하는 사람에게 감사하고 싶다. 노숙자 문제를 알지 못하지만 비건을 실천하는 사람에게 감사한다. 패스트 패션에 대해 잘 모르는 기후활동가들에게도 감사한다. 성매매에 대해서는 잘 알지 못하나 자신의 헌옷을 빈곤한 사람에게 기부하는 소녀들에게 감사한다. 남성의 자살률은 잘 모르지만 서핑하고 집으로 가던 중 길에 떨어진 쓰레기를 줍는 남성에게 감사한다. 유제품이 생산되기까지의 잔혹함은 알지 못하지만 경마에서 동물 학대에 대항하며 싸우는 사람들에게 감사한다. 플라스틱을 사용하지만 인스타그램에서 매우 긍정적인 모습을 보여주는 인플루언서에게도 감사한다. 인종차별과 동성애 혐오증을 둘러싼 최신 주제는 잘 몰라도 아픈 어린이를 위해 뜨개질하는 할머니 할아버지에게 감사한다. 가정폭력이 전염병임을 알지는 못하지만 집단 괴롭힘에 맞서 싸우는 대학생들에게 감사한다. 또 평화활동가, 페미니스트, 유기견 입양인, 교사, 자원봉사자, 위탁부모, 재활용을 실천하는 사람, 나눠주는 사람, 직접 만들어 쓰는 사람과 신자들에게도 감사한다.

우리는 모두 다양한 길 위에 있고 다양한 눈으로 이 세상을 본다. 당신과 관련된, 그리고 당신이 전력투구하는 당면 문제는 남들도 바꾸고 싶어 하는 문제가 아닌 경우가 많다. 그래도 괜찮다. 세상의 모든 부분을 구하는 일은 모든 사람의 과제가 아니다. 하지만 세계를 구하기 위해 자신의 일부를 보탠 사람들에게 감사하는 일은 모든 사람의 책임이다. 비판 대신 존경을 표하라. 판단 대신 자신과 남들에 대해 더 알려고 하라. 우리는 누구나 최선을 다하려고 노력한다. 감사하다."[148]

나는 보르스윅의 말이 옳다고 생각한다. 사람들이 첫걸음을 내딛게 하고, 각자의 속도로 걸어갈 수 있게 내버려 두고, 혹시 좀 더 빠르고 효과적으로 갈 수 있다면 그때 도와줘라.

---

[148] https://thechalkboardmag.com/carla-borthwick-thank-you

더 잘하려고 하는 것을 비판한다면, 사람들은 하던 일을 그만둘 수 있다. 그것은 누구에게도 도움이 되지 않는다.

서로에게 쏟아내는 비판을 한데 묶어 우리보다 훨씬 더 나쁜 일을 하는 사람들(이 세상의 정치인과 기업 대표들)에게 돌린다면 아주 좋을 것이다. 그렇지 않은가?

연결된 문제들

좋은 소비를 찾아 떠난 여정은 어느덧 끝을 향해 가고 있다. 원래는 오늘이나 내일, 다음 고민이 담긴 마지막 장을 쓰려고 했다. 이 모든 것은 어디를 향해 가는가? 우리 내부 깊숙한 곳에 있는 자원 증대에 대한 욕구와, 광고나 마케팅이라는 막강한 상대를 외면하지 않으면서, 어떻게 지속 가능한 소비를 향해 나아갈 수 있을까? 우리를 지속적으로 행복하게 만들어줄 중간 지점이 존재할까?

2020년 3월 초, 이런 생각에 전념하고 있을 때 코로나19 바이러스를 둘러싼 공포가 막 오스트리아 전역을 덮쳤다. 나는 외국에 나가 있었고, 그곳에서 친구들이 페이스북에 포스팅한 슈퍼마켓 진열대 사진들을 마음 졸이며 뒤쫓았다. 누들, 쌀, 보존 식품 등이 놓여 있던 진열대는 텅텅 비어 있었다. 모든 것이 바이러스로 인해 붕괴될지도 모른다는 집단적 불안감이 지배하면서, 물건들로 넘쳐나던 도시 빈 한

가운데서 벌어진 일이었다. 보호 마스크를 구할 수 있는 곳은 오스트리아 어디에도 더는 없었다. 당시 할 수 있는 가장 이성적인 행동은 비누를 묻혀 충분히 손을 닦는 일이었다. 그럼에도 병원에서는 진료실 입구 앞 복도에 있는 의료기기에서 소독제들이 없어지는 일이 연일 발생했다. 그 결과, 그것이 정말 필요한 간호 인력들이 일하는 데 많은 어려움을 겪었다. 다시 빈으로 돌아와 내 눈으로 직접 텅 빈 진열대를 본 나는 정말 화가 났다. 그것은 또다시 소비, 긁어모으기, 그리고 '나, 나, 나'에 관한 문제였기 때문이다. 이미 간병인, 의료인 같은 관련인이나 시스템 유지에 중요한 인력들과의 연대는 찾아볼 수 없었다.

코로나19 대유행이 발발한 데 이어 록다운(이동 제한)을 실시한 몇 개월 후, 뉴스 기사는 하루가 다르게 새로운 소식을 전했다. 그리스 모리아에 있는 난민캠프에서 수개월 동안 인간 이하의 비참한 생활을 해야 했던 난민들이 스스로 수용소에 불을 질렀다. 처음에는 그렇게 의심할 수밖에 없었다. 나는 왠지 그들을 이해할 수 있었다. 그들은 맨 처음 튀르키예에서 유럽연합에 접한 국경이 개방되었다는 말을 들었고, 그다음 모리아에 머무르게 되었는데 그곳에서 매일 명백히 깨달은 사실은 아무도 자신을 원하지 않는다는 것이었다. 아무런 희망이 없었고 자신이 갇힌 곳에서 어떻게든 변해야 했다. 왜냐하면 그들은 정치의 손아귀 안에 든 공이 되어버렸기 때문이다. 그들이 원한 것은 단지 좀 더 나은 삶이었다.

현재 난민은 전쟁과 폭동을 피해 시리아와 아프가니스탄에서 피난 온 사람들뿐만 아니라 파키스탄이나 방글라데시, 또는 이란을 빠져나온 사람들도 있다. 후자의 경우 '경제 난민'으로 간주된다. 이들은 대부분 오랫동안 튀르키예에 머무르며 그 나라 말을 어느 정도 구사한다. 오래전부터 유럽에 가려고 시도했지만 지금은 어디에도 갈 곳 없는 지경에 이르렀다. 그리고 불과 몇 해 전 노벨 평화상까지 수상한 EU는, 나의 철천지원수라도 집어넣길 바라지 않을 수용소를 해산하지 못했다. 난민들을 통합 가능성이 있는 나라들에 보내는 일을 해내지 못했고, 그 대신 모리아보다 더 처참한 새 수용소를 지었다. 위협적인 '끌어들이기 효과(pull effect)' 때문에("수용소를 비우면 그 즉시 새로운 난민이 다시 뒤따른다!"고 말했다. 단언컨대 이보다 더 냉소적인 주장을 펼칠 수는 없을 것이다), 혹은 그들이 전쟁 난민이 아닌 경제적 이유로 피난 온 사람들이기 때문에 난민들을 받아들이지 않겠다는 선택적 해명을 했다. 그저 부끄러울 따름이다.

그런데 잠깐. 방글라데시와 파키스탄 사람들은 왜 유럽으로 오려고 했을까? 혹시 그 나라에서 유럽 사람들이 입을 옷을 만들고, 그에 대한 대가로 형편없는 보수를 받아서? 나라면 그러한 상황에서 어떻게 했을까를 잠시 생각해보았다. 나는 방글라데시 봉제 노동자이고, 매일 열네 시간 동안 블라우스만 만든다. 3주 이상 늘 똑같은, 색깔만 다른 블라우스를 바느질한다. 이렇게 주 6일씩 일하고 받는 한 달 임금이 대략 90유로다. 심지어 그 블라우스가 유럽에서 40유로에 팔린다는 것을 알고 있다. 매일 동료가 옷에 가격표를 붙이기 때문이다. 말하자면 블라우스 한 벌 값은 내가 거의 2주 동안 일한 보수와 맞먹는다.

나는 신문 기사를 통해 유럽과 미국 사람들이 어떻게 사는지 알고 있다. 그들이 겪는 문제는 생존이 걸린 문제와는 무관하다. 그러다가 나는 언제부턴가 결심한다. 이것으로 충분해. 나도 이제 그런 나라로 갈 거야. 그리고 상상해본다. 그곳에서 내게 일어날 수 있는 가장 끔찍한 일이란 황금 수도꼭지에서 물이 나오지 않는다는 것뿐이야. 그저 수돗물을 마실 수 있고, 멀리서 커다란 플라스틱 병에 물을 담아 끌고 오지 않아도 된다는 생각만으로도 이미 충분한 동기가 부여된다. 됐어, 떠나자. 나도 꼭 그곳으로 갈 거야. 난 더 이상 블라우스를 꿰매지 않을 거고, 그 옷을 입지도 않을 거야.

나는 그들의 분노에 공감한다. 자신과 가족의 경제적 상황을 개선하려는 마음을 진정으로 이해할 수 있다. 우리는 오래전부터 노동력이 가장 저렴한 나라에서 상품이 생산되는, 세계화된 시스템이 지속 가능하지 않다는 것을 알고 있다. 그런 나라에서는 아직까지 노동권과 인권에 대한 인식이 부족하다. 그 때문에 우리가 넘치는 상품과 호화스러운 삶을 누리며 살 수 있는 것이다.

좋은 소비라면 한편으론 내가 구매하는 상품이 어디서 어떻게 만들어졌는지 주의를 기울이는 것을 뜻한다. 또 어떻게 생산되었는지에 대해 책임지는 것을 의미한다. 퇴근 후, 헬스장에서 입을 레깅스 두 개를 사기 위해 잠시 킥(Kik)에 들리는 사람이, 그 레깅스가 모리아 난민 수용소와 뭔가 관련이 있을 수 있다는 생각을 할까? 이제 그들에게 이러한 사실을 알려줄 시간이 되었다. 그것이 바로 내가 난민 뉴스를 보며 몹시 격분하는 이유다. 여기서 중요한 것은 인류애뿐만 아니라 전쟁의 희생자들을 받아들이는 일이다. 다시 한 번 말하지만 중요한 것은 무엇보다 이른바 서양 국가들의 거주자로서 자신의 행동에 대해 집단적 책임을 지는 일이다. 친애하는 H&M, 친애하는 인디텍스(Inditex), 베네통, 킥, 그리고 뭐라고 불리든 모든 패스트 패션 기업에게 말한다. 그러한 사람들의 운명은 당신네 책임이기도 하다.

소비자이자 시민, 그리고 인간

캠페인을 진행할 때 간단한 기본 원칙이 있다. 지금 사람들이 있는 곳에서 그들을 데려와야 한다. 그들이 지금 그곳에 있는 것은 아마존과 같은 기업들 때문이다. 온라인 쇼핑의 간편함 때문이며, 운송이 인간과 환경에 미치는 영향을 보지 못하기 때문이며, 소비재 가격을 끊임없이 하향 평준화하는 시장 때문이며, 세계화와 자본주의 때문이다.

사람들은 검색어를 입력하고 아마존에서 몇 번 클릭만 하면 드릴이 다음날 바로 집 앞에 배달된다는 것을 안다. 외출할 때 커피를 사지 않고 집에서 개인 텀블러에 담아가는 일은 수고로운 일이다. 결국 길모퉁이마다 있는 커피숍에서 일회용 컵에 담긴 커피를 사 마신다. 사람들은 집에서 여유롭게 커피 마시는 것을 잊어버렸다. 종국엔 가능한 한 많은 것을 소비할 수 있기 위해 최대한 많이 일해야 한다. 목이 마르면 거의 모든 슈퍼마켓 계산대 옆에 놓인 500밀리리터 플라스틱 병에 담긴 생수와 탄산수를 사면 된다. 그리고 빈 병은 귀찮게 다시 가져다줄 필요 없이 간단히 버릴 수 있다. 새 드레스는 파티가 시작되기 몇 시간 전에 재빨리 H&M이나 자라에서 구입할 수 있다. 사람들은 계산해본다. 고작 한두 번 입고 말 텐데 비싼 옷을 사느니 '장기적으로 수지가 맞는' 자동차를 산다. 하지만 휘발유 가격과 필수 옵션에서 발생하는 추가 비용은 고려하지 않는다. 이젠 책 한 권을 사기 위해 서점 영업시간에 더 이상 얽매일 필요가 없다. e북 리더기만 터치하면 몇 초 내에 새로 구입한 e북을 읽을 수 있다.

새로운 편리성은 좋았던 옛 시절을 그리워하는 사람들을 힘들게 만든다. 그땐 주말이 되면 나무줄기를 엮어 만든 장바구니를 들고 농부 장터에 가서 과일과 채소를 한가득 채워오곤 했다. 지금은 더 필요한 물건이 있다면 온라인 슈퍼마켓에서도 주문해 밤 10시경 집 앞으로 배달 받기도 한다. 왜냐하면 늦게까지 일했기 때문이다. 대도시의 한 지역 정치가가 들려준 이야기가 있다. 그들은 그 지역 한 구역에서 주민들에게 어떤 가게를 원하느냐는 설문조사를 실시했다. 가장 많은 답은 생선 가게, 가금류 및 계란 가게였다. 좋은 생각이다. 하지만 문제는 빈도다. 응답자 대다수는 동네에 그런 가게가 있다면 2주에 한 번씩 계란을 사러 가고 특별한 날을 위해 생선을 사겠다고 대답했다. 현재 도시의 가게 임대료를 고려해볼 때 그 정도로는 가게들이 살아남을 수 없다.

새로운 소비를 위한 대안 제품이 에코페어(eco fair, 환경보호 박람회) 등에서 더 많이 공급된다면 정말 좋을 것이다. 하지만 이러한 공급이 완전히 어느 특정 집단만을 목표로 하는 한, 변하는 것은 아무것도 없을 것이다. 공급은 폭넓게 이루어져야 하고, 생각은 더욱 창조적으로 변해야 한다. 사람들을 지금 그들이 있는 곳에서 데려오려면 지속 가능한 것을 온라인에 공급해야 한다. 그리고―이 말을 부디 허락하기를―유기농, 친환경, 공정에 대한 주제를 특정한 낡고 더러운 손으로부터 단호히 분리시켜야 한다. 다행스러운 것은 이와 관련해 지난 몇 년 동안 실로 많은 일이 일어났다. 지속 가능성은 이제 젊고 신선한 모습으로 자주 나타난다. 좋은 현상이다.

"하지만 개인이 무엇을 변화시킬 수 있는가?" 오랫동안 이 질문을 받을 때마다 내 답변은 늘 같았다. "대기업과 소기업이 우리에게 원하는 것은 뭘까? 그들이 원하는 것은 우리의 돈밖에 없다. 그들은 우리의 안녕과 건강과 행복이 목적이 아니다. 한마디로 그들이 바라는 건 오로지 돈뿐이다. 이 말은 결국 우리가 지출하는 모든 돈으로 어떤 시스템을 지지할지 결정할 수 있다는 뜻이기도 하다. 우리의 돈이 자국에서 과세 없이 헛되이 소모되는데도 기어코 대기업에게 그 돈을 안겨주길 바라는가? 아니면 생산에서 공정과 생태라는 단어가 어색하지 않은, 소유자 경영의 작은 기업을 지원하길 바라는가?"

그사이 나는 더 많은 것을 배웠고, 스스로 이 모든 것이 충분하다고 더는 확신하지도 않는다. 만일 그렇다면 세계적인 기업들에 화가 난 사람들은 모두 그곳에선 아무것도 사지 않을 것이라는 말밖에 되지 않을 것이다. 한 지인이 자신의 집 주방에서 네슬레와 초코바에 함유된 팜유 때문에 분노가 폭발한 모습을 보고 나는 그런 믿음을 접었다. 그는 지나치게 감정적이었고, 이마에 핏발이 불끈 솟아오르기까지 했다. 그의 뒤에선 우유 거품기가 결합된 빨간 네스프레소 캡슐 커피머신이 반짝거리고 있었다. 앞서 겨울 딸기의 예에서 살펴본 것처럼 우리는 일종의 인지부조화와 더불어 살고 있다. 내 생각에 그 이유는 지속 가능하지 않은 소비가 우리를 대단히 편리하게 만든 데에 있다.

이미 너무나 많은 대안이 존재하지만, 대부분 몸소 그것을 찾아 나서야 하는 경우가 많다. 드릴을 예로 들어보겠다. 이 연장을 사려면 세 번만 클릭하면 된다. 그런데도 이 세 번의 클릭 대신 그것을 그냥 빌릴 수 있다고 말할 사람이 있을까? 나는 대여점을 여러 곳 안다. 그곳에서 사람들은 다양한 기기를 빌릴 수 있고, 심지어 국제적으로 가능하다. 하지만 이런 대여점은 대부분 기부에 의존하고 있고, 직원도 무보수로 일하는 봉사자들이다. 고객은 직접 가서 기기를 가져오고 반납해야 한다(몇몇 대여점의 경우 사전에 온라인으로 예약할 수 있다). 안으로 들어가면 먼저 반기는 것은 특유의 실내 풍경과 냄새다. 이는 익히 알려진 '친환경 가게'의 이미지다.[149] 거기서 나는 자연스레 친척들의 전형적인 중산층 모습이나 부모님 친구들을 떠올리게 된다. 그들은 대부분 가게 안으로 들어갔다가 즉시 나온다. 이유는 간단하다. 그들은 이런 방식으로는 살 수 없기 때문이다. 하지만 이런 시작만으로도 좋다. 아직 효과가 나오지 않았을 뿐이다.

이에 대해 계속 생각해보자. 그러한 대여점은 시립도서관 분점처럼 도시 지역마다 설치 가능할 것이다. 당연한 말이지만 도시마다 한 곳 정도는 시청과 나란히 있어야 한다. 내가 상상하는 모습은 이렇다. 시 당국은 그 지역에 상주하는 수리 전문 센터와 협의하고, 질적으로 우수하고 무엇보다 수리 가능한 기기들을 장만한다. 동시에 수리 센터와 기기에 대한 정비 계약도 체결한다. 대여점은 청결하고 백색 조명으로 산뜻하게 꾸며놓아 세련되고 현대적인 감각이 느껴진다. 또 온라인으로 조회 가능해서, 지금 어느 대여점에서 필요한 기기를 빌릴 수 있는지 살핀 후 클릭 한 번으로 예약을 마친다. 그런 다음 소량의 대여비를 지불하고 직접 가져오거나, 아니면 친환경 자전거를 타고 빌려온다. 반납한 기기는 직원이 즉시 깨끗하게 닦아놓는다. 이렇게 손질된 드

---

149 이것은 기업들의 시각적, 후각적 소통 방식과는 큰 차이가 있다. 자신이 무엇을 할 것이라고 예고하고, 이렇게 미리부터 "나는 매우 녹색이다!"라고 떠드는 자가 있다면, 그것은 그린워싱이다.

릴은 다음날이 아닌 고작 두 시간 후면 집 앞에 도착한다. 한 번만 사용하고 창고나 다락방에 처박아 두지 않아 먼지투성이도 아니고 돈도 적게 든다.

몇 번의 클릭만으로 기계를 빌릴 수 있다. 물론 개인도 재정적 지원을 할 수 있을 것이다. 하지만 기후 보호 차원에서 시민들에게 대안적이고 지속 가능한 것을 제시할 책임은 분명 정치인에게 있다고 생각한다. 그것은 꿈같은 미래가 아니다. 빈의 대여점 라이라(LEILA)는 이미 순항 중이다.[150]

다른 예로 버팔로 익스체인지(Buffalo Exchange)를 꼽을 수 있다. 이곳은 나도 쇼핑 중독에 빠지는 유일한 옷가게다 (하지만 이 가게는 미국에만 있기 때문에 지리적인 이유로도 중독에 빠질 위험은 비교적 제로에 가깝다). 1974년 중고의류 체인점으로 문을 연 버팔로 익스체인지는 모든 것을 제대로 한다. 이 가게는 공간을 멋지게 디자인했는데, 숍이 위치한 각 도시와 어울리게 너무 유행을 좇지 않으면서도 현대적이고 감각적으로 꾸며놓았다. 체인점은 그 지역에서 나온 깨끗이 세탁된 중고 옷을 원가의 30퍼센트를 주고 사들이거나, 그 지점에서 사용할 수 있는 원가의 50퍼센트에 해당하는 상품권을 발급해준다. 이 중고숍 옷의 판매가를 보면 셔츠 5달러,

---

150 https://www.leila.wien

고가의 명품 옷은 40달러 선이어서 부담 없이 살 수 있는 가격이다. 버팔로 익스체인지는 자선기부행사를 끊임없이 진행하고, 연방 주에 따라 다양한 시설을 지원하고 있으며, 2013년 이후로는 쇼핑백을 주지 않는다. 내가 일 년 반 전에 뉴욕에 있을 때, 가게 문을 열기 전부터 사람들이 물건을 팔기 위해 길게 줄을 선 모습을 보고 깜짝 놀랐다. 심지어 지금은 그곳으로 옷을 부칠 수도 있는데, 그러면 상품권을 우편으로 보내주거나 현금으로 이체해준다.

뉴욕은 시범을 보여준다. 도시는 비교적 주거 공간이 협소하고(그 때문에 사람들은 소유물을 쌓아올린다), 사람들은 소비지상주의의 심장 맨해튼에서 더 많이 쇼핑한다. 순수한 계산에 따르면 물건은 언젠가 더는 사용하지 않을 것이고 어디론가 이동해야 한다. 내 눈에는 이처럼 옷을 새로운 사이클로 회전시키는 것보다 더 의미 있는 일은 없다. 그러면서 약간의 돈을 받거나, 새로운 중고 옷을 합리적인 가격에 구입할 수 있다.

미국 19개 주에 50개 넘는 체인점이 있는 45년 이상의 역사를 가진 버팔로 익스체인지는 정말로 일을 제대로 하고 있다. 나는 이미 20년 전에 우리에게도 알려졌던 이러한 시스템이 빈이나 베를린 같은 다른 도시에서도 다시 성공을 거둘 수 있다고 믿는다.

물론 더 적게 쇼핑해야 하고 친환경, 유기농, 공정무역 혹은 중고와 관련된 것을 구매해야 한다고 알리는 일은 대단히 중요하다. 하지만 유행을 의식하는 대부분의 사람은 여전히 가득 찬 쇼핑백을 손에 쥐고 길 위에 서서 다음 쇼핑은 어디에서 할까 곰곰이 생각한다. 바로 이런 사람들에게 옷장 깊숙이 처박혀 있는 옷들을 팔 수 있고, 중고 가게에서 아주 좋은 옷을 발견할 수 있다는 것을 알려주어야 한다. 이렇게 함으로써 진정한 사고의 전환이 일어날 수 있다. 또 이렇게 해서 프라이마크에서 반짝이 원피스를 샀던 여학생이 옷을 버리지 않고 되팔 수 있다. 어쩌면 어떤 젊은 아가씨가 '잽싸게' 그 원피스를 입고 있는 모습을 발견할 수도 있다.

좋은 소비로 가는 여정에서 가장 중요한 핵심은 우리가 소비자일 뿐만 아니라 시민이라는 사실이다. 매우 간단하다. 우리에겐 우리의 목소리를 높일 권리가 있고 또 의무도 있다. 우리는 우리의 소비로 매일 정치적인 결정을 내리지만, 지갑의 힘에는 한계가 있다. 우리가 방향을 제시하기 위해 H&M에서 컨셔스 컬렉션을 구입하는 한 이 세계를 변화시키지 못한다. 우리가 이 세계를 변화시키는 것은 어떠한 형태의 불법적인 폭력도 요구하지 않으면서, 인권 침해와 환경 오염에 기반을 둔 기업들을 마침내 함께 힐책할 때이다. 그때 명백히 밝혀둘 것이 있다. 보라, 당신이 그런 방식으로 생산하는 한, 나는 결코 당신네 상품을 사지 않을 것이다. 그리고 다른 많은 기업들에게도 말한다. 당신들도 그렇게 해야 한다. 비판적인 소비자인 나를 만족시키려는 컬렉션 하나만으로는 충분치 않다. 중요한 것은 핵심 사업이 변해야 한다는 것이다.

그렇다고 우리가 모두 철저히 세계화 반대자가 되어야 한다는 말은 아니다. 착취와 부패가 범람한다고 해서, 하루아침에 총 의류 생산을 예컨대 방글라데시에서 멈춘다는 것은 그 나라의 사회적 몰락을 의미할 수도 있다. 언젠가부터 부유한 서양은 방글라데시와 임금이 저렴한 다른 나라에서 물건을 만들기 시작했다. 그렇게 해서 저임금 국가들은 원하든 원하지 않든 책임을 떠맡았다. 기업은 이윤 추구 앞에서 책임을 저버렸고, 슬프게도 지금 그들에게 다시 그 책임을 상기시키는 일이 우리 소비자들에게 달려 있다. 책임이란, '저임금 국가에서 생산'이라는 전형적인 세계화의 덫 안에서 그런 나라에서의 생산 제한뿐만 아니라, 현지에 공정하고 인도적인 생산 방식을 마련하는 것을 뜻한다. 지역 가치 창출의 회귀라는 중요성에서 내가 확신하는 것이 있다. '공정하게 이루어지는' 세계화는 이를 실행할 능력을 갖춘 자들의 목표가 되어야 한다는 점이다.

하지만 정말 좋은 소비를 하려는 사람이라면 소비 문제를 넘어 스스로 생각해야 한다. 무엇을 어디서 살지 혹은 사지 않을지뿐만 아니라, 얼마나 많은 사람에게 자신의 생각을 들려주고 주변 사람들 가운데 누구를 설득할 수 있는지, 다르게 소비하고 다른 삶을 살 수 있게 납득시킬 수 있는지, 이렇게 해서 스스로 또 다른 제안을 하고 싶은 건 아닌지 이정표를 세워야 한다.

중요한 것은 물건을 만드는 사람들과 함께 연대하는 것이다. 정치적, 경제적, 사회적 방법을 총동원해 우리가 사용할 제품을 생산하는 사람들이 공정한 대우를 받고, 그 제품이 친환경적 방식으로 제조되어야 한다는 것을 큰소리로 요구해야 한다. 그리고 광고와 상술이 우리 안에 작동시킨 스톡홀름 증후군(인질이 인질범에게 심리적으로 동조되는 현상) 속에서 스스로 소비자와 목표 집단으로 동일시하는 것을 이제는 정말 멈춰야 한다. 산업이 우리를 그러한 존재로 축소시키는 것은 이미 충분하다. 우리는 그러한 존재 이상이다.

마찬가지로 자신을 소유물과 새 상품의 구입으로 동일시하는 것도 멈춰야 한다. 왜냐하면 그것은 스스로의 안녕에 언제든 난관이 된다. 소비는 단기적으로 행복하게 만들지만 '지나침'의 경계는 간과하기 매우 쉽다. 우리는 포기를 유익으로 이해해야 한다. 끊임없이 물건을 사들이지 않고, 최초의 쇼핑 충동에 굴하지 않으며, 쇼핑 킥에 매몰되지 않는 것이 우리의 통장 잔고뿐 아니라 정신 건강에 이롭다는 것을 깨달아야 한다.

하지만 그때 자신에게 너무 엄격해도 안 된다. 물론 가끔은 무의미한 소비를 즐길 수도 있다. 많은 사람의 이런 모순적인 접근은 내가 보기에 역효과를 낳는다. 물론 지금 당장 비건을 실천하겠다고 결심할 수도 있다. 그렇지만 몇 개월 뒤에 양젖으로 만든 치즈를 곁들여 달걀 요리를 먹고 싶다는 욕구가 솟구쳐 결국 굴복했다고 해서 스스로를 책망할 필요는 없다. 그런 일은 한순간에 일어날 수 있다. 어떤 사람이 도보 여행을 하다가 길가에 먹음직스러운 블루베리를 발견하고 잠시 수풀 속에 들어갈 때, 그는 숲으로 들어가는 것을 그쯤에서 멈출 수도 있다. 아니면 예정에 없던 일이니 다시 뒤돌아설 수도 있다. 그렇다. 사람들은 자신이 가던 길로 되돌아와 그 길을 계속 걸어간다. 오두막이 나타날 때까지. 정상이 보일 때까지.

우리가 소비자 이상의 존재인 것처럼, 경제도 악덕 기업만 있는 것은 아니다. 사랑스런 친구가 대화 중 무미건조한 어조로 이렇게 확언했다. "너의 패션 스웨덴은 이 생에서는 더 이상 착하고 공정하고 친환경적으로 되긴 글렀어. 그렇게 안 될 거야. 그들의 사업 모델로는 절대 불가능해. 하지만 우리는 대안을 개발해야 하고, 경제를 완전히 다르게 생각해야 해."

친구 말이 맞다. 그것은 우리 손에 달렸다. 탐욕적인 이윤

추구로 친환경적 삶이라는 집단 관심사에 역행하는 자들에게 따끔히 경고해야 한다. 그뿐만 아니라 우리 스스로 적극적으로 변해야 한다. 새로운 시스템을 만들어야 한다. 그들이 우리가 상상하는 기업가답게 행동하는가 아닌가는 우리에게 달렸다. 물론 순진한 접근일지도 모른다. 오늘날의 터보 자본주의사회를 평형으로 유지하고 사회 불안을 방지하려는 조치가 부족한 자본주의의 한 형태로 금융 규제 완화, 민영화, 고소득층에 대한 낮은 세금이 특징이다는 그와는 반대로 움직이고 있다. 하지만 우리는 시작해야 한다. 불공정을 분명히 알려야 한다.

미래에는 친정부 기업에서 일하는 사람들이 여전히 불안정한 고용 관계 속에 놓여서는 안 된다. 병원이나 연방군 같은 조직이, 아직도 우크라이나나 아르헨티나에서 대량으로 들여온 테트라팩스웨덴-스위스의 다국적 식품 포장, 가공 기업 안의 케이지 계란과 심지어 액상란을 사용하는 것에 제재를 가해야 한다. 동시에 소비자로서 우리는 구매 행동을 통해 가금류 사육 환경을 개선하기 위해 애써야 한다. 최근에 누군가 이야기한 적이 있다. 그는 오래된 전통 수공업자로, 오스트리아 정부도 수십 년 전에 그의 기업에서 제품을 주문하기도 했다. 그곳에서 만든 제품은 내구성이 매우 뛰어난데, 언제부턴가 보수와 수리가 끊이지 않았다. 그는 국내 전통 기업에 수리를 맡기는 대신 인건비가 저렴한 동유럽 나라에 위탁했다. 국내 기업들은 경제적으로 계속 싸워야 한다. 우리는 기업뿐 아니라 정부에게도 책임을 다할 것과 그들의 선거 공약을 계속 상기시켜야 한다. 지속 가능성이 개인의 문제에서 그쳐서는 안 된다.

이에 대해 소비연구가 프랭크 트렌트만은 한 인터뷰에서 다음과 같은 의견을 밝혔다. "우리가 바라는 것은 개인이 더욱 강한 책임감을 갖는 것이다. 하지만 소비는 개별적인 문제가 아닌 사회적인 문제다. 이는 생활 습관과 관련되어 있다. 아침 일찍 일어나서 오늘은 비행기를 타고 어디로 갈지 생각하는 사람은 없다. 오히려 생활 조건이나 직업 등에서 발생한다. 우리는 습관에서 시작해야 한다. 이를테면 도시 이동 패턴을 바꿔야 한다. 변화를 원한다면 얼마든지 바꿀 수 있다."[151] 개인으로서 우리의 역할은 이러한 변화를 요구하고 이를 위해 협력하는 것이다. 다만 단독으로 책임지는 것이 아니라 사회적, 경제적, 정치적으로 분배해야 한다. 이는 기업가와 정치인이 자신들의 책임을 인식하고 그에 따라 행동할 때 효과가 있다.

사람들의 소비 방식을 사실로 받아들이고 지속 가능한 소비 순환을 만들어야 한다. 몇 번의 클릭만으로 필요한 드릴

---

[151] https://www.youtube.com/watch?v=_9DT1NXOCRs

을 빌릴 수 있는 대여 시스템을 개발해야 한다. 그리고 테이크아웃 커피잔을 위한 보증금제가 당연한 일이 되게 해야 한다. 지하철역마다 자동 반납기가 설치되어 있기 때문이다. 또한 우리 스스로 패스트 패션, 싸구려 고기, 일회용 플라스틱의 대안들을 개발해야 한다. 요컨대 환경친화적이고 공정한 경제가 당연한 것이 되려면 주장하는 것에서 그칠 것이 아니라 스스로 모범을 보여야 한다.

적게 소비하기, 기업가와 정치인이 더 많은 책임을 지기, 우리 스스로를 더 이상 소비자가 아닌 시민이자 인간으로서 다시 이해하기. 이러한 호소야말로 이 책의 좋은 맺음말이 될 것이다. 우리 자신을 위해, 환경을 위해, 연대를 위해, 그리고 우리 자신의 자긍심을 위해. 그땐 정말 모든 것이 지금과는 다를 것이다. 이 책은 물론 온 세계에서도 새로운 장이 시작될 것이다.

코로나19

며칠 동안 분위기가 심상치 않았다. 지난 몇 주 내내, 어리석게도 충분히 익히지 않은 박쥐 고기에서 시작되었고 폐와 다른 장기들도 끔찍한 감염을 일으킨다느니, 코로나19 바이러스가 중국의 한 도시에 널리 확산되었다느니, 도시 전체가 봉쇄되었다느니 하는 공포스러운 이야기들이 우한에서 날아왔다. 나는 오랫동안 먼 나라 얘기라고만 생각했다. 그곳 사람들이 안쓰러웠지만, 내게도 닥칠 일이라고는 꿈에도 생각하지 못했다. 2020년 2월 말, 예정에는 없었지만 친구와 나는 며칠간 강가에서 휴가를 보내기로 결정했다. 우리는 즉시 짐을 싼 다음 내가 사랑하는 나라 크로아티아로 떠났다.

이미 그리 멀지 않은 북이탈리아에서도 발생했다는 기사를 읽긴 했다. 만약을 위해 보건부에서 일하는 친구에게 혹시 3월 초 귀국길에 이탈리아 트리에스트(Triest)에서 슈퍼마켓에 갈 수 있겠냐고 물어보았다. 크로아티아에서 집으로 돌아오는 길에 치르는 나만의 루틴이었다. 나는 매번 이탈리아에서만 구할 수 있는 양질의 버팔로 모차렐라와 훌륭한 온갖 페스토 소스를 재빨리 싣고 집으로 돌아왔다. "나라면 트리에스트에서 차를 멈추지 않고 되도록 빨리 그곳을 빠져나올 거야." 친구의 답변은 대충 이랬다. 순간 처음으로 매우 위험해질지도 모르겠다는 생각이 들었다.

빈으로 돌아오니 온통 코로나19 이야기뿐이었다. 빈 거리에서는 아직까지 실감하지 못했다. 나는 살살 복통이 일었다. 당시 오스트리아에서는 아플 경우 이탈리아나 중국에 막 다녀온 사람과 접촉한 당사자와 주변 사람들까지 의심을 받았다. 나는 길 위에서 공포를 느꼈다. 상점마다 사람 하나 없이 텅 비어 있었다. 그 광경은 매우 위협적이었다. 사회에, 경제에 그리고 우리 건강에 무슨 일이 일어난 걸까?

내가 아는 사업장마다, 그곳이 공정한 환경에서 생산된 옷을 파는 가게든 책을 파는 곳이든 어느 곳을 막론하고 2020년 2월에만 매출이 80퍼센트 이상 감소하는 등 매우 힘들었다는 말을 들었다. 몇몇 곳은 배달 기사에게 더는 급여를 지불할 수 없었고, 어떤 곳은 하루에 20유로를 받고 물건 하나만 팔았는데 이대로 가다간 3주 후면 가게 문을 닫을 수도 있다고 했다.

그리고 모든 일이 연달아 일어났다. 남티롤로 가는 국경이 폐쇄되었고, 티롤에서도 이제 막 코로나19 확진자들이 발생했다. 그들은 모두 스키 관광지 이쉬글(Ischgl)의 한 바에서 감염되었다. 이쉬글은 봉쇄되었지만 휴가 온 사람들은 이미 떠난 후였다. 아주 탁월한 조치였다.[152]

2020년 3월 10일에 나는 오스트리아 인스브룩에서 강연 일정이 있었다. 오전 7시에 자동차를 타고 출발했다. 정오에 잡힌 라디오 인터뷰 시간에 맞춰 제시간에 도착해야 했다. 내가 막 차를 주차하고 있을 때, 저녁에 예정된 강연 주최자로부터 전화가 왔다. 강연이 취소되었다고 한다. 바로 5분 전 오스트리아 정부는 코로나19 방역 조치로 100명 이상의 강연을

---

[152] 티롤 정치가들은 여전히 그 여행자들이 올바른 선택을 했을 것이라고 주장한다. 나는 이 말을 도무지 이해할 수 없다.

모두 금지한다고 발표했다. 내 강연 신청자는 107명이었다!

인터뷰를 마치고 곧장 호텔로 차를 몰면서 이 며칠 동안 수많은 사람이 경험한 생생한 공황 상태를 나도 처음으로 겪었다. 많은 것이 낯설었고, 소문은 무성했다. 나는 사람들이 떠난 호텔 방에 홀로 앉아 있었다. 빈으로 다시 돌아오는 길에는 마치 잘못된 영화 속에 갇힌 듯한 기분이었다. 강연 금지, 춤 금지, 매체마다 불안 외엔 더 이상 다른 주제는 보이지 않았고, 모든 것이 트라우마로 작용했다.

나의 인스브룩 인터메조(막간극)가 끝난 이틀 후, 연방 정부는 월요일부터 생필품 관련 상점을 제외한 모든 상점을 폐쇄한다는 조치를 내렸고, 모임도 '최소한'으로 제한한다고 덧붙였다. 늦은 밤 지인의 전화를 받은 나는 모든 계획이 다 무산되었다며 전화기에 대고 통곡했다. 이제 마지막 강연이 남았지만 썰렁한 강연장에 오려고 예약하는 사람이 누가 있을까? 이런 마당에 지속 가능한 소비를 위한 전략이 필요한 사람이 어디 있을까? '따끔하게 엉덩이를 걷어차는 것이 안아주는 것보다 더 유익하다'는 부류에 속하는 것처럼 보이는 지인은 나에게 찬물을 끼얹었다. "지금 집에 앉아 울고만 있을 때가 아니야! 집에 있는 건 어쩔 수 없어도 울진 마! 뭐라도 해! 저기 있는 사람들에게 보여주라고! 넌 소비 문제 전문가이고, 많은 일을 하고 있고, 지금도 중요한 주제잖아. 자, 그렇게 울지만 말고 뭐라도 해 봐!"라고 그는 말했다. 걷어차기는 멈췄다. 하지만 혼자 세 명의 아이를 키우는 한 친구 생각에 눈물은 쉽게 멈추지 않았다. 이번 주만 지나면 친구의 수입은 제로가 될 게 분명했다. 지인들 가운데 거대 독점가와 기업에 맞서 열심히 일하고 있는 많은 자영업자를 생각하니 가슴이 미어졌다.

다음날 새벽에 나는 어떤 아이디어와 함께 눈을 떴다. 나는 수개월 전부터 새로운 개인 웹사이트 제작을 계획 중이었다. 이미 인터넷 주소(www.nunukaller.com)는 구매해놓았지만 아직 자료들을 다 입력하기 전이었다. 정신을 차리려고 눈을 비빈 다음, 노트북을 열고 여전히 침대 속에서 페이스북에 글을 올렸다.

"오늘은 원래 소셜 미디어 광기에서 하루 벗어나려고 했지만 방금 아이디어 하나가 떠올랐습니다. 지금 가게 문을 닫을 수밖에 없는 상황이지만 물건을 발송할 수 있는 소자영업자들은 이 게시물 아래 적힌 인터넷 주소에 이름과 함께 취급 상품에 대한 정보를 남겨주세요. 지금 잠자고 있는 제 웹사이트 www.nunukaller.com은 오래전부터 저만을 위해 쓰려고 만들었습니다. 하지만 지금 상황을 이용해 이곳에서 모든 상점의 현황을 올리려고 합니다. 이 위기가 지금 글로벌 거인들은 계속 키우면서 작은 이들을 죽이고 있다는 생각에, 어떻게 해야 할지 무척 심란했고 어떻게든 맞서고자 합니다. 그리고 순전히 경제적 관점에서도 우리 돈은 이 땅에 남겨둡시다. #연대 #신속하고 간단하게."

두 가지 조건이 있었다. 어떤 형태로든 비대면 배달이 가능한가? 사업장 주소는 오스트리아에 등록되어 있는가? 다시 말해 사업장은 이 나라에 세금을 내는가? 이 두 가지가 내 웹사이트에 이름을 기입하는 전제 조건이었다.

글을 게재하고 30초도 안 되어 댓글들이 달렸다. 나는 그날 온종일 노트북에서 떨어질 수가 없었다. 저녁에 이미 200명의 사업자들이 온라인에 이름을 기입해 더는 리스트를 파악하기가 힘들었다. 내 글을 공유한 사람은 100명이 넘었다. 나는 밤이 깊도록 일했고 웹사이트에 연이어 새로운 링크들을 올렸다. 두 눈이 저절로 닫혔을 때가 새벽 3시 반쯤 되었을 것이고, 다음날 눈을 뜨고 메일함을 보니 700개의 메일이 와 있었다. 나는 무슨 일이 벌어질 것을 예감했다. 그래서 새로운 호소를 시작했다. 저기 밖 어딘가에서 기꺼이 봉사를 희망하는 프로그래머가 있어야 했다. 5분도 지나지 않아 도미닉이라는 사람을 추천받았다. 우리가 새 웹사이트를 오픈하기까지는 그로부터 정확히 이틀 뒤였다. 거기에 자영업자들은 스스로 기입할 수 있었다. 우리는 일시적으로 10명의 자원봉사자로 구성된 팀과 함께 등록한 사업자들을 모두 확인했다. 그로부터 약 일주일 후 5,000개가 넘는 사업장이 온라인에 공개되었다. 리스트는 마치 바이러스처럼 엄청난 조회수를 기록했고, 사이트에 접속한 이용자 수는 며칠 동안 한결같이 여섯 자리를 유지했다. 이것이야말로 연대의 놀라운 신호 아닌가!

반응은 뜨거웠다. 수많은 자영업자들이 나로 인해 록다운을 잘 이겨냈다는 글을 보내왔고, 소비자들은 내 사이트가 새로운 업종별 전화번호부임을 선언했다. 내가 유일한 사람은 아니었다. 내가 활동을 시작하고 몇 시간 후에 도시신문 《데어 팔터(Der Falter)》도 똑같은 생각을 했다. WKO(오스트리아 상공회의소), 빈시(市) 혹은 무역협회 같은 공공 조직은 시간이 좀 더 걸렸다.

여름에는 좀 잠잠해졌다. 신규 확진자 수는 줄어들었고, 방역조치는 완화되었고, 거의 모든 것이 어느 정도는 이전의 일상으로 돌아간 기분이었다. 상점들은 다시 문을 열었고, 지난 3월 아마존과 그외의 기업들을 신랄하게 비판했을 때와 똑같이, 나의 뜨거운 리스트는 조용해졌다.

그리고 이어진 것은 우리가 모두 아는 그대로다. 2020년 가을, 코로나19 2차 대유행으로 확진자 수가 봇물 터지듯 쏟아졌다. 두 번째 록다운이 시행되었다. 사전에 막았어야 했다. 질질 끄는 다양한 지원금 지급에 사람들은 좌절했고, 정치인들의 조처에 거센 비판이 일었다. 총기 상점은 영업이 가능했고, 서점은 문을 닫아야 했다. 책 수령 장소 역시 단 한 곳도 허가하지 않았다. 크리스마스 관련 사업으로 생존을 이어가는 사람들은 대부분 물건을 팔 수 없었고, 동시에 직원들의 열네 번째 급여일이 임박해왔다. 코로나19 바이러스는 수많은 목숨을 앗아갔을 뿐만 아니라 결코 겪어보지 못한 경제 위기를 야기했다.

이후 웹사이트 주소를 liste.nunukaller.com으로 옮겨 당시 7,500명 이상이 등록된 리스트는 다시 활기를 띠게 되었다. 나는 연이어 인터뷰를 했다. 다름 아닌 내가, 오랫동안 사람들에게 자신의 소비 욕구에 대해 심사숙고할 것을 호소해온 소비 비판자인 내가, 지금은 온라인 쇼핑을 간단하게 만들고 있다는 것이 무척 재미있게 느껴졌다. 하지만 모든 소비 비판에도 불구하고 진실은 온라인 쇼핑이 지금 여기에 있다는 것이다. 오프라인 쇼핑에도 좋고 나쁜 회사가 있게 마련이니까.

소비자에겐 말할 수 없이 편리하지만 위험한 회사가 아마존이다. 지금 오래 생각할 필요도 없이 "알렉사, 티라이트 캔들 30개만 주문해줘"라는 단 한 문장만 말하면, 다음날 현관문 앞에 그대로 배달된다. 이는 종종 허황된 소비주의로의 초대일 뿐만 아니라 오프라인 상점에 대한 심각한 도전이다. 한 발짝도 움직이지 않고 편하게 소파에서 상품을 주문하는 사람은 더 이상 오프라인 상점의 고객이 아니다.

물론 온라인 쇼핑은 편리하고, 나 자신도 팬이다. 다양한 제품을 비교할 수 있고 제품에 대한 세부 사항을 자세히 알 수 있다는 점이 온라인 쇼핑의 큰 장점이다. 하지만 나는 우리의 도시 풍경이 몹시 우려스럽다. 코로나19 위기가 끝나면 어떤 모습이 될까? 일부 상점들이 셔터를 내린 지 얼마 지나지 않아 역시나 글로벌 체인점들의 시간이 막을 올렸다. 작은 서점이나 옷가게를 운영하는 성실한 일인 자영업자들은 위험에 처해 있다.

위기 상황에서 수많은 사람이 개별적으로 '아마존 때리기(Amazon-Bashing)'에 가담한다는 이야기가 들려왔다. "아마존에서 주문한다고? 부끄러운 줄 알아!" 다시 부끄러움이 좋은 소비 안으로 들어온 것이다. 하지만 나는 그것으로 목표를 이룰 수 있다고 생각하지 않는다. 물론 아마존에 대한 근본적인 보이콧은 좋고 옳다. 하지만 지구 어딘가에서 아마존이 아니면 물건을 구할 수 없는 사람이 있다면 그를 나쁜 사람이라고 매도할 수 없으며, 그 스스로 양심의 가책을 받을 필요도 없다. 개인적 차원에서 중요한 것은, 아마존에 대한 생각이 일회성으로 그쳐선 안 되고, 언제나 최후의 가능한 상황까지 생각해야 한다는 것이다. 아마존은 분명 편리함이라는 이점이 있고, 이는 부인할 수 없는 사실이다. 한 편으로는 국내 e-커머스(전자상거래)가 불리한 상황에 있고, 다른 한편으로 가장 시급한 것은 정치적, 법적 공정성이다. 아마존의 조세 회피 행위는 유럽 전역에서 차단해야 한다. 그래야만 세계 최고 갑부이자 전 세계적 코로나19 위기의 최대 수혜자인 제프 베조스(Jeff Bezos)가 더 많은 부를 축적하지 못하게 제지할 수 있다.

애석한 일이지만 오스트리아는 e-커머스 분야에서 지난 20년 동안 거의 정체 상태에 있다. 2020년에는 더 심했다. 그리고 상상할 수 없을 정도로 형편없고 잘못된 조치들을 옳다고 여기는 정치인들의 모습은 프로젝트 '오스트리아 백화점'에서 잘 드러난다. 그 프로젝트는 기본적으로 내가 9개월 전 공개했던 목록과 똑같았다. 하지만 프로그래밍은 조악한 반면에 예산은 두둑했다. 유감스러울 따름이다. 정치인들은 여전히 선거에서 이길 궁리만 할 뿐, 장기적인 정책에는 무관심하다는 것을 아주 분명히 깨달았다. 그들에게 정치의 과제는 다른 것인가? 이 땅에서는 진정한 정치를 찾아볼 수 없다.

그런 가운데 프랑스는 시범을 보였다. 1차 록다운 기간에 아마존은 위생상의 이유로 물류 창고를 모두 폐쇄해야 했다. 그런 뒤 가을에는 파리 시장 안 이달고(Anne Hidalgo)를 비롯한 여러 유명 정치인들이 공공연히 인터넷 거인에 대항하는 목소리를 냈고, 시민들에게 프랑스 상점에서 주문할 것을 호소했다. 오스트리아에서는 정치인들이 자국의 상점을 이용해달라는 요구가 반복적으로 있었지만, 아마존에 대한 디지털세 부과를 분명히 요구한 것은 오직 야당에서만, 특히 오스트리아 사회민주당(SPÖ)에서만 나왔다. 2018년 당시만 해도 쿠르츠(Sebastian Kurz) 전 총리가 이를 요청하며 시행할 것을 통보했지만 그 후로는 깜깜무소식이었다. 경제부에 문의가 계속 이어지자 "오래전부터" 협상 중에 있다는 말만 되풀이했다. 아마존 문제에 대해 오스트리아는 EU 차원에서 어떤 입장을 취하려 하는지에 대한 나의 질문엔 아무 답변도 없었다. 공연히 귀한 시간만 낭비했다.

아마존의 기록적인 매출에도 불구하고 뭔가 달라진 것은 코로나19 위기 한가운데서였다. 지역 생산물에 대한 수요가 엄청나게 증가한 것이다. 절체절명의 위기 상황에서 포괄적인 합의가 이루어졌다. 좌파가 연대와 지속 가능성을 바라는 것은 놀라운 일이 아니고, 우파가 자국에서 구매하는 것도 크게 놀랄 이야기는 아니다.

마찬가지로 지속 가능한 상품에 대한 수요 또한 하늘 높이 치솟았다. 헤스나투어Hessnatur, 1975년 독일 부츠바흐에서 설립된 유기농 의류 기업. 천연 섬유 시장의 선두주자로 평가받는다 같은 '친환경 사업'은 역대 최고의 매출을 기록하기도 했다.[153] 도시 봉쇄 및 미래에 대한 불안과 직면해 수많은 사람들이 스스로 많은 것이 필요치 않다는 것을, 만약 필요하다면 그것은 지속 가능해야 한다는 것을 깨달았다. 사람들은 이러한 분위기를 감지했다. 그것은 대단히 가치 있는 생각이다. 부디 이 위기가 지나간 후에도 그러한 생각이 많은 이들의 머릿속에 남아 있기를 바란다. 코로나19는 이를 위한 놀라운 기회를 제공했고 제공하고 있다. 소비에 대한 의식적인 반성은 속도를 내기 시작했고, 이는 내가 이 연구를 시작할 때만 해도 가능하다고는 절대 생각하지 못한 부분이다.

하지만 코로나19 팬데믹 종식 이후를 내가 완전히 낙관적으로만 보는 것은 아니다. 수차례의 봉쇄령으로 오랜 기간 소비 가능성이 제한된 인간의 '만회 욕구'에 나는 큰 두려움을 느낀다. 포모(FOMO), '지금 당장', 그리고 '그것은 내게 소중하니까' 등의 욕구는 확실히 엄청난 영향을 미칠 것이다. 이러한 덫에 넘어가지 않는 것은 우리 모두의 몫이다.

그럼에도 불구하고 이번 대유행처럼 우리가 자신의 소비 행동에 대해 배울 수 있었던 때는 일찍이 없었다. 2020년도

---

153 https://www.faz.net/aktuell/rhein-main/oekomode-marktfuehrer-trotz-corona-mit-umsatzrekord-17107378.html

는 나 같은 소비 비판자에게도 국민 경제가 애석하지만 노동력이 아닌 소비력에 기인한다는 사실을 보여준 해였다. 하지만 많은 사람이 이런 시스템에 대해 다르게 생각할 수 있는 계기가 된 해이기도 했다. 가속화하는 소비의 바퀴에 내던져진 지휘봉은 이제 수명을 다했다(좋은 일이다. 비록 이를 위해 죽음의 바이러스가 반드시 필요한 건 아니었지만).

이런 시스템에 대한 인식의 전환, 새로운 체제와 새로운 기업을 생각하는 것뿐만 아니라 스스로 실행하며 사는 것, 바로 이것이 장기적인 목표다. 그러나 '장기적'이라는 표현은 어쩌면 여기에 전혀 어울리지 않는 말이다. 이제 우리에게 시간은 더 이상 많지 않다. 빠른 속도로 진행 중인 기후 변화는 지금 행동해야 한다는 것을 분명히 보여주고 있다. 총체적으로, 우리의 소비 행동을 넘어서야 한다.

소비는 항상 존재할 것이다. 소비를 신분 증명의 근거가 아닌 무너진 자본주의 체제를 바꾸는 도구로 이해해야 한다. 그럴 때 소비는 좋은 것이 된다. 그것을 온전히 개인적으로 의식하면서 성찰할 때 소비는 좋은 것이 된다. 물질이 더 이상 내적인 공허와 외적인 인정 욕구를 충족시키지 못한다는 것을 깨달을 때에만 소비는 건강할 수 있다. 이는 결코 간단하지 않다. 하지만 그것이 간단하다고 주장한 사람 역시 단 한 명도 없었다.

감사의 글

지금까지 감사의 글을 쓸 때마다 친구들의 이름을 이야기했다. 그런데 매번 적어도 한 명씩 누락하는 경우가 생겨(그러면 친구들이 실망해서) 이번에는 좀 다르게 시작하려고 한다.

나의 삶과 일상을 만드는 것은 내 주위를 둘러싸고 있는, 나를 도와주고 내가 도와주려는, 나를 믿어주고 사랑하는, 또 내가 사랑하고 믿는 사람들이다. 그들은 내 삶을 다채롭게 만들어주고, 새로운 지식을 가져다주고, 함께 토론하고 자극을 주며, (너희도 모르는 사이에 종종) 새로운 가능성을 제시해주고, 또 나와 함께 울고 웃는다.

너희는 내가 매일 보고 읽고 듣는 가장 친밀한 사랑이고, 결코 보고 읽고 들을 순 없지만 내 마음속에 단단히 자리잡은 훌륭한 친구들이야. 그리고 너희들, 짧은 시간 동안 인연이 된 너희들은 내가 우연히 만났고, 개인적인 순간을 함께 나누었고, 아직은 우정이라고 말할 수 없지만 아주 많이 호감을 느끼는 사람들이지.

다시 말해 내 주위의 사람들 없이 나는 내가 아니고, 덕분에 내가 나일 수 있고, 너희들을 모두 내 곁에 둘 수 있다는 것이 얼마나 감사한지 몰라.

그래, 이젠 정말 몇몇 이름을 밝혀야 할 순간이 왔다.

사랑하는 슈테피. 최고의 출판인인 당신의 웃음이 없었다면 모든 것이 훨씬 힘들었을 거예요.

사랑하는 나의 가족. 당신들이 없었다면 모든 게 엉망진창이었을 거예요. 정말로.

사랑하는 슈테프. 네가 아니었으면 나의 뇌는 제대로 작동하지 못했어.

사랑하는 브로니, 안나, 요나스, 베른하르트, 크리스토프. 너희는 믿어도 좋을 거야. 내가 책을 선물하는 쿨하지 못한 이모로 남을 것이라는 걸. 또 포장이 불가능할 정도로 너희를 사랑한다는 것도.

풀욕의 세계

초판 1쇄 발행 2024년 1월 5일
초판 2쇄 발행 2024년 2월 15일

지은이 | 누누 칼러
옮긴이 | 마정현
펴낸이 | 조미현

책임편집 | 박이랑
디자인 | 디스커버

펴낸곳 | 현암사
등록 | 1951년 12월 24일 (제10-126호)
주소 | 04029 서울시 마포구 동교로12안길 35
전화 | 02-365-5051 | 팩스 02-313-2729
전자우편 | editor@hyeonamsa.com
홈페이지 | www.hyeonamsa.com

ISBN 978-89-323-2341-1 03300